JN304331

国家の崩壊

佐藤 優・宮崎 学

角川文庫
17172

文庫版まえがき――なぜ私はソ連崩壊に「鈍感であろう」としていたのか

一九九一年、たしかにソ連は崩壊した。この事実＝歴史について、私は鈍感であった。一九七五年、ベトナム戦争でアメリカがその歴史上、初めての敗北を喫した時に抱いた感情と比較して、あきらかに私は鈍感であった。

ソ連崩壊の過程を佐藤優さんにレクチャーされた後、私の鈍感さの理由を考えざるを得なくなった。その結果、次のように私は頭の中を整理した。

かつて日本共産党員だった私は、主義者としてソ連共産党の姿＝力を過大かつ幻想的に理解していた。そのため、一九五六年のハンガリー動乱や一九六八年のプラハの春というソ連共産党の負の部分を見ていたにもかかわらず、中ソ論争で中国共産党が行ったソ連批判の「社会帝国主義」という論理は中国人独特の大袈裟《おおげさ》な表現と考えていた。なぜなら、ソ同盟（ソ連邦のこと）が戦前、戦後とりわけ治安維持法下で明日をも知れない状態で非合法活動を余儀なくされていた戦前の日本共産党員のよりどころであり、「ソ同盟は労働者の祖国」なる「思い」が真っ暗で絶望的な状況下で活動する党員にとっては天から降りて来る一条の希望の光だったことを、私は古い共産党員から聞かされたことがあったからだ。そのソ連が、中国共産党が言うほどまでに変質しているとはイメージできなかった。

私はこの見解の是非を、永年、原水爆禁止運動を続けて来られた先輩党員に話したことがある。その時、その先輩は次のような話をしてくれた。「一九六〇年、ソ連の核実験に日本の原水爆禁止運動はどのような態度を取るかが迫られた。当時、原水爆禁止運動の中心的な活動を担っていた共産党員の間では、アメリカ等の帝国主義国の原爆は汚い原爆で、ソ連の原爆はきれいな原爆とする意見が強く、日本共産党の思惑もあり、『あらゆる核実験に反対する』という態度が取れなかった、これは日本共産党がそのDNAに持つ、ソ同盟労働者祖国観の残滓《ざんし》であったと考えられた」と。私自身、こうしたソ連観に似たようなものを持っていた。加えて、日本共産党内部では、ソ連派との党内対立はあったものの、「ソ連はやっぱり社会主義国である」し、日本での革命の際には味方か敵かとなると、味方としての役割を果たしてくれるものとの思いを捨て切れないでいた。

このようなソ連に対する「観念論」がある一方、日本共産党が大きくなるにつれて、その内部で発生する矮小《わいしょう》な官僚主義を見て来た私は、ある種の不安感も持っていた。それは、ソ連の党の中にも同様のものが必然性を持って発生しているのではないかという不安であった。そして、その官僚主義は強大な軍事力、警察力という暴力装置を持って肥大化しているのではないだろうかという思いであった。

この不安は、一九七五年、ベトナムにおける南ベトナム解放民族戦線の勝利に感涙した四月三〇日から数日も経たないうちに、私には確実なものとなった。北ベトナムと南ベトナム解放民族戦線の上下関係が、サイゴン（現ホーチミン市）を行進する北ベトナム正規軍と南ベトナム解放民族戦線の戦勝を祝う行進の姿から露骨なまでに見て取れたからである。

この時に私が抱いた「砂を噛《か》む」ような思い。闘う民衆は当然大きな犠牲を余儀なくされる、しかしその闘いの結果生まれて来る「果実」は闘った民衆ではなく、党官僚だけしか手にすることができない構造がある、という厳然たる事実に対して抱いた思いである。ベトナム戦争で官僚主義の持つ負の部分（それは私自身の党体験からも重なるものである）を見た私にとって、「労働者の祖国」であったソ連への幻想も萎《しぼ》んできていた。こうしたこともあって、一九九一年のソ連崩壊について私は鈍感であった、いや鈍感であろうとしていた、と言うほうが正直なところである。

日本の左翼も、新左翼を含めて多くはソ連の崩壊について、私と同じようなものだったのではなかろうか。むしろ、日本の保守派（右翼）のほうが受けた衝撃は大きかったように思われる。敵対するソ連が無くなってしまった、それも自ら関与する余地も無くなってしまったのである。これがソ連崩壊についての私の体験であり、日本の左派、右派の現実の姿だったのではないだろうか。

佐藤優さんから、生々しいソ連の崩壊の実相を教えていただいた。「ソ連の崩壊」が持つ意味に鈍感であった私自身の思想性の低さを恥じた。改めて、「国家」とは何か、「党」とは何かを考える座標を自分なりに考え直す機会となった。そして、私は、本書の中でも少し触れたところではあるが、東ドイツやハンガリー等の、旧ヨーロッパの社会主義国家群が、ソ連崩壊にドミノ現象を起こし潰《つい》え去ったのにもかかわらず、アジアにおける中国、北朝鮮、ベトナム等の「社会主義」国家群にはそのドミノ現象が起きなかったことの理由を知りたい意欲を掻《か》き立てられた。今、私がとりわけアジアに関心を抱く思いは、ここにある。

中国共産党は、中ソ論争とその後の国境での軍事衝突（珍宝島事件）等に見られるように、ソ連との関係を「労働者の祖国」などという甘っちょろいものとしては、中国革命の時から夢想すらしていなかった。むしろ、党内ソ連派に対する警戒心のほうを、表面的に敵対する、国民党やアメリカ等の帝国主義諸国よりも強く持っていたと思われる。ベトナム労働党（現共産党）や朝鮮労働党も同様で「敵は内部にあり」という伝統的思考を持ち、党内にソ連共産党が他国の党に手を突っ込むことに対する警戒心を強く持っていた。この警戒心が、アジアの共産党が生き延び得た原泉ではなかったかと私は考えるようになった。

それにしても、ソ連崩壊の過程は、何と現在の日本と通底していることが多く見られることか。

国家が崩壊する時の姿は、旧ソ連に限らず、直近の中近東の「民主化」革命を見ても、同じものがあると言えよう。そして、佐藤優さんが指摘するように、日本もまた同じ道を進んでいるように思われる。

文庫化にあたり、協力いただいた角川書店の古里学さんに深く感謝します。

二〇一一年　晩秋

宮崎　学

国家の崩壊

目次

III

チョフは実はクリスチャンだった！／スターリン時代以来、数十年ぶりの全党協議会の狙い／共産主義から社会民主主義へ／ロシア共和国にはなぜ共産党がなかったのか／選挙で守旧派を落選させた小泉流ゴルバチョフ／異常に盛り上がったソ連初の自由選挙／炭鉱労働組合を敵にした政権は必ず潰れる

IV 諸民族のパンドラの箱

【概略と問題意識】……宮崎学

ソ連を解体に追い込んだ複雑怪奇、非合理きわまりない民族対立の実相……佐藤優

宗教か民族か——アゼルバイジャンとイランの複雑な関係／ナゴルノ＝カラバフのアゼルバイジャン人とアルメニア人、もとは同じ民族／他民族が一人もいなくなれば民族問題は「解決」する／テロリストが跋扈するアルメニア・麻薬を生業にするレズギン人／生の民族対立より人工的民族対立のほうがずっと怖い／「トルキスタン」を五分割したスターリンの狙い／ウズベク語をロクに話せないカリ

モフ・ウズベク大統領／アタッシェケースを持ったアルカイダがやってくる／世界一の独裁国家トルクメニスタン共和国／形式において民族的、本質において社会主義的？／一七、八世紀のオランダ語を話すドイツ人の存在／チェチェン人には七代に亘る「血の報復の掟」がある／ヨルダンの親衛隊・秘密警察はなぜチェチェン人なのか？／チェチェンの大統領はソ連空軍少将／チェチェン戦争の裏にはクレムリンへの政治資金還流があった／東欧では若者が決起し、ロシアでは中年が決起した／旧東ドイツにはナチ党があった！／ソ連の各国の秘密資金はルーマニア経由だった

V

迷走するペレストロイカ

【概略と問題意識】……宮崎学

混乱期の民衆と政治家群像……佐藤優

あいまいさを大切にするロシア人／バルト三国の独立は瓢箪から駒／エリツィンの政治手法はポピュリズムとボナパルティズム／乱立したミニ政党はほとんどがペテン師か詐欺師の集まり／ゴルバチ

VI

八月クーデターとソ連邦崩壊

VII

社会主義の死亡宣告

人／市民主義か民族主義か――ロシア連邦の形成を巡って／民族ナショナリズムを超えられなかったソヴィエト連邦／ロシア版「議員ほどいい商売はない」／影響力＝権力者との物理的距離／政治的近親者の抗争の恐怖――モスクワ騒擾事件／エリツィンの逆鱗に触れた〝アル中〟発言／軍が突入して数百人が死んだ――モスクワ騒擾事件／「神は僕を許してくれるだろうか」とブルブリスは訊いた／ロシア権力者の宿命＝独裁者／スターリンは生きている――プーチン指名の意味するもの

Ⅷ

昨日のソ連と今日のロシア

まえがき——突破者・宮崎学がラスプーチン・佐藤優に聞く

宮崎　学

ドイツの公法学者カール・シュミットは、政治的なるものの本質を「友」と「敵」との関係に見た。

「やつは敵だ。敵は殺せ」というのが、政治の最初にして最後の言葉だというのである。この「友・敵」関係こそが政治を規定しているというリアリティへの乾いた認識に私は魅《ひ》かれる。

今、小泉政治の功罪、「光と影」というようなことが取りざたされている。派閥政治・利益誘導政治を打破したのはよかっただとか、構造改革が格差社会を生み出したのは悪かっただとか、色々なことがいわれている。

だが、私は、それら全てを通じて、政治というもののリアリティが著しく低下していることを指摘したい。

それが、小泉政治が生み出した最大の問題点である。

日本においても、ついこの間までは、政治というものは、日本中のさまざまな生々しい欲望の渦が織りなす利害関係が権力という願望実現装置において死闘をくりひろげる修羅場として、国民の目にも映っていた。小渕政権のころまでは、希薄化はしていても、そういう見方が成り立ちえた。

ところが、大学時代の同級生で自民党内で参謀だったこともある栗本慎一郎が証言しているように、コミュニケーション不全症の自己完結型人間である小泉純一郎という人物が首相として君臨するようになってから、日本の政治は、そうしたリアリティを急速に失ってきた。

その帰結が二〇〇五年九月の総選挙における「小泉劇場」なるものだった。

それは、政治からリアリティをいっさい消し去って、三文オペラのショーと化すものであった。小泉派・反小泉派の「対立」なるものは、単に「小泉劇場」のキャストの割り振りにすぎなかったといえる。「友・敵」ではなくて、「善玉・悪役」なのだ。ここにおいて、ワイドショー政治、バラエティ政治は頂点に達した。だから、いま最も問題なのは、構造改革の是非や靖国参拝の是非ではない。それ以前に政治のリアリティが問われている。政治のリアリティが取り戻されなくてはならない。

本書で展開されているのは、まさにリアリティに満ちた凄《すさ》まじい政治のドラマである。佐藤優さんが内側から見たソ連崩壊は、まさに、何幕何場もからなる人間ドラマであった。それはメディアを意識して作られたソープ・オペラのドラマではない。殺される危険なんて全くないところで、悲愴《ひそう》な表情を作って「殺されてもいい」とのたまったり、赤いカーテンをバックに「それでも地球は回る」という台詞《せりふ》を吐いたり、というようなチープなこしらえものではない。ほんとうに、殺すか殺されるかというところで鍔迫《つばぜ》り合いをし、実際に、多くの人たちが殺し殺されたのだ。これが政治なのである。

佐藤さんは、一九八七年からソ連に着任し、ペレストロイカの始まりからソ連崩壊までの間、ずっと現場の第一線で外交官としての情報収集と分析に当たり、急進改革派のエリツィン側近グループや保守派とされたロシア共産党の最高幹部をはじめ、反体制活動家や学者・研究者、宗教界からマフィアまで、きわめて広範な人脈を作り上げ、これらの人たちと親密な関係を結んできた。各国機関は、これを西側外交官のなかで随一の人脈と評価していたのである。

その佐藤さんが語る、実際に接した政治家たちの生身の人間像は、それが危機におけるものだけに、さまざまな示唆に満ちている。ここから、政治というものに対するリアリティ感覚を取り戻すきっかけを摑《つか》んでほしいと思う。

ソ連崩壊なんて、もう一五年も前のことだし、共産主義国の話だし、日本には関係ない、と大方の人たちが思っていることだろう。だが、そんなことはない。

超大国ソ連があれほどあっけなく崩れ去るとは、世界に数あるソ連研究機関、ソ連研究家のだれもが予測できなかったことだったのだ。

ということは、アメリカ一極支配が急に崩れ去るということだって、充分にありうることだと思わなければならない。実際、一極支配から多極化への流れ、それにアメリカが乗り換える兆しは、色々なところに見え隠れしているのである。そして、もしアメリカが多極化に舵《かじ》を取って東アジアから引けば、対米従属一辺倒のうえ東アジアで孤立している日本には、連鎖倒産の恐れが大いにある。

そんなときに、今のようなリアリティなき政治感覚を国民が持ち続けているのは、致命的である。だからこそ、多くの人たちが他人事《ひとごと》としてではなく本書を読んで欲しいと思うのである。

まえがき——国家崩壊の渦中にいるということ

佐藤　優

エリツィン政権初期の国務長官を務め、ソ連崩壊のシナリオを描いたブルブリスという男がいる。ブルブリスが聡明《そうめい》で、実行力があることは誰もが認めたが、極端な能力主義者で、陰険な手法で反対派を徹底的に潰《つぶ》すので、人望はなかった。国家にとって重要な決定は、エリツィンとの密室の相談で決定し、官僚組織を無視した。

最後にはエリツィン自身が、「もしかすると俺はこの男にいいように操られているのではないか」という猜疑《さいぎ》心《しん》をもち、国務長官職を廃止するという形で政権中枢からブルブリスを遠ざけた。

それからエリツィンは明確なシナリオに沿った国家戦略を立てられなくなり、ロシアの改革は混乱していくのである。私はブルブリスから、政治とインテリジェンス（情報）について多くのことを学んだ。

ロシアでは要人の執務室の奥に「休憩室」がある。八畳ぐらいの応接間にバス・トイレが付いていて、ソファーベッドがあるので泊まり込みも可能だ。ここに呼び込まれるようになると要人のインナーサークルの一員ということになる。

一九九三年二月、私はブルブリスの「休憩室」に招待された。昼休みだったので食事がだされた。当時、ブルブリスは菜食主義に凝っていたので、自身は赤いビーツ（砂糖大根）にサワークリームをかけたサラダと生オレンジジュースしか摂《と》らない。私には黒パン、キャビア、自家製チーズやサラミソーセージとウオッカを勧める。すこし酔いが回ったところで、私はブルブリスに聞いた。

「結局のところ、ソ連はどうして崩壊したのでしょうか」

ブルブリスは少し考えてから答えた。

「自己崩壊だよ。一九九一年八月のソ連共産党守旧派によるクーデター未遂事件は、いわば政治的チェルノブイリ（原発事故）だ。ソ連という国家の最中心部の原子炉が炉心溶融を起こし、爆発してしまったということさ。ゴルバチョフはゴミだ。あいつは共産全体主義国家であるソ連の維持しか考えていなかった。そして、ソ連という欠陥発電所の原子炉を締め上げることで、電力が確保できると勘違いした。その結果、国家が崩壊した」

「ブルブリス先生がエリツィンを焚《た》きつけて壊したんじゃないですか」

「それは違う。ゴルバチョフが権力の座に就いたとき、すでにソ連は崩壊していたんだ。俺の貢献はエリツィンにその現実を理解させたことだけだ。崩壊したソ連の汚染物を処理しながら、ロシアという国家を建設しなくてはならないのが、この国が直面している困難なんだよ」

一九九一年八月一八日から二一日のクーデター進行中に、私は朝晩、異変がないかクレムリン周辺の要所を偵察したが、スターラヤ広場のソ連共産党中央委員会では、官僚たちはいつものように深夜まで仕事をし、朝九時には地下鉄駅からあたかも何事もなかったかのごとく登庁していた。

ソ連共産党中央委員会は、あの巨大帝国の最高頭脳が集まった場所だった。有能な官僚たちが一所懸命仕事をしていても、国家は崩壊するのである。核兵器をもった巨大な軍隊も、社会全体に張り巡らした秘密警察の情報網も、幼少から叩《たた》き込んだマルクス・レーニン主義に基づくイデオロギー教育も、ソ連国家の崩壊を防ぐことはできなかった。

ソ連が嘘で塗り固められたロクでもない国家であったということは間違いない。しかし、国家の崩壊によって、ロシア人、ウクライナ人、リトアニア人、アゼルバイジャン人など、ソ連領域で生活していた一人ひとりの悲惨な物語を目の当たりにして、私は国家は悪であるが必要だとの確信を抱くようになった。私はこのときから国家主義者になったのである。ただし、私は個人的体験に基づく国家主義を他人に押し付けようと思ったことはない。あのクーデター未遂事件後、私は役人として上司におもねることを止め、国益のために自分が正しいと信じることは、官僚組織から煙たがられても率直に言うことにした。

本書で対談相手になってくださった宮崎学さんと私は、波長が非常に合う。二人とも国家が悪であるという認識は共通している。私が見るところ、宮崎さんは国家などというものは揚棄してしまえばよい、人間は国家なくしても共同体を構築することができるという考えを持っているようだ。宮崎さんは心優しき人で、性善説に立っている。

私は、旧ソ連、ロシアの民族紛争や中東の宗教紛争を目の当たりにした経験からか、どうしても性悪説に傾く。とくに日本外務省は性悪説の見本市みたいなところだったので、国家という悪によって官僚という悪を統制するという、毒蛇にサソリを抑えさせる以外に現実的方策はないと諦《あきら》めてしまっている。

二〇〇五年末、耐震強度偽装が露見し、日本全国を揺るがす大問題になっている。ソ連のチェルノブイリ原発事故と比べればスケールははるかに小さいが、基本構造は同じだ。姉歯《あねは》元一級建築士が構造設計したマンションも見た目はきれいだが、内側の最も重要な部分がスカスカになっている。日本国家も姉歯物件と同じような状況になっているのだと思う。日本国家と日本人の本源的生命力が弱くなっているから、このようなことになるのだ。こういうときは興奮してすぐダメになる対症療法をとるのではなく、我々が置かれている状況を勇気をもって見据えることだ。しかし、自分の醜い姿を客観的に見つめることはなかなかできない。他人の例ならば冷静に考察することができる。ソ連崩壊の人間ドラマから、私たち日本人が生き残っていく知恵を、宮崎さんや読者とともに、私も盗み取っていきたいと思う。

二〇〇六年一月四日脱稿

ロシア連邦と沿バルト中東欧諸国
オホーツク海
ロシア連邦

北極海
ラトヴィア
チェコ
ドイツ
エストニア
リトアニア
サンクトペテルブルグ
（レニングラード）
スロヴァキア
ポーランド
ノヴゴロド
ミンスク
モスクワ
ハンガリー
ニジニーノヴゴロド
（旧ゴーリキー）
モルドヴァ
ベラルーシ
（白ロシア）
ルーマニア
エカテリンブルグ
（スヴェルドロフスク）
ウクライナ
ブルガリア
黒海
スタヴロポリ
グルジア
グロズヌイ
カザフスタン
トビリシ
エレヴァン
アルメニア
スムガイト
バクー
ウズベキスタン
アゼルバイジャン
トルクメニスタン
キルギス
テヘラン
タジキスタン
ドゥシャンベ
イラン

I

ブレジネフ体制末期から
ゴルバチョフ登場まで

概略と問題意識

宮崎学

「発達した社会主義」とは、実は弛緩した社会だった

なぜペレストロイカというものが出てきたのか、それを知るためには、その直接の起源であるブレジネフ体制末期のソ連社会の状況を検討する必要がある。

一九六四年にフルシチョフが失脚し、後任の第一書記となったブレジネフが築き上げた体制は、七〇年代に入って、実はかなり弛緩《しかん》した社会になっていたのである。それは一種の大衆社会化状況ともいうべきもので、そこには当然、脱イデオロギー状況が伴っていたわけだ。そうした状況は、マルクス・レーニン主義を掲げつつ、「発達した社会主義」の優位性を唱えるブレジネフ体制の正統性を根本から揺るがせる大きな要因となっていた。

そこで、一九八〇年代の初め頃、ブレジネフのブレーン集団とKGB（国家保安委員会）の中から、そのような弛緩した社会の改革を行うべしという主張を持つグループが生まれつつあったのである。

一九八二年一一月、ブレジネフ書記長が死去し、翌々日、後継者としてKGBのアンドロポフが選出される。アンドロポフは、弛緩した社会の建て直しのために、いくつかの新

しい政策を実行していった。これはKGB内部の体制改革派が動きだしたのだと、当時私は思っていた。

しかし、アンドロポフは、政権を担当してから一年ちょっとの、一九八四年二月に死去し、後任にはチェルネンコが就いた。当時、チェルネンコは、一般には守旧派の老人で、アンドロポフ改革を後戻りさせるのではないかと思っていたが、実際には改革推進派によって担がれた政権だった。私の見るところ、その背後には世界革命派と呼んでもよいグループの存在があったのではないだろうか。ここで重要な視点は、アンドロポフ、チェルネンコといった書記長個人ではなく、その背後にいるブレジネフ政権末期以来のブレーン集団である。そして、このブレーン集団こそが、おそらくペレストロイカ期にも繋《つな》がっていったのではないだろうか。そこに、その具体的な顔ぶれは違っても、それらブレーン集団の質的連続性が見出《みいだ》せるのではないか。もし、そうした私の推測が当たっているなら、そのブレーン集団は、当時の政治体制と社会の実態を、どのように考えていたのか、それを知りたい。

イスラームを怒らせたアフガン侵攻

また、この時期のソ連にとっての大きな問題はアフガニスタン問題だった。

ブレジネフ時代の一九七九年一二月、ソ連軍はアフガニスタンに大規模な軍事介入を開始した。この戦争は、長期化するとともに泥沼化の様相を深め、その打撃は疲弊しつつあったソ連社会にボディブローのように効いてきた。

ソ連にとって、連邦内にある中央アジアのイスラームの問題は非常に重大な問題だった。しかも、アフガン侵攻に先立つ、同年二月、ホメイニ師指導の下、イラン革命が起こり、イスラーム世界に原理主義の波が押し寄せようとしていた。そのような状況への対応としてアフガン侵攻が行われたわけだが、これは、問題を解決するどころか、むしろ、より一層複雑なものにし、しかも、ちょうど一九六〇年代アメリカのヴェトナム戦争と同じように、ソ連社会に非常に大きな否定的な影響を与えるものとなった。また、それは、発火点は違うものの、ペレストロイカの過程で噴出したソヴィエト連邦内の民族問題に繋がっていくものでもあった。

このような、当然予想される深刻な事態をなぜブレジネフ指導部は無視したのか。

以上のような問題意識に基づきながら、佐藤さんのお話をうかがっていきたい。

「豊かな社会」に隠された社会主義の危機

佐藤　優

セイコーよりもカシオが高級ブランド？

まず、いま言われた大衆社会化状況について見てみますと、ブレジネフ時代のソ連というのはとっても〝いい社会〟だったわけです。

たとえば、職場においては、九時始業の場合はだいたい一〇時頃出勤して、それからゆっくりと一一時半ぐらいまでお茶を飲む。昼の一時になれば昼飯を一時間半ぐらいとって食べ、それから夕方の五時には完全にオフィスが閉まっている状態になりますから、だいたい夕方四時には仕事を終えてしまいます。ですから、月曜日から金曜日までは一日平均三時間半労働です。そして、土日は別荘で遊んで過ごします。ほとんどの人たちが郊外にダーチャという、菜園付きの小さな別荘を持っていますから、そこで過ごすわけです。そのうえ、夏には二ヶ月間の休暇がとれる。

こういうなかで個人の生活をおもいっきりエンジョイすることができていたわけです。ブレジネフ時代のソ連社会は、実はある意味では大変豊かな社会だったのです。それが、ゴルバチョフの登場によって、規律の引き締めが始まったものですから、私がモスクワに赴任した頃（一九八七年）には、一般大衆の間では、「嫌な時代になったなぁ」という雰囲気が広がっていました。

それに、ブレジネフ時代のソ連社会というのは、欲望が刺激されてどんどん昂進《こうしん》するという形にはなっていなかったんです。たとえば、モスクワを例にとると、首都でありながら、モスクワは地理的に奥まっているのでヨーロッパのラジオの中波が入りません。ですから、ヨーロッパの消費生活の情報が一般市民のところに入ってこない。雑誌なんかも全く入ってこないというふうに情報が統制されているので、欲望を刺激するものがない。だから、ラジカセが欲しいということがあっても、ラジカセが買えれば、それで欲望は充足してしまう。次々に昂進する条件がないんです。だから、大衆消費社会にはならないんです。

ロシアに行って日本の時計をプレゼントしても、セイコーやシチズンでは喜ばれない。カシオじゃないと喜ばれない。ビデオもシャープじゃないとダメ。なぜかというと、日本に出張したロシア人が限られた外貨で買えるのはカシオとシャープだけだったから、それ日本がロシア国内で日本製高級品のブランドになってしまったんです。このように情報が非常に限られていたから、欲望も限定されていたわけです。

もう一つ大きな点は、ブレジネフ時代には戦争に対する恐怖がなくなっていたということ。

ブレジネフさんが今でもロシアの大衆に好かれている大きな理由は、彼がソ連を超大国にして、少なくとも戦争で自分たちが徹底的にやられる可能性をなくしたということがあります。それまでは戦争で誰かが攻めてきて国家が滅ぼされるかもしれないという恐怖心でキュッと固まっていたのが、ブレジネフによってそれがなくなってリラックスできるようになったわけなんです。

ロシア人は、第二次大戦で非常に多くの犠牲者を出して、もうああいう戦争は嫌だという意識が強かったですから、ブレジネフが保障してくれた平和は、彼らにとってかけがえのないものになっていたと思います。

それから、オイルショックによって原油価格が急上昇したために、産油国であるソ連は潤沢なオイルマネーを手にすることができるようになりました。そのオイルマネーを国民にばらまくということが行われていたのです。

データで見ればわかりますが、この当時のソ連では、国防費の赤字よりも食管費の赤字のほうが大きかったんです。大麦がない、小麦がないといっては、カナダやアメリカから輸入していたわけです。しかし、小麦の生産量だけをみるとソ連のほうがアメリカより圧倒的に高いんです。それなのにどうして小麦をアメリカから輸入していたかというと、ソ連ではトウモロコシがよくできないため、家畜の飼料が不足しがちになるんです。

ここで重要なのは、ロシア人が肉を食べるようになったということなんです。

ブレジネフが現地指導に訪れたとき、彼は常に「肉は足りているか」という言葉を発していました。それに対して「同志、肉は足りていません」と答えると、「そーか、肉を食わんといかんな」とブレジネフは言う。そして、すぐに手配されて肉が出てくるわけです。というようなことをするものですから、ブレジネフが来た後には食い物がたくさん来るというわけで、彼は民衆にとても人気があったんです。肉をたくさん食べるようになったために、家畜の飼料を大量に作らないといけなくなった。それをオイルマネーを使って輸入したわけです。

たとえば、欧米から買った美味《おい》しい麦で大きなフランスパンを作るんですが、その焼き立てを一口食べて、固くなると後は捨ててしまう。そして、そのパンで子どもがサッカーをしているとか、そんな状況でした。また、逆ざやでパンが安いですから、農家などではパンを大量に買ってそれを砕いてニワトリに餌として食べさせるんです。そういうメチャクチャなことがたくさん起こっていたんです。

でも、これは裏を返すと、石油で儲《もう》かった金をほとんど国民に還元しているということなんですよ。ですから、ほとんど働かなくても食べていけるというきわめて豊かな社会だったということは間違いないんです。ちょうど中東の産油国のような雰囲気になったわけなんです。

ただ、そういう状況が続いていくと、いろいろと刺激が入ってきますから、欲望が限りなく膨らんでくるんですね。だってですよ、当時、モスクワの標準的な家庭の半数以上は別荘を持っているんですよ。そして、ほぼ全員が一年に二ヶ月ホテル住まいをするんです。これは基本的にいまだにロシアでは続いています。そういう費用は労働組合が全て補塡《ほてん》するわけなんです。

　こういった状況に一度慣れてしまうと、どんなに貧しいといっても、ロシア人はそこのところの権利は絶対に手放さないです。ですから、私は自分の体感からして、いまだに当時のソ連は豊かな社会だったと思っています。

　豊かな世俗化した社会で、みんな自分のことしか考えない社会です。このような社会には一つ大きなプラスがあるんです。それは、排外主義的ナショナリズムが出てこないということです。ブレジネフ時代のソ連は、その意味でとっても安定した社会で、〝ゲームのルール〟をしっかり作ることのできる国家だったんです。

　ですから、米ソ関係もよかった。米ソ関係がよかった時というのは、逆説的なんですが、アメリカの共和党政権の時なんです。反共的な共和党政権は、最初はソ連とぶつかるんですが、そのうちに共産圏との棲《す》み分けの論理になってしまうわけなんです。ところが、民主党政権だと、社会主義に対する理解がある程度はあるものですから、逆に、人権だとか、社会主義の歪《ゆが》みだとか、そういうことを問題にして、共通の価値観を持とうというような話が出てきてしまう。だから、最初のうち米ソ関係はいいんですが、やがて必ずこじれるんです。

　民主党政権の時は、アフガニスタンでも、インドでも、あるいは中東でも、アフリカでも、ソ連とアメリカの両方が出てきて、結構、交渉になるんですよね。ところが、共和党ですと、要するに「博徒」と「テキヤ」の間柄のような「稼業違い」みたいになるんですよ。お互い出てきても、稼業が違いますからよっぽど変なことがない限り衝突にはならないんです。ですから、稼業違いの論理というものを、共和党政権のアメリカとソ連は組み立てることができたんです。

この関係は基本的に今でも踏襲されています。両方の勢力が均衡しているところでも、共和党政権のアメリカとロシアとは結構うまくやっていけるんです。具体的には、ウクライナとか、ベラルーシとか、グルジアとか、中央アジアに共和党政権は手を突っ込みません。民主党は、共通の原理ということで「人権」を盾に結構手を突っ込んできた。もちろん、反ロシアということで大国主義的に軍事で強圧的にやってくるのは共和党なんですが、ロシア人からすると共和党の行動のほうがわかりやすいんです。それは北朝鮮なんかの場合も同じで、おそらく北朝鮮も共和党政権のほうが好きなはずです。

投票率九九・九%に隠された恐怖

このように、ブレジネフ時代のソ連社会は、豊かな安定した社会でした。けれど、その反面、社会が弛緩《しかん》してしまっていたわけです。社会が潜在力を全く使わないし、どこかふにゃ〜としているんです。党が指令しても、みんな働くふりをしてふにゃ〜としている。もちろん、労働者の側から言わせればそうじゃない。「国家は給料を支払うふりをしていて、我々労働者は働くふりをしているから五分と五分だ」と、いうわけです。

こうした社会状況は、『モスクワは涙を信じない』という映画（ウラジミール・メニショフ監督、一九八〇年製作）によく表れていると思います。これは、一九五〇年代末にモスクワに出てきた三人の娘が二〇年過ごしたモスクワの生活、愛と苦悩を描いたもので、六〇年代から七〇年代へのソ連社会の変貌のありさまがよく出ています。それから、NHK取材班による『もう一つのソビエト―モスクワ団地族を追って』（日本放送出版協会、一九八六年）というドキュメンタリーも、ブレジネフ体制下のソ連の市民社会の状況をよく伝えています。これは、モスクワ・オリンピックの選手村を改造したオリンピック団地に住む建設労働者、在郷軍人、画家、大学助教授、エリート党員などの生活と意見を取材したもので、『モスクワは涙を信じない』のメニショフ監督一家も取材しています。私が見聞したこととも合致するところが多く、当時のモスクワの市民生活が、実際どんなものだったのかをよく伝えています。

私が経験した限りでも、みんな公式には色々ともっともらしい発言をして、選挙にはみんな行くんですが、どこかふにゃ〜として、面従腹背なんです。それを認めて、「俺自身を含めてソ連社会は変なことになっている」と友人のロシア人は言っていました。

当時のソ連の選挙というのは、投票率九九・八%とか九九・九%です。その実態はと言いますと、投票の時になると、投票所に縁日が出るんです。そればかりじゃなくて、菓子袋とかを無料で配っていましたし、一年に一度しか食べられないようなバナナなんかも安い値段で売っているんです。それで、みんな家族ぐるみで投票所に行くわけです。

そして、投票所に行きますと投票用紙をくれるのですが、そこには推薦された候補の名前が一人だけ書いてあるわけです。そして、その投票用紙をもらう場所のすぐ前に投票箱があるんですが、そこから少し離れたところにカーテンで仕切られたボックスがあって、そこに入って投票用紙に書かれた名前に×を付けることもできる形にはなっているんです。日本の最高裁判所判事の国民審査と同じで、×を付けて不信任を投票する。何も書かれていなければ信任というわけです。だけど、その場に並んでいる選挙管理委員の中には必ずKGBの人間がまじっていて見ているんですよ。ですから、そんなところでボックスの中に入る勇気のある人なんかいないです。ボックスに入ったらその人間が×になるわけですから。「投票の自由は保障されている」と彼らは言いますが、たしかに投票するところまでの自由は保障されている。しかし、その後どうなるかというと、自由は保障されているわけではない。

また、病気で寝ていて投票に行けない人とかの場合には、投票箱のほうが家まで訪ねてくる。ですから、相当の信念を持っている人でないと投票を棄権することはできない仕組みになっているんです。

ロシア人は政治に積極的になろうとしてもなれないわけです。どうしても面従腹背になる。そして、ふにゃ～としてしまうわけです。

けれど、いずれにしても、このような社会の状況を根本から建て直さないと国家が溶解する、という危機感を共産党中央の幹部は抱いたわけです。

ソ連共産党は腐っても鯛

それから、次に、先ほど言われた世界革命派の形成という点ですが、私はご指摘の通り、そういう志向が現れていたと思います。

ブレジネフが考えていた世界システムというのは、米ソの共存体制を前提にしたもので、ロシアの伝統思想でいう、「ユーラシア主義」に非常に近いものだったと思います。このユーラシア主義については、後であらためてふれますが、これは現代のロシアを理解するさいにも非常に重要な思想で、思想の構成からすると「大東亜共栄圏」に近いものです。簡単に言いますと、みずからの共同体的な生存圏としてユーラシアを設定して、その圏内において全世界、全宇宙を映すことができるグローバルでコスミックに完結した体制を作ろうとするものなのです。

その後の展開を先取りして言えば、ゴルバチョフは、このようなユーラシア主義ではなくて、本気で世界革命を考えていました。そういう世界革命の志向は、ゴルバチョフが登場して突然生まれたものではなくて、少なくともブレジネフ政権末期からチェルネンコまでの時代の共産党中央委員会の一部にすでに密《ひそ》かに形をとっていたものだと考えられます。

そのとき注意しなければならないのは、ゴルバチョフとフルシチョフの連続性です。これはペレストロイカの本質を見るうえで非常に重要な視点になってくると思います。

そもそもフルシチョフという人は、彼なりの世界革命を真剣に考えていたんです。それは多分にオポチュニスティックなものではありましたが、ミサイルで軍事的な優位を保ち、重工業で経済的な優位を保てば、世界はおのずからソ連体制のほうに靡《なび》いて来ると本気で考えていました。彼はそういったユートピア的な発想で、世界革命を実現しようと思っていたのです。ゴルバチョフにも、形は違いますが、同質の発想が見られます。だから、ブレジネフ時代を挟んでフルシチョフとゴルバチョフは共鳴し合っているといえます。アンドロポフ、チェルネンコの体制は、その転換の過渡期に当たるわけで、その転換全体をリードしたという点では、ご指摘の「ブレジネフ政権末期からペレストロイカ期までのブレーン集団の質的連続性」というのは、その通りだと思います。そして、それを貫いていたのは、ユーラシア主義への自足ではなくて、世界革命の夢に挑戦していこうとする志向だと思います。

ソ連のブレーンが世界革命を考えていた、というと、眉唾《まゆつば》だと言う人も少なくないと思いますが、彼らは腐っても鯛《たい》なのです。彼らはみずからの体制がガタガタになってソ連が崩壊する最後の最後まで、世界各国の革命勢力に資金を送り続けていたぐらいですよ。私は、その文書を具体的に見ましたから、間違いありません。そういう意味では、ソ連共産党を侮ることはできないと思います。

イラン革命の衝撃――アフガン侵攻の真相

ロシアにおいて世界革命を考える場合に、決定的に重要な要素があります。それはイスラーム系諸民族に対する対応なんです。レーニンは、この対応をちゃんと位置付けていました。

当初レーニンは、トロツキーと同様に、ロシア革命が世界革命に発展していくうえで、ヨーロッパ革命が大前提だとしていました。しかし、一九一九年にドイツ革命が敗北し、ハンガリー革命も敗北してしまった。その後もレーニンは、依然として世界革命の理念は捨てないんですけど、基礎体力を付けるためにも東方の諸民族を巻き込まないといけない、と思ったわけです。そこで、レーニンは、「万国のプロレタリア団結せよ」というスローガンに加えて、「万国の被抑圧民族団結せよ」というスローガンを加えるわけです。

マルクスが『共産党宣言』で打ち出した「万国のプロレタリア団結せよ」という概念でいくと、プロレタリアートにとって祖国はないわけですし、被抑圧民族であろうがその中の資本家は資本家ですから、まるごと味方になるわけではない。ですから、この概念と「万国の被抑圧民族団結せよ」というスローガンとは矛盾するわけです。ところが、レーニンはあえて、この原理的には相容《あいい》れないスローガンを入れてくるわけです。

その時に「ムスリム・コミュニスト」という興味深い概念が成立してきます。これはイスラームの宗教的＝政治的立場とコミュニズムの政治的＝擬似宗教的立場とが結びついた概念です。そして、レーニンはこのムスリム・コミュニストたちを、革命の同盟軍に仕立てるわけなんです。一九二〇年にバクーで開かれた、東方諸民族大会に結集した部分とか、あるいは東京大学の山内昌之さんが研究されているタタール出身のコミュニストで、イスラム世界の特殊性と共産主義運動の結合を模索していたスルタン・ガリエフなどです。その一方でボリシェビキは、イスラーム世界では「世界革命」などといってもよくわからないから、「西方の異教徒に対する聖戦だ、ジハードだ」と言って仲間を増やすわけなんです。このようにして、ソ連邦内部、中央アジアのイスラームの中にムスリム・コミュニストというものが成立してくるわけです。

ところが、ブレジネフ時代になって、失敗してしまいました。ブレジネフまでのソ連というのは、中東政策においては、イスラームに対して「もみ手すり手」の関係でやっていくというのが基本でした。

たとえば、ソ連の外交官というのは、公には無神論者です。ところが、中東に行くときは、宗教の欄にムスリム（イスラム教徒）とかロシア正教徒というふうに書くわけなんです。コーランには、無神論者は生まれてこないほうがよかったと書いてありますから、イスラーム圏においては、無神論者だと人間扱いされないんです。そこで、ムスリムだとかロシア正教徒だとかいう便宜主義的な対応をしていたのです。そのようにして、イスラームにすり寄っていたわけです。

ところが、なぜかブレジネフはアフガニスタンへの軍事侵攻を決めてしまうんです。なぜ、そんなことをしたのか。これは基本的には一九七九年二月に起きたイラン革命との関係です。もはやプロレタリア革命では人民は燃えなくなってきていたわけです。ところが、民族とか宗教になると人々は燃えてしまうんです。実際、イランでは宗教と民族で全体が大きく燃え上がった。このイランで本格的に人々の心が燃えている状況がアフガニスタンからさらには中央アジアのイスラームに拡大してくることを真剣に恐れたのだと思います。

しかも、それが現実になって、アフガニスタンへ拡大し始めたわけなんです。イスラーム原理主義革命がイラン一国で止まっているのであれば、それはシーア派の世界の話なんです。ところが、アフガニスタンに拡がることによって、それはシーア派だけではなく、スンニ派を含めたところのイスラーム全体の大きな原理主義運動になる。それはまずい。そうなった場合がほんとうに怖かった。そこで、ソ連は一九七九年一二月に、アフガニスタンに軍事侵攻することになるんです。

アフガニスタンへの軍事侵攻については、危惧《きぐ》し反対する意見もありました。たとえば、このとき、ソ連科学アカデミー世界経済国際関係研究所のプリマコフ（＊中東・アラブ問題専門家。エリツィン政権時に外相に就任）がアフガン侵攻反対の意見書を出しています。「アフガニスタンに手を突っ込むとイスラームとのぶつかり合いになって、レーニン以降ソ連が培ってきたところの革命の同盟軍としての遺産を全部失ってしまう危険がある。だからアフガニスタンに介入してはいけない」というのがプリマコフの意見です。これは、それまでのソ連の対イスラーム政策を継承した正論だったのですが、それよりもイスラーム原理主義の炎がソ連圏内の中央アジアに燃え拡がってくることの方が怖かったということでしょう。

しかし、それによって、今まで革命の同盟軍としていたところのムスリム・コミュニスト、イスラーム系の東方民族が使えなくなってしまったわけです。

「母性英雄」人口政策で膨張したイスラームの擡頭

その背景には、実はソヴィエトの人口政策の失敗があったんです。

ソヴィエトでは、ロシア人の人口を増やすために「母性英雄」という制度を作ったのです。女性が子供を一〇人産むと母性英雄になれる。そうなると、いっさい行列に並ばなくていいし、閣僚級の高額な児童手当をくれる。それで、御殿に住めるんです。この制度によってロシア人の人口を増やそうとしたんです。

ところが、実際には、ロシア人の中からは母性英雄がほとんど出てこないで、中央アジアのイスラーム、ウズベクとかキルギスとかそっちの方ばかりから出てくる。同じソヴィエト国民だということにしてるんで、差別するわけにはいかない。それで、イスラームの人口がどんどん増えて、ロシアの人口はむしろ相対的には減少するというはめになってしまった。有名なソ連研究家のカレール＝ダンコースが当時の人口動向を分析して、「このままだと二一世紀の前半ぐらいに、ムスリム人口と非ムスリム人口が逆転する」という試算をしました。それは実際に冷酷な現実だったんです。

それだけではありません。ブレジネフ時代にイスラーム原理主義を恐れて変な政策を採ったためにかえって矛盾を拡大してしまった例が色々とあります。

キルギスとタジキスタンとウズベキスタンの国境が入り組んだフェルガナ盆地という広大な盆地があります（＊地図一三八〜一三九頁）。この土地はもともと非常によく穀物ができる土地だったんですが、こんな穀物がたくさんできる豊かな土地が、イスラーム原理主義の拠点になったら困るということで、モノカルチャー経済の綿花しか作れない土地にしてしまったんです。綿花栽培というのは水を異常に食ううえ、殺虫剤をたくさん使うので土地が大変荒れてしまった。こうして、伝統的な共同体が破壊されてしまい、矛盾が集中的に出てきてしまいました。

そんな状況の中で、中央アジアの民衆レベルで宗教的な反発が非常に強まってくる。そして、アフガニスタンで原理主義運動が出てきて、イスラーム原理に基づく平等思想がソ連内に入ってきた場合、社会主義を謳《うた》っているソ連では中央アジアの人たちにも平等主義が刷り込まれていますから、その平等主義を媒介にして原理主義が急速に浸透することが考えられる。それを恐れたうえでのアフガン侵攻だったと思います。

それでは逆に、プリマコフの意見に従ってアフガニスタンに介入しなければどうなっていたか。おそらくイスラーム原理主義の動きは、タジキスタンやウズベキスタンに及んだでしょう。そういう状況で、非ムスリム国家、世俗国家としてのソ連邦を維持するには限界があったと思います。ですから、いずれにせよ中央アジアのイスラームをどうするのか、という問題は重大な局面を迎えたでしょう。場合によっては中央アジアを切り離すというスタンスを持たなければならないかもしれない。だから、アフガニスタンに武力介入して、原理主義がとにかくソ連の中には入ってこないようにしたということです。

アフガン戦争体験——それは地獄の黙示録だった

私がモスクワに赴任した頃、アフガニスタンからの帰還兵がマフィアを作っていたんです。アフガン帰還兵には、色々な特権が与えられていました。たとえば大学の入学試験でも点数の底上げが相当されていました。モスクワ大学哲学部でキリスト教神学についての講師をしていたときの教え子の中にもそういう学生が一人いました。アルベルトという名前でしたが面白い奴で、お父さんが配管工かなにかの労働者でキリスト教徒、お母さんがタタール人でムスリマ（イスラム教徒）なんです。母親がムスリマで父親がクリスチャンというのはロシアでは非常に珍しいです。イスラームの伝統では夫がムスリムで妻がキリスト教徒であることは問題ないんですが、キリスト教徒の男性に嫁ぐことは禁止されています。ですからアルベルトの例はソ連の世俗化したイスラム社会でしか見られないのです。その学生が、アフガニスタンで何をやったか。そいつから直接聞いた話なんです。

戦車で走行していると、道の上で赤ん坊が泣いている。かわいそうだということで、その赤ん坊を取り上げて近所の村に連れて行くわけです。ところが、これが罠《わな》なんです。赤ん坊を連れていったソ連兵は、その村で捕まる。捕まったソ連兵はどうやって殺されるか。まず、ナイフで両目をえぐられる、それから耳ちょん切って、両手両足ちょん切って、それで急所をえぐりとって、生きたまま道路に投げておくんです。その兵隊は発見されても、もう助かりはしない。そういうことを一度経験したら、ソ連軍は何をやるか。ヴェトナム戦争のときのソンミ村と同じことをやるわけです。村人全員を皆殺しにする。そうしたら、アフガンの村という村が憎しみの塊になって、今度またロシア人を捕まえたら同じようなことをする。そういう憎しみの連鎖……。

こうした憎しみの連鎖の異常な状況に置かれると、人間というのは、あっという間に残虐なことでもなんでもする。やがてソ連兵は強姦を始める。それから買春か強姦か、あるいはその中間みたいなことをしょっちゅうやるようになる。砂糖かなんかをあげて、それで人を犯すということが平気になって、だんだん感覚が麻痺《まひ》してくる。

反体制派のサハロフが、当時の人民代議員大会で問題にしたことですが、アフガニスタンでソ連軍が味方の兵隊を武装ヘリで撃ったという事件がありました。軍は事実無根だと否定しましたが、私の教え子は「そういうことはたくさんあった」というんです。しかし、その真相はサハロフが言っているのとは全く違うというんです。

「ゲリラに捕まってしまったら、向こうには恨みがあるものだから、ひどいことになる。

とくに女性たちが怖い。石を投げてメッタ打ちにしたり、鈍器で時間をかけて殺したりする。一つの小隊が包囲されて捕まったりすると、全員が、そういうふうにボロボロにされてなぶり殺しにあう。だから捕まってしまったら、そいつらが少しでも楽に死ねるように、武装ヘリを送ってソ連兵をみんな殺すんだ。もちろん、そのアフガンの村は全滅させる。そういうオペレーションをやるしかなくなってしまったんだ」と、アルベルトは言いました。

そうした殺戮《さつりく》につぐ殺戮がアフガンの戦場を支配していました。だから、彼はそういう戦場体験を経て、本格的にキリスト教を勉強したいといって、私が教えていた宗教史・宗教哲学科に来たんです。そして、「自分の体験を本にしたい、手伝ってください」と言ったんです。

そういう人たちがちょうど僕らの年代なんです。ソ連では僕らよりちょっと若いか僕らと同じ世代っていうのは、アフガン従軍世代なんです。彼らは、アフガンに行って、アルベルトと同じような戦争体験をして帰ってきて、同じくアフガン経験をした連中とか、あるいはごく親しい個人的な友人の間でだけ、大きな声ではなく、密かにアフガンで何をやってきたかという話をお互いにし合っていたんです。

当時、ドゥシャンベというタジキスタンの首都にいますと、そこは豊かなオアシスで、そこそこ緑もあって、音楽聴きながらうまいもの食って、という暮らしがあるわけです。ところが、そこから飛行機で三〇分飛べば、もうカンダハールです。そういうアフガンの街や村に行ったら、毎日お互いに殺戮し合っている世界がある。そこにいるアフガニスタン人も、アフガニスタン人とは言ってますが、タジク族ですからタジキスタンに住んでいるタジク人と同じなんです。そういうアフガンの戦場の話が聞こえてきたら、タジク人のロシア人に対する眼付きもだんだん悪くなってくるのは当然です。

アフガンでのソ連軍の指揮官で、前線を体験し、責任も持っていたレベジという前の大統領候補が、ロシア語の原題で『大国に対して侮辱的だ』というタイトルの本を出しています。そのタイトルを『憂国』と意訳して、彼自身のアフガン体験の部分を私が訳したんですが（徳間書店刊）、アフガニスタンで何が行われたかということが、この本を読めば、だいぶ薄められてはいますけど、わかります。

ロシアにおける僕らの同世代とすぐ下の世代、いま四十代の半ばからちょっと上の世代というのは、あのアフガン戦争によって、世界観が大きく変わったと思います。「こっちから見ればこう見えるけれども、あっちから見ればああ見える」という考え方にみんななってしまったんです。それは、ソ連社会にとって非常に大きな問題であったろうと思います。

実際に、その後も、このアフガン従軍世代の中からは、麻薬中毒の問題とか、異常な殺人とか、そういう逸脱行為が目立って多く出ています。

Ⅱ

ペレストロイカが打ち出されるまで

概略と問題意識

宮崎学

「清潔な独裁者」――ゴルバチョフの登場

ブレジネフの後任アンドロポフは、すぐに死去し、チェルネンコも一九八五年三月に死去、その翌日、ソ連共産党中央委員会総会は、書記長にゴルバチョフを選出。そのゴルバチョフが二ヶ月後の五月に始めたのが、初期の政策路線を象徴する、あの悪名高い反アルコール・キャンペーンだった。気分的には、まるで一九二〇年に施行されたアメリカの禁酒法のごときである。アメリカの禁酒法が時を経ずして撤廃されたように、精神主義的で禁欲的な政策は、大衆の反発を招き、必ず破綻《はたん》するものだ。とくに大衆社会化状況の下では、啓蒙《けいもう》政策的な手法では国民の理解が得られるはずがない。実際、ほどなくしてゴルバチョフの反アルコール・キャンペーンも失敗に終わる。

さらに翌一九八六年、二月に開かれたソ連共産党第二七回大会では、新綱領・新規約の採択とともに、「規律強化」と「加速化」路線を党として承認し、停滞している社会と弛《し》緩《かん》している党官僚の活性化をめざして、一種、啓蒙専制君主的な「清潔な独裁」を布いていく。

しかし、このような路線が当時の大衆やスターリン官僚に受け入れられると、本当にゴルバチョフは思っていたのだろうか？　思っていたとしたらなぜなのか、そこを知りたい。

ペレストロイカとチェルノブイリ原発事故

一方、外交面では、ゴルバチョフは、いわゆる「新思考」外交を打ち出し、その遂行のため、一九八五年七月、グロムイコに代わって、当時全く無名のシェワルナッゼを外相に任命する。その狙いは何か。

さらにゴルバチョフは一九八六年六月、「全社会の深刻なペレストロイカ」というスローガンを打ち出し、七月には、ハバロフスクでの演説の中で、「ペレストロイカは革命といってもよい」と、言明したのである。ペレストロイカ路線が結局はソ連を崩壊させたのであるから、ある意味では「革命」なのだが、なぜ、それが「反革命」に転化してしまったのだろうか。

また、この時期の事件で忘れてならないのは、史上最悪のチェルノブイリ原発事故であろう。

一九八六年四月、炉心溶融・爆発事故を起こした原発は、広範囲に放射能汚染を拡散し、各地に深刻な被害をもたらした。同時に、この事故の影響は、事故による直接の被害に止まらず、情報が適切に開示されず、適切に伝わらないという問題を始め、ソ連社会のさまざまな問題をいっきょに露呈させるきっかけとなった。こうした問題の表面化が、ゴルバチョフ政権にグラスノースチ（情報公開）政策の推進を決意させることになるのだが、それがまた逆に、ソ連体制の政治的不安定性を増大させるという皮肉な結果に繋《つな》がっていくわけである。

なぜこうも、ゴルバチョフの打つ手は、裏目、裏目に出るのであろうか。そこには何か、ゴルバチョフに本質的な状況認識に対する欠陥があったのではないかと思わざるを得ないのである。以上のような問題意識に基づきながら、佐藤さんのお話をうかがっていきたい。

ソ連社会のリストラと西ヨーロッパ革命をめざして

佐藤　優

ゴルバチョフの秘密は妻ライーサの人脈

私は、一九八五年に外務省に入省しましたので、仕事としてソ連を見るようになったのはその年の四月から、ゴルバチョフが登場した翌月からということになります。

ゴルバチョフという人物が、アンドロポフのように「統制を強化していく男」というKGB的な体質を持った人なのか、あるいは「改革派」なのか、西側との関係を協調的に持って行く人なのか、それともむしろ新たなる対決が始まるのか、まだ全くわからないという状態でした。ちょうどその時、英国のサッチャーがゴルバチョフのことを「鉄の牙《きば》を持った男だ」と評して、それがゴルバチョフのキャッチフレーズになりました。

そして、当時、日本の外務省の雰囲気は、それまではアンドロポフ、チェルネンコといった年寄りたちのいわば「弱ったソ連」を相手にしているという感じでしたので、ある意味で外交は大変やりやすかったと思います。ところが今度はゴルバチョフという新しいリーダーが出てきて「強いソ連」をめざした本格政権ができるのではないか。これはがっぷりと取り組まなければいけない。本格的なソ連研究が必要であるという緊張感が走ったことをよく覚えています。

ゴルバチョフがどのような人脈の中から出てきたかということですが、ゴルバチョフを引き上げたのは基本的にはスースロフです。スースロフが後ろ盾にいましたから、チェルネンコもグロムイコもゴルバチョフを大切に扱いました。この点でも、ブレジネフ政権末期からゴルバチョフ登場までのブレーンの連続性がわかります。

そして、ゴルバチョフという人物を考える上で鍵《かぎ》を握っているのは、実は、亡くなった奥さんのライーサ・マクシーモヴァなんです。

ゴルバチョフはモスクワ大学の法学部を卒業しているのですが、ソ連時代の法学部というのは実は成績の一番悪い人の行くところだったんです。なぜかというと、法律を修めてもKGBか内務省以外に就職する先はないんです。たとえば弁護士になったとしても、ソ連では法廷で決めることといえば離婚の調停ぐらいしかなかったんです。ですから、法学部というのはあまり出世にも繋がらず、パッとしなかった。

では、どの学部が一番出世に繋がるかというと、哲学部なんです。哲学部の中に科学的共産主義学科というのがありまして、そこを出ると共産党中央の中でも非常に上に行くんです。ゴルバチョフの奥さんのライーサは、その哲学部出身なんです。しかも、ソ連で最初に社会学を専門的に研究して、ソ連で初めて世論調査をやった一人なんです。全ロシア中央世論調査センター所長のユーリー・レバダという、ソ連時代からの世論調査の父のような人がいたんですが、私は彼とモスクワ時代に非常に親しくしていまして、彼から聞いた話ですが、このライーサの経歴と人脈が、大変ゴルバチョフの役に立ったのです。

それから、これもレバダに聞いた話ですが、その当時のゴルバチョフにとって非常に重要だったのは、ムリナーシというチェコ人と寮が同じだったということなんです。このムリナーシという人は、後に『夜寒――プラハの春の悲劇』(新地書房刊)という「プラハの春」の回想録を書いた人で、チェコの自由化をめざして起きた一九六八年の「プラハの春」のイデオローグになった人なんです。これを繋いだのもライーサです。一九五〇年代に、ゴルバチョフがモスクワ大学で学んでいた時に、ライーサ・マクシーモヴァのルートから、後に「プラハの春」に繋がるような東欧の改革派系コミュニストたちと付き合いだしたんです。その時の「遺産」が、後の改革を進める中で出てきたということ、これがゴルバチョフの一つの大きな秘密でした。

ゴルバチョフという人間は、特定の哲学を持っているわけではなく、状況に対応しながらどんどん発想を変えていく人でした。初めから改革の構想や哲学があったわけではないんです。歩きながら考えているうちに、昔の改革派との付き合いの中で培った発想がだんだん表に出てきた、ということなんです。

それから、ゴルバチョフがレーガンとの会談で、旧約聖書の中の「コヘレトの言葉」を正確に引用したというのは、とくに不思議です。ロシア正教の伝統は旧約聖書を読ませないからです。キリスト教というと聖書を読ませるという発想がありますけど、それはプロテスタンティズムの伝統なんです。カトリック教会とかロシア正教会とかは、基本的には聖書は教会の伝統の中で正しく読まないと信仰からはずれてしまうので、むしろ、できるだけ聖書の普及を遅らせたんです。ですから、まともに現代人にわかるようなロシア語に翻訳されたのは、ソ連崩壊後のことです。とくに旧約聖書に関しては、ロシア正教会は、現代語訳のものは印刷すらあまりしたがらなかった。そういう状況の中で、旧約聖書を読んでいるというのは、相当宗教的な関心が強い人だということは間違いないです。

ただし、宗教的な関心は高いのですが、私が見たところでは、ゴルバチョフは宗教的な感覚が優れているとはいえないと思います。それは、のちにローマ法王庁との関係などで明らかになってきます。

反アルコール・キャンペーンの顚末

ゴルバチョフは、最初、反アルコール・キャンペーンを始めとする規律強化政策を行います。ところが、この反アルコール・キャンペーンは、その翌年あたりから大変深刻な状況になるんです。その後、一九八八年だったか、「ソ連共産党中央委員会通報」という雑誌の中に、「反アルコール・キャンペーンの行き過ぎについて」ということが書いてありました。それを見ると、このキャンペーン失敗の原因や経緯がよくわかります。「反アルコール・キャンペーン」を過剰に厳しくしたことによって、どういうことが起こったか。まず、砂糖がなくなるんです。なぜかというと、砂糖水を作って、その中にイースト菌を入れて、少し濃くするとウオッカができる。これをロシア語で「サマゴン」と言います。つまり「自家製蒸留酒」ができるんです。これを作るために砂糖が買い占められて、なくなってしまう。次に何がなくなるかというと、ジャムです。もちろんジャムでウオッカを作るんです。そして、ジャムもなくなってしまうと、次にオーデコロンがなくなるんです。これ、ちょっと危ないんですが、化粧水をそのまま飲むようになるんです。しかし、それも駄目になると今度は靴クリームなんです。靴クリームの中にアルコールが含まれているんですね。そこからどうやってアルコールを取り出すかというと、黒パンの上に靴クリームを山盛りにして、半日ぐらいすると、黒パンの中にアルコールが沁《し》み込んでくるんですよ。そして、上の部分は切って捨てて、アルコールがたっぷり沁みた黒パンを食べるんですね。

　そんなことをするものですから、年間に数万人も死んでしまったんです。つまり、それまでアルコールの飲み過ぎで死んでいた人間の数とそんなに変わらなくなってしまったわけなんです。これはやり過ぎだということで「反アルコール・キャンペーン」は一九八八年に止めることになります。

　ゴルバチョフ政権の時にロシア人のインテリからこんなことを聞いたことがあるんです。

「これは政権が危ないぞ」

　どういう理由でそんなことを言うのかと聞きますと、

「ロシアでは手を付けちゃいけないものが四つある」

と、彼は言うんです。

「『黒パン（白パンはなくても生きていける）』『ジャガイモ』『タバコ』それに『ウオッカ』だよ。この四つのうちの二つが同時に欠乏することになったら、ロシアでは暴動が起こるに決まってるんだ」

そう彼は私に言いました。

ゴルバチョフ政権は、反アルコール・キャンペーンで、まず、ウオッカ（ウィスキーやビールはなくてもいいのですが）に手を付けたわけです。黒パンとジャガイモは大丈夫だったんですが、次にタバコがヤバくなってきたんです。タバコのフィルターは当時、アルメニアでしか作っていなかったんです。ところが、やがて民族紛争が起きてフィルターが入って来なくなってしまった。そうすると、ソ連のタバコというのは全てフィルター付きのものでしたから、タバコの生産ができなくなってしまったんです。こうして、ウオッカがなくなり、タバコがなくなってしまった。私はこの状況こそが、草の根レベルにおける、ゴルバチョフ政権に対する国民の怒りの根源だったと思います。

この時期、一九八五年当時は、「ペレストロイカ」（建て直し）とか、「デモクラツィザッツィア」（民主化）、さらに「グラスノースチ」（情報公開）などは、全くスローガンとはならず、ただ「規律強化運動」だけが展開されていたというのが、率直なところだったと思います。

ペレストロイカとは実はリストラのことだった

ゴルバチョフの初期は経済政策に重点が置かれていたのですが、そのキーワードは「ウスカレニエ」という言葉でした。これは「加速化」という意味で、つまり「もっとスピードを上げろ」「もっと速く仕事をしろ」ということなんです。ですから雰囲気としては中国の大躍進運動のようなものでした。つまり精神性を強調して、職場でもっと働かせようとしたわけです。

一九八六年六月一六日の党中央委員会総会で「全社会の深刻なペレストロイカ」が打ち出されました。この「ペレストロイカ」というのは、「建て直し」などと訳されていますが、実は、日本語の語感で「ペレストロイカ」に一番近いのは「リストラ」なんです。ですから、「全社会の深刻なペレストロイカ」は「全社会の深刻なリストラ」ということなんですが、そのリストラということが、国民には何のことだかよくわからなかったんです。最初のうちは人事異動ぐらいにみんな思っていたわけですよ。

ゴルバチョフは、書記長になって、最高指導者としての立場からあらためて社会の状況を見て、これはヤバイ、国家が壊れかけていると思ったんです。そこで、リストラだ、リストラだ、といって騒ぎ立てたわけなんです。「ペレストロイカ」というと、何かいいもののように聞こえますが、要するに「おい、リストラだぞ！」ということなんです。小泉首相が国会で演説して、「日本の社会を元気にするためにはリストラだ！」と言ったのと同じことです。すべての企業に手を付けて全部リストラしてやるぞ、と言ったのがペレストロイカなんですよ。でも、国民は本気にしないんです。それで、嫌な時代になったとみんな思ったわけなんです。

当時、しきりに「ペレストロイカ」を連発するゴルバチョフをロシア人が嘲笑《あざわら》ってこう言ってました。

「『ペレストロイカ』の後には『ペレストレルカ』（銃撃戦）』が来るぜ」と。

ロシア語で「ペレ」という接頭語には「抜本的に」という意味と「何度も」という意味があって、「ペレストレルカ」という言葉は「銃撃戦」という意味です。ですから、そういうふうにもじって、みんなながからかったんです。事実、ペレストロイカが進むと民族紛争が深刻になり、銃撃戦も起こりました。

反アルコール・キャンペーンなどの規律強化政策についてもそうですが、ゴルバチョフは、書記長に就任した最初のうちは、党書記長として掛け声をかければ世の中は動くと思っていたんです。ところが、ソ連社会の状況はそんなどころじゃなく相当深刻で、何を言っても動かないわけです。官僚たちも全く動かない。そういう状況に直面して、ゴルバチョフは、これは国家が根っこから腐っている、と思ったんです。だから、これは完全なリストラが必要だと考えたんです。ですから、この時点から、ゴルバチョフはソ連という会社の再建屋、整理屋として入ってきたようなものなんです。しかし、あまりにも会社の腐敗がひどかったので、再建策が次々に失敗していった。そういう構造だと見ればわかりやすいのではないでしょうか。

「地頭」のいいレーガンにしてやられたゴルビー

ゴルバチョフは、最初、アンドロポフ流の「規律強化」と「加速化」で国内の改革をやっていくのですが、外交面では初めからかなり思い切った政策の転換をしていったように見えます。とくに、比較的早い時期にシェワルナッゼを登用したので、シェワルナッゼがその鍵《かぎ》を握っていたかのように見られたときがあります。が、実はそうではなかった、と私は見ます。

シェワルナッゼという人は外交の経験が全くない人なんです。シェワルナッゼが外務大臣に就任した時に、日本の外務省では、彼の名前をどのように読んだらいいのかわからなくて、一週間ぐらい名前の呼び方が決まらなかったんです。シェワルドナゼなのかシェワルドナーゼなのかシェワルナーゼなのか……。そんな手探りの状態でした。

その時、モスクワから聞こえてきたのは、シェワルナッゼというのは、出身地グルジアのKGBの親玉で、暴力装置を平気で使う人間だ、相当人を殺しているぞ、という情報でした。グルジアの汚職摘発、粛正を中央にまで持ってきて、規律強化をやるんだ、あの冷たい眼を見てみろというんです。アメリカでウォーターゲート事件が摘発されたのは、おそらくシェワルナッゼが仕掛けたんだろうとか、そんなことがグルジアで噂されるぐらい腐敗・汚職摘発の鬼みたいに見られていたんです。西側外交筋では、そんな人間に外交を任せるなんて、ソ連ではいったい何が起きているんだと言われていました。

後から考えてみますと、当時のシェワルナッゼには外交の実務力はなかった。つまり、外交が不得手な人間を外相に据えたということになります。ということは、実際はゴルバチョフが外交をやっていたということだと思うんです。だけど、いまだに私にとって謎なのは、なぜ、それまで超ドメスティックな農業屋さんであったゴルバチョフが、あのような新しい外交をやろうとしたのかということです。これはいまだに謎です。ただ、彼自身が外部世界との緊張を解いていかないとソ連社会が壊れるということを、ある時点で悟ったということは間違いないでしょう。

それと同時に、ゴルバチョフが本格的な世界革命に向けて動き出したというのが私の仮説です。それは、ブレジネフ時代までの平和共存的な発想ではなく、本格的な平和攻勢です。「対外進出を謀っていくこと」と「国内体制の強化」というのは、実はメダルの表と裏なんですね。たとえば、かつて日本が大東亜共栄圏を作ろうとした時、それを成し遂げるためには国内の改造が必要だったんです。対外侵略の論理というのは、必ず国内の建て直しと結びつくんですね。ですから、ソ連があれだけ国内の建て直しを必要としたということは、私は、ソ連は本気で世界革命を考えていたからだと思うんです。

だからこそ、西側陣営も本気で巻き返しを考えたわけです。ところが、攻勢を仕掛けたのがソ連だったにもかかわらず、レーガンという人は、類《たぐい》まれな、実に「地頭《じあたま》」のいい男だったものですから、ゴルバチョフはレイキャビクでの首脳会談で、ものの見事にしてやられてしまった。世界革命に対して世界反革命陣営のほうが勝ってしまったわけです。

あのまま反核の平和攻勢が増幅していって、軍縮論議を本格的にやる方向にいって、ソ連の土俵に乗っていたら、一歩、二歩と次第に追い込まれて、ヨーロッパ全域は完全にソ連に好意的な中立になっていたと思います。

そこのところで、アメリカはSDI構想（＊八三年にレーガン大統領が発表した戦略防衛構想。別名スターウォーズ構想）などという、できると思う者は誰もいないような構想を持ち出してきて、そこでハイテク戦、科学技術の総力戦を仕掛けるわけです。その時、ソ連はそれをかわして反核平和運動を進めていけばよかったのに、そっちが科学技術の総力戦をやろうというのであれば、我々も十分に対応できると、ソ連宇宙科学のプライドをかけて、むこうの土俵に乗ってしまった。ロシア語では「ソイ」（SOI）と言うのですが、我々もソイ構想（SDI構想）をやるんだといって本格的にやってしまったわけなんです。

そして、ソ連はブラン（雪嵐）というスペースシャトルを作ったりしたわけですが、結局レーガンの罠《わな》にはまって負けてしまったということです。

ソ連にもある黒人差別

旧ソ連の世界戦略の流れを見てみますと、前にも申し上げましたが、一九二〇年代にムスリム・コミュニスト政策への方向転換がされて以降、革命へのアプローチは基本的には東方世界を通じて行われていました。ソ連が第二次世界大戦に勝利したときに、東ヨーロッパを解放し、そこから革命が広がるのではないかという期待から、一時的には、ソ連の関心はいったんヨーロッパ方面に向かったことがありました。けれど、その短い間を除けば、革命を巡るソ連の関心は、基本的にはアジア、そして後にはアフリカ、ラテンアメリカに向いていったわけです。

ところが、なぜかゴルバチョフは、レーニン、トロツキーの夢であった西ヨーロッパ革命を本気で考えたと、私は思うんです。

一つには、ソ連は、アジア、アフリカと付き合ってよくわかったんです。つまり、アジア、アフリカにいくら金をつぎ込んでも、どうも革命には繋《つな》がらない、さらにそれらの政権がかなり腐敗していることがわかってきたわけです。ソ連共産党中央委員会の職員から次のような小話（アネクドート）を聞いたことがあります。南北朝鮮に関して、ゴルバチョフは本格的に朝鮮情勢を勉強したが、それによってわかったことは、朝鮮には「よい朝鮮」と「悪い朝鮮」があって、我々は「悪い朝鮮」を摑《つか》まされたということだ、問題は、どうして我々が「悪い朝鮮」を摑まされたかだ。そんなことを共産党官僚が言っていました。

ルムンバ民族友好大学にしても、春になって雪が解けると、だいたい黒人の死体が三、四人出てくるんです。ロシア語で黒人のことを「ネグリチャーン」と呼ぶんです。英訳すると「ニグロ」です。今どき黒人のことをニグロなんていう呼び方をする言語は、ロシア語ぐらいです。つまり、「アジア、アフリカと連帯する」とは言っても、ソ連人の、とくにアフリカに対する偏見というのはひどかったです。たとえば、ルムンバ民族友好大学にしても、パトリス・ルムンバというコンゴの革命家の名前にちなんでいるわけなんですが、それをロシア人は冗談半分でこう言うんです。イーメニスピッドと。「スピッド」は「エイズ」という意味でして、つまり「エイズ大学だ」と、「黒人はエイズだからな」というわけです。さらにモスクワのシェレメチェヴォ第二（国際）空港は、「アフリカから来る人間だけに血液検査をしろ」と。こういうことを平気で言う。それを当然と思っているわけです。

だから、アフリカとの間で本当に心の通い合った革命運動などできるはずがないわけです。東京にたくさんのアフリカの大使たちがいますが、その集まりに私なんかが入っていくと、みんなロシア語で話をするんです。みんなルムンバ民族友好大学の出身ですから、アフリカの大使たちが集まると共通語はロシア語になるわけです。それだけソ連、ロシアは人を育ててはいるんですが、心は全く通じていません。そういう形での革命運動だったものですから、ラテンアメリカの人たちもそうですが、ロシア人のことをあんまり尊敬していないんです。

ところがゴルバチョフは、アジア、アフリカ、ラテンアメリカではなくて、ヨーロッパを相手にすれば「打てば響く」と思ったんです。レーニン、トロツキー以来初めて、もしかしたら西ヨーロッパ革命ができるかもしれないと、そういう夢をかなり抱いていたのではないかと思います。そして、そのために国内体制を強化しようとしたのだと。

しかし、ゴルバチョフが考えたヨーロッパ革命はヨーロッパ共産主義革命じゃなくて、ヨーロッパ社会民主主義革命でした。ですから、「欧州共通の家」とか、「全人類的価値」というのは、基本的には、そうしたヨーロッパ社会民主主義革命の共通の価値に向けて、ヨーロッパをまとめていこうという「革命」なんです。そこで、西ヨーロッパの社会民主党対策を強化しました。このように、ゴルバチョフの現代西ヨーロッパ革命の戦略においては、共産主義と社会民主主義は実は一緒なんだという発想があったわけです。

ソ連崩壊は政治的チェルノブイリ

それから、この時期に起こったことで非常に重要だと思うのはチェルノブイリの原発事故です。

この原発事故によって、ソ連の全ての情報システムが危機的な状態にあるということが明らかになったわけです。その影響は、きわめて深刻で広きに及んでいました。そして、この情報システムの危機に対する対応が始まっていきます。

後であらためて述べますが、私は初期エリツィン時代を支えたロシア共和国国務長官を務めていたゲンナジー・ブルブリスという人物が、ソ連崩壊の立役者の一人だと思っています。そのブルブリスが私に言ったんですが、一九九一年一二月のソ連崩壊は、政治的なチェルノブイリだと。権力が炉心溶融してしまって、それによって社会全体が汚染されるという、チェルノブイリ原発事故と構造的に同じことがソ連全体に起こったんだ、と彼は言うんです。

つまり、チェルノブイリの事故というのはソ連が自壊していく構造を予兆した象徴だった、ということになります。しかも、チェルノブイリという言葉が意味深長なんです。チェルノブイリというのは、ロシア語で「苦よもぎ」という意味なんですが、これと同じ言葉が、「ヨハネの黙示録」に象徴的な形で出てくるんです。

子羊が第七の封印を開くと、七人の天使が現れて、七つのラッパを次々に吹き鳴らします。第三の天使のところにこう書かれています。

「第三の天使がラッパを吹いた。すると、松明《たいまつ》のように燃えている大きな星が、天から落ちて来て、川という川の三分の一と、その水源の上に落ちた。この星の名は『苦よもぎ』といい、水の三分の一が苦よもぎのように苦くなって、そのために多くの人が死んだ」

（ヨハネの黙示録8・10〜11）

燃える星が水の中に落ちて、水が汚染されて多くの人が死ぬ——これはチェルノブイリ原発事故そのままです。しかも、その星の名前がチェルノブイリ、「苦よもぎ」なんです。

ですから、チェルノブイリ（苦よもぎ）というワーディングがロシア人の心の中で大きな振幅を引き起こして、終末論的な予兆、この世の終わりを告げる兆しなんだという印象を強めたのです。

もっとも、ロシア語の聖書では、普通は苦よもぎをチェルノブイリとは呼びませんが、しかし、辞書でチェルノブイリという言葉を引くと「苦よもぎ」と出てくるんです。ですから、みんな黙示録を思い出すんです。しかも原子炉はいわば人工の星ですから、それが川を汚染して多くの人が死ぬというイメージは、まったくメタファーとして黙示録と一致してしまったわけです。

こうして、チェルノブイリ原発事故をきっかけに、とくにインテリ層を中心にして終末論的な気分が広がっていきました。これは、実は、見えないところで非常に大きな影響を与えたと思います。

ゴルバチョフはソ連史上初めての大卒書記長

この時期の展開の中でもう一つ鍵《かぎ》になる出来事があります。このポイントを日本人で気付く人は少ないと思うんですが、ゴーリキーという土地に流されていたサハロフ博士が流刑解除になったことです。これは決定的なポイントでした。これを契機にして、権力を維持するための潜在力であったインテリのパワーを本格的に顕在化させていく方向へ、根本的な方針転換が行われたからなんです。

だいたい、それまでは、インテリが政治に出てくるとロクなことがない、悪い方向に行くというのでインテリは政治から排除されていたんです。もちろん官僚にもインテリはいますが、政治家にはいない構造になっていました。モスクワ大学出身者は党中央委員会の官僚にはなれるのですが、絶対に政治家にはなれないシステムになっていました。だから、共産党の中で出世して国家の要人になりたいのなら、基本的に高等教育を受けてはならなかった。

つまり、政治家のトップになるのは技術学校の出身者か農民や労働者の代表なんです。インテリは観念で物事を考えるのでロクなことにならないという意識が物凄《ものすご》く強かったんです。日本の感覚とは違いますよね。ソ連では、大学を出た人がソ連共産党の幹部になろうとしても逆に歩止まりができてしまうんです。

たとえば、大学では「労働者枠」「農民枠」というのがありまして、インテリ家庭の子どもは大学に入りにくいんです。そして、いちばん気の毒なのがユダヤ人なんです。ユダヤ人の入学枠は、限定されていたために、ユダヤ人に対しては「ユダヤ人用試験問題」という他の人とは違う、とても解けないようなとんでもない難問が出されるんです。ロシアの入試は筆記試験のウェイトが低くて、その後に口頭試問をするんですが、その時にユダヤ人に対しては物凄く難しい問題を出すわけなんです。これは、学生の中のユダヤ人の割合を、モスクワ大学だとだいたい五％以内に抑えるためにそういうことをするんです。ところが、そうすることで、逆に物凄い質の高いユダヤ人が入学してくるので、大学の教授のユダヤ人比率が高くなってしまうという現象が起きています。姑息《こそく》なことをすると逆にロクなことにならないといういい例です。

ともかく、こういうシステムでやってきましたから、ゴルバチョフは、ソ連において最初で最後の大学卒の国家指導者でした。レーニンは大学を中退していますし、スターリンは神学校出身、マレンコフ以下にも大学卒業者はいません。プーチンはソ連、ロシアを通じて二番目の、総合大学を卒業した指導者です。

このようなソ連初の大卒書記長が、西ヨーロッパ革命とソ連社会のリストラのために、インテリのパワーを政治の世界でも活《い》かそうとし始めた。これは重大な変化でした。そして、その象徴がサハロフ博士の流刑解除だったんです。

III

ペレストロイカの本格的展開

概略と問題意識

宮崎　学

経済改革の名の下の資本主義化

反アルコール・キャンペーンに始まる規律強化・加速化の路線が大衆に受け容《い》れられず頓挫《とんざ》していく中で、ゴルバチョフ政権は、次の一手として本格的な経済改革にとりかかる。一九八六年一一月には個人営業法（個人経済活動法）が制定され、個人営業が許可される。そして、翌一九八七年二月には消費財部門、レストランなどに協同組合経営を認める措置がとられ、個人営業法が施行されたこの年五月以降、協同組合（コーペラチブ）という形態をとった個人営業商店が続々とできてくる。しかし、いったい個人営業と私的営業はどのように区別されるのか？　実は、これは資本主義化への道ではないのか。

「ペレストロイカの設計士」——ヤコヴレフの登場

一九八六年一二月一九日のサハロフ博士流刑解除に端を発したインテリ・パワーの解放と民主化がこの時期に具体化されていく。

注目したいのは、まず、一九八七年六月にアレクサンドル・ヤコヴレフが政治局員に登用されて以後、「ペレストロイカのシナリオライター」といわれる働きをしていくことだ。そして、これ以降、ヤコヴレフを中心として、ゴルバチョフのまわりにインテリのブレーントラストが形成されてくる。私は、このヤコヴレフこそが、ソ連邦を壊す画を描いた人物と見るが、どうだろうか。

そして、この年、一一月二日の十月革命七〇周年記念演説でゴルバチョフは、スターリン時代の政治弾圧に対する批判をあらためて強調し、スターリン大テロル見直しのための委員会を設置し、翌一九八八年一月には、粛清されたブハーリンとルイコフの名誉回復を決定する。いわゆる、デモクラツィザッツィア（民主化）とグラスノースチ（情報公開）の推進である。

このような動きに、当然、共産党内からは反撥《はんぱつ》が出る。ゴルバチョフ東欧訪問中の一九八八年三月、『ソヴィエツカヤ・ロシア』紙がスターリン主義を擁護したニーナ・アンドレーエヴァ論文『原則は譲れない』を掲載。これが、党内守旧派によるゴルバチョフに対する反撃開始の狼煙《のろし》であった。

しかし、ゴルバチョフは、このときの東ヨーロッパ訪問で、東ヨーロッパ諸国が体制選択の自由を持っていることを確認する新ベオグラード宣言を発したのに続いて、同年七月のポーランド訪問では、カティンの森事件の真相解明を約束するなど、引き続き反スターリン化を推し進めていく。こうした一連の政策は、共産党内守旧派の強い反発を招いたものの、インテリ層の共感を呼び、ゴルバチョフ支持が急速な高まりを見せるようになる。ゴルバチョフが政権をとった初め、すなわちペレストロイカ初期においては、ゴルバチョフは基本的に階級闘争の立場に立ち、党の言葉を語っていた。彼は依然としてみずからの基盤を全面的に党に置いていたのだと私は思う。

ところが、この時期、一九八八年秋以降、ゴルバチョフは次第に党離れをしていく。党にではなく、国家へみずからの基盤を移していったのだ。この動きを裏から操作していたのは、間違いなくヤコヴレフであろう。私は、これこそが、ペレストロイカの行方にとって決定的な転換点になったと考えるが、実際にはどうなのだろうか。

以上のような問題意識に基づきながら、佐藤さんのお話をうかがっていきたい。

状況対応的に変質していくペレストロイカの過程

佐藤　優

大衆消費社会へ――〝火を噴かない〟テレビが欲しい――

　ペレストロイカは、まず経済改革を前面に出して進められました。

　一九八六年から八七年ぐらいに行われた経済改革というのは、実は、すでにブレジネフ期においてそれなりの水準に達していた「豊かな社会」の延長線上の改革だったと思います。

　当時は消費物資の質が非常に低くて、それを改善しなければならない、というところから経済改革の流れが始まっていったんですが、実はこれも、別の言い方をすると、社会が豊かになったから生まれた課題だと思うんです。

　たとえば北朝鮮の場合であれば、共産主義とは、米の飯を食べて、肉の汁を飲み、瓦葺《かわらぶき》の屋根の家に住んで、絹の服を着ることができる、ということであったわけです。それが共産主義の目標だとするなら、日本などはとっくに共産化できていることになりますが、そういう衣食住問題、とりわけ「食べる」という問題の解決が、まず北朝鮮社会の目標だったのです。

ところが、ソ連の場合、「食べる」問題については、すでに解決してしまったわけです。それでは、国民は何に不満があったかというと、たとえば給料の一年半分ぐらいの金で買ったテレビが、買って一週間で火を噴いて爆発する。そうすると「〝火を噴かない〟テレビが欲しい」ということになります。あるいは、ちゃんと吸い込む掃除機が欲しいとか、すぐ壊れない洗濯機が欲しいとか、そういう夢がたくさんあるわけなんです。次には「クルマが欲しい」であるとか、より高い水準の要求も出てくる。つまり、単に消費物資がなんとか手に入るというだけではなくて、きちんとした質の高い消費物資が欲しいという要求の段階なんです。

豊かになって欲望が強くなり、その欲望の質も高くなってきた、それは大衆消費社会に入り始めたということです。ですから、その大衆消費社会に対応する経済システムにしなければならない。ところが、既存の社会主義経済システムは、食べる問題の解決までは有効に働いたけれど、大衆消費社会への対応という点では未知数です。ですから、大衆消費社会の社会主義経済システムを構築するという無理難題が、当時のソ連では課題になっていたんです。

それはすでにブレジネフ時代末期から潜在的にはあった課題なんですが、ゴルバチョフの時代になって、グラスノースチといった政策によって情報の流通がよくなってきたので、それによって現実的な問題として顕在化してきたのだと思います。

たとえば、モスクワ市内に「ベリョースカ（白樺《しらかば》）」という店がありました。

ソ連に行かれたことのある人は「ベリョースカ」にお土産を買いに行かれたと思うんですが、それとは別に、外国で勤務をしたソ連の外交官や通商代表部（これは商社と言っていいです）の人たちに対して「Aという標《しるし》のついた金券」を配布していて、それをその店に持っていくと、外国製品を買うことができるのです。ですから、その金券を持っている人は、モスクワにいながら西側の生活をエンジョイすることができるということです。そして情報の流れがよくなり、そういう人たちに接していく中で、ああこんな生活があるのかと、みんな憧《あこが》れを懐き始めるようになるわけです。

そういう中で欲望という要素がかなりストレートに社会に反映されるようになってきたわけです。そこで、欲望充足へ向かおうとする社会の潜在的な動力を「国力」に結び付けていこうということを、おそらくゴルバチョフは考えたんだと思います。その点では、ゴルバチョフのグラスノースチというのは、政治や文化だけではなく経済にも大きな影響を与えたと言えます。

それまでの規律強化・加速化政策が受け容れられなかったことで、精神力に訴えかけても無理だということを知ったゴルバチョフは、今度は欲望充足への動力を利用するしかない、と思ったのでしょう。

「丸くて白いケーキ」は存在しない？

しかし、そこでゴルバチョフが大きく間違えたのは、人間を変えるには思想革命を先行させないといけない、という原則を忘れたことです。この点は金日成《キムイルソン》のほうが正しかったと思いますが、欲望の昂進《こうしん》には際限がないのです。この「欲望昂進には際限がない」ということに気が付かなかったのがゴルバチョフの最も大きな失敗だったと、私は見ています。

たとえば、この時期に協同組合というものがどうして重要だったかという点を見てみましょう。従来の協同組合では生産財を造ってはいけませんでした。「私企業」はそもそもいけません。なぜならば、私企業は労働者を雇って搾取をするからです。もしも、労働者を雇って搾取をしたりすると、「資本主義幇助《ほうじょ》罪」であるとか「搾取罪」といった非常に怖～い刑事罰を受けることになっていました。ところが、一方で、協同組合の場合は「みんなで資金を出し合って、みんなで仕事をやって、それを分けるんだ」という建前ですから、「私たちは搾取は致しておりません」という理屈になるわけです。その協同組合が、協同組合法によって誰でも作れるようになった。そして、協同組合を作って具体的に何を始めるのかというと、それはレストランなんです。だから当時は、コーペラチブ（協同組合）のことをカフェといいました。

ソ連時代には、ずいぶんいいレストランがあったんです。ところが、普通の人がそういうレストランに入ることはまずできませんでした。レストランの中に一級のレストランと二級のレストランがあって、値段の差はせいぜい一〇％ぐらいしかないんですが、食べ物の質に物凄《ものすご》い差がありました。たとえば、同じ値段のキャビアでも、一級のレストランでは、グリーンに近いような色をした見事なキャビアが山盛りで出てくるんですが、二級のレストランでは半分腐りかけたようなキャビアが出てくるんです。ところが、一級のレストランに行くためには、企業に「推薦状」を書いてもらうか、あるいは労働組合の判子を押した「オフィシャルレター」をもらわないと行けない。しかも、三ヶ月前に申込まないとテーブルが取れない。そういう需給関係でした。ですから、金持ちは消費をしたいのだけど、使い道がないために、その消費のはけ口として協同組合のレストランを作ったわけなんです。

ソ連時代には、レストランに行くと、バタークリームを使ったケーキなどでも、かなり良質のものが出てくるんです。そして、当時はケーキの作り方においても、モスクワで官庁がきちっと指導をしていますので、モスクワで買うケーキも、カムチャッカで買うケーキも、バルトで買うケーキもみんな同じものです。ケーキといえば、当時、私は非常に面白い経験をしました。大使館の友人が結婚した時に結婚式用のケーキを作ることになって、丸くて白いケーキを注文しようとしたんですね。すると、レストランは「それは作れない」と答えるんです。なぜなら、丸いケーキはチョコレートケーキと決まってると。メレンゲで作る「鳥のミルク」という有名なケーキがあるんですが、それは白いけれど四角いんです。ですから、丸くて白いケーキは「存在しない」というわけです。「丸くて白いケーキ」が欲しいといっても、それは政府の指令に反するから作れないというんですね。

ところが、「丸くて白いケーキ」というようなものも含めて、基本的に何でも自由に作れるのが協同組合だったわけです。ですから、餃子《ギョーザ》なんかでも、立ち食い飲み屋なんかで出されるものは、全て工場で作った画一的な餃子なんですが、協同組合のレストランに行きますと、そこで出る餃子というのは、ジャガイモの餃子だとか、野菜の餃子だとか、ジャムを入れた餃子だとか、餃子だけでも二〇種類ぐらいあって、とっても楽しめるんです。その代わり値段は、通常のレストランの一〇倍ぐらいします。そこに行くとロマたちが来て、唄をリクエストすると歌ってくれたり、一緒に踊りを踊ったり、手品をしてくれたりと、とても楽しく遊ぶことができるわけなんです。その空間では帝政ロシアと連続した時間が流れているわけです。ですから、こんな協同組合のお店ができて初めて、そこで消費を楽しむといった金持ちたちのステータスが発揮されるようになるわけなんです。

しかし、何だかおかしいですよね。マルクス・レーニン主義と全く関係のない方向で改革が進んでいくわけなんです。

地回り行為を容認するロシア人のメンタリティ

このように、その当時の経済改革というのは、事実上は消費部門の改革に限られていました。当時のロシア人の中で行われていた経済改革に関する議論は、『資本論』第三巻にあるような「分配」の議論ばかりでした。

ソ連時代の国家と経済の関係というのは、実はある意味ではアメリカのネオコンの思想に通じるものがあったのです。ソ連のエコノミスト一般の発想からすると、国家というのは無尽蔵にモノを生産する力があると考えられていたわけです。ですから、生産部分は完全に国家に依存していればいいのであって、我々は分配のことだけを心配していればいいというわけです。

しかし、この発想には構造的な欠陥がありました。その欠陥を露呈させたのがオイルショックだったのです。オイルショックによって石油の価格が急速に上昇したので、産油国であるソ連はアラブ並みになってしまったんです。つまり、オイルマネーの上に安住していて、それを国民にばらまくという構造ができてしまったということです。この点については、前に申し上げましたので繰り返しません。

ペレストロイカ初期の経済改革は、消費の面での量的・質的なグレードアップを図るために、消費部門での個人営業を認めていくという性格のもので、基本的には豊かな社会における大衆の欲望向上に応《こた》えていくための改革だったということができます。

欲望はますます膨らんでいく。モノは欲しくて仕方がない。だけど大衆は、金持ちがいるのは面白くないんです。自分たちの身近な人間から金持ちが生まれてくるのは嫌だ。そして、自分が金持ちになるために働くのも嫌なんです。そういった複雑な感情が個人営業の商店を取り巻いていました。ですから、協同組合などでえらく儲《もう》かったところには、

「レケット」(恐喝)という地回りみたいなのがやってくるんです。しかも、日本の地回りだったら一定の額を払えばすぐ帰ってくれますけど、ソ連の地回りは店が潰《つぶ》れるまでやってくるんですね。ところが、普通のロシア人は、それを見ても、「儲け過ぎたんだから、そうされても仕方がない」と、地回りの行為を許容してしまうんです。そういう独特のメンタリティがありました。

左側通行と右側通行を混合したシステムがうまくゆくはずがない

しかし、商品経済を部分的に導入するなんていうことはできないはずです。しかも雇用関係を持ちながら、資本というものを生まれさせずに、商品経済・商品＝貨幣関係を復活させていくというようなことは、本来あり得ないはずです。社会主義経済と資本主義経済の折衷はありえない。折衷を図ろうとすると資本主義経済になってしまうんです。けれども、この時期の経済改革を進めていた人々は、社会主義経済の中に商品経済を導入することができると言い張ったわけです。

つまり、ソ連経済においては、資本制ではないので、ゲルト（G＝貨幣）とバーレ（W＝商品）とがG－W－G′という形で回転しているわけではありません。したがって一ルーブルあたりの購買力平価がどれぐらいなのか、確定できなかったわけなんです。つまり、同じ一ルーブルでも、それを持っている人の身分によって購買力平価が違ってくるということです。たとえば、中国には「外貨券」と「国内券」というものがありました。しかし、その人の身分によって買えるもの自体が違っているということはあまりない。ところが、ソ連ではそうだったわけです。ゴルバチョフは、だからダメなんだ、そこに商品経済を入れていけば、平等になってうまくゆく、そうすれば国民は働くようになると思ったわけです。でも、結果からいえば、結局できなかったわけです。

その頃、モスクワで流行《はや》ったジョークがあります。

「ゴルバチョフが日本に行った時に、彼は日本の経済成長の秘訣《ひけつ》は自動車が左側通行になっているからだということがわかった。しかし、モスクワに戻ってみると旧来の考え方もあるので、迷った挙句、左側通行を半分導入して、右側通行を半分残すことにした。それで交通がメチャクチャに混乱した」と。

これが今申し上げたような、社会主義経済と資本主義経済を折衷した経済だということです。

ゴルバチョフという人は、論理連関性を理詰めで考えることのできない人だった。それが彼の最大の弱点です。たとえば、「こうなったら、次はこうなって、その次はこうなる」ということが読めないんです。ブレジネフもエリツィンもプーチンも、実に上手に先を読むことができたんですが、ゴルバチョフにはできなかった。彼はそれぞれ個別の局面の状況対応に終始していたんです。ゴルバチョフは「霞《かすみ》が関《せき》の能吏」みたいな人でした。「霞が関の能吏」というのは先が読めないんです。狭い範囲では優秀なんです。ゴルバチョフは、それと同じでした。

ですから、どこかの国の内閣総理大臣によく似てるんです。状況対応ばかりで、先が読めない。そういう人は得てしてワンフレーズ・ポリティクスになります。そこも同じです。

カナダのウクライナ人がソ連崩壊に果たした役割

そのようなゴルバチョフの側近として擡頭《たいとう》してきたのがアレクサンドル・ヤコヴレフです。

アレクサンドル・ヤコヴレフとゴルバチョフはカナダで一九七一年以来の再会をしました。ソ連にとって、カナダという国がどういう位置付けになっているのか、日本人はよくわかっていないんですね。この点を理解することから始めなければなりません。カナダという国は、おそらく、ソ連解体において決定的な役割を果たした国だと思います。G8諸国の中で、ソ連に最も鋭い匕首《あいくち》を突きつけた国が、実はカナダなんです。

そうなったのは、カナダのウクライナ人ファクターによるものなんです。次章で詳しく述べますが、ソ連解体の核になるのはウクライナなんです。カナダで最も多く話されている言語は英語で、次はフランス語ですが、三番目の言語がウクライナ語だということは案外知られていません。カナダには、エドモントンを中心に数ヶ所に分かれて、それぞれ五〇万人単位のウクライナ人が集住しているんです。

どうしてそうなったか。それについては、ウクライナの歴史を知らなければなりません。ウクライナというのはよく東と西に分けてとらえられます。西ウクライナというのはウクライナ全体の五分の一ぐらいなのですが、そこをガリツィアといいます。このガリツィア地方の宗教はカトリックです。そして、歴史的にはオーストリア＝ハンガリー帝国の版図でした。そのガリツィアがいつソ連に編入されたかというと、最初は一九三九年なんですが、すぐにドイツに占領されたので、実質的にソ連領となったのは、ソ連軍が進駐した一九四五年なんです。このとき、ソ連軍はガリツィアのカトリック教徒を捕まえて、ロシア正教徒に変えてしまうんです。このことがいまだに尾を引いているものですから、それが一つの大きな要因になって、ロシアとバチカンは友好関係を結べないんです（＊二〇〇九年一二月、外交関係樹立に合意し、大使が交換され、ロシア・バチカン関係は完全に正常化した）。

問題は、そのガリツィア地方のウクライナ人たちです。ウクライナ中央部や東部では一九世紀にロシア化政策を進めたことによって、ウクライナ語はほとんど使わなくなってしまっていたんですが、ガリツィアだけは、オーストリア＝ハンガリー帝国の版図だったものですから、ウクライナ語を使っていました。オーストリア＝ハンガリー帝国というのは、きわめてルーズな帝国で、少数民族政策も随分いい加減でした。いい加減にやってたから、少数民族の民族性が全部残ったんです。そういう関係のもとで、ウクライナの中でガリツィアだけはウクライナの民族性を濃厚に保存していたわけです。

ところが、ガリツィアの連中はナチスが入ってきた時、ガリツィア中心にウクライナ独立国家を樹立する企てをナチスと連携してやったことがあったんです。そのために、一九三九年にソ連軍が入ってきたときに、ソ連はガリツィアをかなりいじめたんです。カトリックの弾圧もその一つです。

ところが、ガリツィア人というのは相当気骨がありますから、山の中に入ってゲリラ戦を展開したわけなんです。そのゲリラ戦がいつまで行われたかは、よくわからないんですが、一九五六年にソ連軍が投降を呼びかけるビラを撒《ま》いていますから、少なくとも一九五〇年代後半になっても続いていたことは確かです。

こうして一〇年以上も孤立したゲリラ戦をやっていた人たちは、敗北がはっきりしたときに、ソ連の支配下に留《とど》まることを潔しとせず、西側世界に逃げようとしたのです。しかし、当時のヨーロッパは、もう移民を受け容《い》れてくれない。アメリカも飽和している。ところが、当時カナダは、移民を受け容れていたんです。それで、ガリツィア地方のウクライナ人たちは、大量にカナダに移民していったんです。

エドモントンというところは、冬はマイナス四十数度にもなる物凄《ものすご》く寒い街なんですが、そこにみんな集まって住んだんです。そこで、「今にみておれ、ロシア人め！　ソ連め！」ということで、いわゆる「遠隔地ナショナリズム」で固まって、ウクライナ語の学校を作ったり、ウクライナ民族運動の党を作ったり、本国にお金を送ったり、色んなことをやっていたんです。この人たちが、実は、ソ連崩壊のときに機関車の役割を果たしたわけです。

カナダのウクライナ人とガリツィアのウクライナ系民族独立派は、そのときも今もがっちりと手を握っています。

そういうガリツィア地方のウクライナ人たちが大きな比重を占めているカナダの駐在大使だったヤコヴレフが、ゴルバチョフと出会ったわけです。一九八三年五月、アンドロポフ時代に政治局員だったゴルバチョフがカナダを訪問したときです。食事の席で一緒になって話をしたら、こいつはえらくいろんなことを知ってるな、ということで、話を聴いているうちに意気投合して、是非モスクワに戻って私を助けて下さい、とこういう話になっています。ともかく、ゴルバチョフがヤコヴレフのことを気に入ったことは確かで、やがて権力の座に就いてから重用するようになるのです。

ソ連崩壊の画を描いた男――アレクサンドル・ヤコヴレフ

「誰がソ連を壊す設計図を描いたのか」という問題が出されていますが、その答えは、一九八七年六月にヤコヴレフが政治局員になったという事実に潜んでいる、と私は思います。

このアレクサンドル・ヤコヴレフはユダヤ人です。彼は、党中央委員会の国際部から外されて左遷され、一九七三年から八三年の間、カナダ駐在大使をやっていました。このときに、カナダに亡命したウクライナの民族主義者とか、同じようにカナダに亡命した各国の社会主義圏の反体制派知識人たちと関係を深めていきます。それで、ほとんど手に入らないようになっていたロシア語の反体制文献をたくさん読んだんです。こうして、彼はいつしか、トロツキズムや反体制的な考え方をよく理解したイデオローグになったのです。だから、世界革命戦略のようなものを組み立てられる人物だったわけです。

そして、一九八七年六月にヤコヴレフを政治局員に抜擢《ばってき》したことが、ゴルバチョフにとっては画期的な出来事で、ここでようやく、場当たりではなくて曲がりなりにもペレストロイカの戦略と称するものを描くことができる設計士を持つことができたわけなんです。そして、そのヤコヴレフの設計図というのは、実はソ連邦というものを破壊するプログラムだったんです。

ヤコヴレフの仕事の中心はレーニン批判です。レーニンこそがソ連を変な国家主義に曲げてしまったという発想なんです。それでは、レーニンに代わって何に依拠するかというと、社会民主主義であるとか、人類共通の価値であるとか、色々なことを彼は言うんですが、核心にあるのは、ストレートにマルクスに戻れということではないか、と私は見ていました。それと、トロツキー的なところがかなりあります。つまり、非レーニン的なトロツキズムということです。ヤコヴレフにはこの要素がかなりあったと私は見ています。

政治家としてのスターリンに対する批判は、フルシチョフの時代にある程度なされたわけですが、非常に不十分なところで止めているわけです。どうしてフルシチョフは、スターリン批判（＊一九五六年二月の党大会の秘密報告で、フルシチョフがスターリンの個人崇拝、独裁、粛清の事実を公表し国際共産主義運動に大きな衝撃を与えた）をあの程度で止めたのか？　フルシチョフ自身がスターリン派だったということが一般的な説明ですが、それだけではありません。フルシチョフは、スターリンとレーニンの連続性が高いということ、だから、スターリン批判は必ずレーニン批判に結びつくということを理解していたんです。だから、深入りしなかった。

ヤコヴレフの場合は、目標としていたのは明らかにレーニン批判なんですが、それをあからさまなレーニン批判として展開すると、それこそソ連の建国イデオロギーを壊すことになりますから、それはできない。そこで、社会主義的民主主義とか、人類共通の価値とか、そういうオブラートを被《かぶ》せたわけです。

ゴルバチョフはレーニン主義、レーニンの精神に戻れということを何度も繰り返したのですが、実際の中身は、むしろレーニンの第三インターよりもカウツキーの第二インターの方に近かったのです（＊第二インターナショナルは、一八八九年パリで創設された各国社会主義政党・労働組合からなる連合組織。第三インターナショナルはコミンテルンと呼ばれ、一九一九年レーニンの指導でモスクワで創立された世界各国の共産党の国際組織）。考え方としては非常にカウツキー主義的です。それはヤコヴレフからの影響によるものだ、と私は見ています。

ですから、思想的に整理していくと、かつてロシア革命がたどった過程とは逆の形で、レーニンがカウツキーに敗北していくプロセスのように、私には見えたんです。日本社会党左派のイデオロギーだった労農派マルクス主義、向坂逸郎《さきさかいつろう》さんなどは急速にレーニンに接近しちゃったんですが、それを除けば、労農派の人たちは絶対に認めないでしょうが、基本的にカウツキー主義です。第二インターのマルクス主義です。この第二インターのマルクス主義というのは案外根強いなあという印象を、私はモスクワで彼らの思想論争を見ながら思いました。そして、現在のグローバリゼーションを巡る議論というのも、実は、カウツキーとも非常に近いところがあると思うんです。

ゴルバチョフは実はクリスチャンだった!

それから、これもカウツキーと若干関係があるところだと思いますが、カウツキーという人は最後までキリスト教の起源といった問題にこだわりました。『キリスト教の起源』(邦訳・法政大学出版局)という大冊の本を書いて、原始キリスト教の背景にはプロレタリア運動があった、として、キリスト教の原点を社会主義に取り込もうとしたんです。さらに、カウツキーは、『中世の共産主義』(邦訳・法政大学出版局)という本も書いて、キリスト教の改革派や異端を共産主義として評価するとか、宗教の問題に結構真面目に取り組んだわけです。

一方、レーニンは、宗教を抑圧したんです。しかも、真面目に取り組まないわけです。レーニンの天才的なところは、難しい問題はプラグマティックに回避して、真面目に取り組まないことなんです。

ところが、ゴルバチョフはなぜか宗教の問題に非常に真面目に取り組みました。そして、お母さんが熱心なキリスト教信者で、自分自身が洗礼を受けているということまで告白しました。だから、マルクス・レーニン主義という世界観から平気で離れられたというふうにも考えられます。そして、そのイデオロギーの空白のところで、彼の中で宗教がどう位置付けられていたのかという大きな問題が、ゴルバチョフという人間を考えるときに重要なんだろうと思います。

ゴルバチョフは、レーニンの宗教原則に戻ると言いながら、実はレーニンの宗教原則から完全に逸脱していったわけです。それを如実に示したのが、一九八八年、ロシア正教会首脳と会談して過去の宗教弾圧を謝罪したことなどの一連の措置です（＊ロシア正教は東方正教会に属するキリスト教のひとつ。現在の総主教はキリル。九八八年、キエフ大公ウラジミール一世が、東ローマ帝国［ビザンツ帝国］の国教であった「東方正教」へ改宗したときに始まる。ちなみに御茶ノ水のニコライ堂はロシア正教の布教を目的に一八九一年大主教ニコライが建てたもの）。これによって宗教活動の全面自由化に踏み出していきます。宗教に対する態度から見た場合に、大きなイデオロギー的な踏み越えを行ったと言えると思います。それを肯定的に評価するか否定的に評価するかという問題は別として、事実として、大きな踏み越えがあったということは間違いないと思います。それはなぜもたらされたのかということは、いまだに私にもわからないんです。

ただ、ゴルバチョフが宗教問題に真面目に取り組んだことは確かなのですが、彼の宗教に対する理解は非常にあいまいで不十分でした。一九八九年にローマ教皇（法王）と会談したときにしても、カトリックと正教の本質的な違いについても、あるいは正教会の中にある反カトリック感情についても十分理解できていなかったんだと思います。

それで、ゴルバチョフ自身は、このとき初めて洗礼を受けているという話をするんです。「母親がクリスチャンだから、洗礼を受けた。それが何か珍しい話だろうか」と言って、その事実自体が持つインパクトとかを十分に計算できていなかった。だから、私は、ゴルバチョフという人は基本的に宗教というものに対して鈍感な人だったと思います。

この後にロシア正教会がエリツィンに傾斜していった一つの大きな理由が、ゴルバチョフがヨハネ・パウロ二世と会ったことでした。それによって、ゴルバチョフ政権がカトリシズムの方に傾斜していったと見たわけです。このときにバチカンとソ連は外交関係を樹立したんですが、ソ連解体後のロシアは、この外交関係を継承していないんです。ですから、いまバチカンとロシアは外交関係がありません（二〇〇六年時点）。そのくらい、カトリックに対してロシア正教会っていうのは、警戒心を持っているんです。エリツィン政権は、それを反映した政策を採りました。ゴルバチョフは、そこのところがわからなかった。

ロシア語で「イェズィット」（イエズス会）という言葉があるんですが、それは嘘つきだとかペテン師、強盗だというのとほぼ同じ意味なんです。ロシア人にとっては、イエズス会はそういうイメージなんです。どうしてかと言うと、ほかのフランシスコ会などはカトリックの伝統のまま入って来ますけれど、イエズス会はロシア語を上手に勉強して、ロシア正教と同じような儀式をやりながら入って来るわけです。ロシア正教会と全く同じ形式で来るんです。だから、かえって怖いということです。これは全世界どこでも同じで、中国の典礼問題などもその表れです。ロシアでもイコンを崇拝することぐらいイエズス会の連中は平気でやる。

そのうえで、「ただし、二点だけ認めてください」と言うんです。第一点は、「一番偉いのはローマ教皇だということは認めてください」と言う。もう一点は、聖霊がどこから出てくるかという問題なんです。この問題では論争があって、ロシア正教会だと、「聖霊は父から出る」という考え方なんです。それが、カトリックだと「聖霊は父と子から出る」という考え方なんです。そこで、第二点として「聖霊は父と子から出るということを認めてください」と言う。「この二点だけ認めてくれれば、後はロシア語を使っても、神父さんが結婚してもいいですよ」と、カトリックであるにもかかわらず言うんです。

要するに、本当に守らなければならないところのギリギリは何なのかということを、イエズス会は徹底的に詰めているんです。それ以外は、全部妥協してしまう。だから、イエズス会は怖いという意識が、ロシア人の中にあるんです。

ところが、ゴルバチョフにはそういった感覚に対する理解があまりない。いろいろな宗教、宗派を幅広く受け容《い》れてしまう。いわばあらゆる宗教人との関係を強化するということをやった。カトリック教会もそうだし、統一教会の文鮮明もゴルバチョフの時代にモスクワに行っています。日本からは金光教も行っていますし、創価学会の池田大作氏もゴルバチョフとは仲が良かったんです。でも、エリツィンとは全然だめです。そのあたりも、ゴルバチョフとエリツィンの宗教感覚の違いなんです。

結論から言えば、ゴルバチョフには、宗教というものが果たす役割がよくわからなかった。イスラームを含めて、そうです。ところが、エリツィンはそこのところがよくわかっていた。そこは非常に大きな違いです。

スターリン時代以来、数十年ぶりの全党協議会の狙い

さて、ご指摘のように、一九八八年になると、今までの規律強化、加速化、経済改革といった経済面から政治改革という政治面にペレストロイカの重点が移っていくわけです。党・国家一体体制を変えていこうという政治改革は、一九八八年六月二八日に開かれた第一九回共産党協議会がきっかけになって始まっていきます。

ここでまず問題になるのは、なにゆえに全党協議会という形式を採ったのかということです。全党協議会というのは、中央委員会総会よりは重いけれども、党大会ほどの権威は持ちえないもので、その前に全党協議会が開かれたのはスターリン時代、戦前です。つまり、数十年を隔ててまことに久しぶりに全党協議会という形式を採ったということ、ここに一つのポイントがあります。

党大会を招集して正規の代議員の選出をした場合には、ゴルバチョフ派が少なくなってしまう。ところが、全党協議会という形にすると、比較的ペレストロイカ推進派が多くなる。中央委員会の執行部の意向がより強く反映できる。そういう発想でやったんだと思います。それから、今までにない斬新な形式で行うという新鮮なイメージに、スローガンとして「全ての権力をソヴィエトへ」というイメージをダブらせていく。そこに新しさを演出した。

　また、この全党協議会のもう一つの特徴は、公開性だったのです。テレビ放送をほとんどの会議で行いましたし、プレスセンターを作って毎日の議事について記者会見をしました。党大会が終わった後には、二冊分の分厚いステノグラマ（速記録）を作って販売しました。これは、スターリン体制成立以降では初めてのことで、公開性という点では、この全党協議会は画期的でした。

　全党協議会では、ソヴィエト権力を民主化する路線か、あるいは大統領制を布《し》いて三権分立の共和国を作っていく路線か、といった点を中心に政治形態に関する議論がされていました。それから、「ペレストロイカは全般的な改革で、革命なんだ。民主化と公開性には制限がないんだ」という言説がかなり強く言われていました。もう一つは、歴史の見直しです。とくにスターリン時代の歴史の見直しが、かなりのところまで行われました。

　このように、ほとんどタブーなしに物事が議論できるというのは、これまでなかったことでしたから、この全党協議会を境にしてモスクワの空気は明らかに変わりました。その意味では、ゴルバチョフにとって成功であったということができます。

一般的には、この時期のゴルバチョフは平和共存路線を採っていて、冷戦を終焉《しゅうえん》させようとしていたというイメージで見られているんですが、そうではありません。この時期にもまだ、冷戦の終焉という発想ではなくて世界革命路線を採っているんです。

党自身が官僚化してしまって、国家というシステムの中に巻き込まれて日常化し堕落してしまったけれど、党は党なんだ。国家としては緊張緩和路線であっても、党としてはきちんと世界革命を推進していくんだ。そういうふうに党を建て直そうとしたわけです。だから、当時強調されたのは、党のアバンギャルド的（前衛的）役割なんです。

そこで語られている民主化というのは、あくまでソヴィエト権力の民主化です。だから、資本主義国のブルジョア的民主化とは根本的に違う。たとえば、この後に所有権論争が起きるんですが、そのときでも、「私有化はダメだけれど、個人化は構わない」という発想、私的な所有権への移転が伴わないような形で、たとえば、生産財を個人、あるいはグループで占有しているのは構わないという発想なんです。しかし、あくまでも私有は認めないのです。前に新しい形の協同組合を協同組合法で認めたときにしても、「労働者に対する搾取はいかん。あくまでも協同組合の中での利益の分配である。労働者を雇用するのはいかん」という点は一貫していました。あくまで社会主義の原則、建前は守るという、そこは非常にこだわりがあったんです。

共産主義から社会民主主義へ

ですから、全党協議会の直後、一九八八年七月八日にブレジネフ・ドクトリンの無効宣言を行います。裏返すならば、これも受動的なものではなくて能動的なもの、ヨーロッパ革命に打って出るためのものだったと見なければなりません。

ゴルバチョフの当時の発想としては、ヨーロッパでは社会民主主義勢力が非常に強くなるという見通しがあって、それに対してソ連共産党がもう一度社会民主主義というものを見直して、社会民主主義勢力と連携する形で、基本的には社会主義なものをより国際的に拡げていく——こういう組み立てだったと私は見ています。ですから、このとき、表には出てきませんが、裏では、各国の社会民主主義党との関係を非常に強化していくんです。

ゴルバチョフの世界革命路線とは、ヨーロッパ社民革命という方向であったということです。ですから、このとき行われた歴史の見直しの中でよく出てくるのは、人民戦線方式の再評価なんです。ペレストロイカを深化して、革命をよりいっそう深化するために人民戦線が必要だという理屈で、バルト三国では人民戦線ができてくるわけです。

ただ、人民戦線なら構わないといったのは、アレクサンドル・ヤコヴレフなんですが、彼が本心から世界革命路線を推進しようとしていたのか、それとも逆に、ソヴィエトの共産全体主義的なシステムというものに対して、そうやって楔《くさび》を打ち込むことによって壊していこうとしていたのか、私にはよくわかりません。私は、ヤコヴレフ自身もむしろ革命路線の方向で考えていた、そして時代の推移とともに、後知恵で話を変えてきているのではないかという印象を持っています。それは、ゴルバチョフについてもそうです。

この時にクリャムキンとかミグラニャン（＊アルメニア系の政治学者。マックス・ウェーバーの研究家）のような人たちを集めて、大統領諮問評議会というのを作りました。この組織は注目すべきものです。議決権はないけれども、大統領に対して意見を言うことができる組織で、大統領はそこに座って話を聞く。要するに諮問機関です。このようにソヴィエト制度や党の制度を経ない形で、意思決定メカニズムを迂回《うかい》した情報ルートと政策決定ルートができてきたということです。この形式の便利さのために、この大統領諮問評議会というのは、ソ連解体の中で大きな役割を果たしたと私は見ています。

おそらく、この時点でヤコヴレフたちは、ソ連共産党をメンシェヴィキ（＊「少数者」の意。一九〇三年のロシア社会民主労働党第二党大会で、党規約を巡ってボルシェヴィキと分裂した党内の少数派右派のこと。おもな活動家にプレハーノフがいる）とボルシェヴィキ（＊ロシア社会民主労働党内多数派左派。レーニン指導の下、その後のソヴィエト共産党となりソヴィエトロシアの権力を握る）のように、二つに割ろうと考えたのだろうと思います。

それで、メンシェヴィキ党の党首にゴルバチョフを持っていって、国際共産主義運動というか、むしろ国際社会主義運動というべきものを担わせ、西欧の社民政党を本当の兄弟党として、一緒に組んでやっていく。もう一方の共産党、ボルシェヴィキ党というのも基本的には同じ共産主義イデオロギーを持っている。だから、共闘してやっていける。問題は職能の違いだ、というふうに考えたと思うんです。

ヤコヴレフたちはこういう考えだったと思いますが、ゴルバチョフ自身はというと、そういうやり方をすると、結局は国家がガタガタになる、党が二つに分かれてしまうと、これまでの国家と党の関係からして、ソ連国家の崩壊に繋《つな》がるという意識を持っていたんだと思います。ですから、党を二つに分けるのではなく党全体を改革する方向に進んでいったわけです。

ロシア共和国にはなぜ共産党がなかったのか

ソ連共産党の大きな問題の一つは、ソ連邦を構成している一五の共和国の内に一四の共産党があるんですが、なぜかいちばん大きなロシア共和国に共産党がないことなんです。ここにソヴィエト・システムというものの特異性がよく表れています。つまり、少なくとも共産党は国民国家原則に立っていなかったということなんです。これにあえて理屈を付けるならば、「ロシアは革命に対する意識も進んでいるし、果たす役割も大きくなっているから、将来できるであろうソヴィエト世界システムの中の主導的な役割を果たすところである。だから、『ロシア』という国民国家的な残滓《ざんし》にとらわれる必要はない。他のところはまだ過渡的だから国民国家的な枠組みが必要だ」ということになるかと思います。

そして、このように、ロシア共和国における共産党というものを中途半端な存在にしている状態について、二つの言説が出てくるわけです。

一つは、「ロシアの中にはハバロフスク地方委員会とか、サハリン州委員会とかそういうのがある。ロシア以外の共和国では、エストニア共産党とかウズベク共産党とかの、独立した共産党があるように言われているけれども、実はハバロフスク地方委員会と同じレベルなんだ。だから、ロシアにはロシアを束ねる党がないというのではなくて、ウズベク共産党とかエストニア共産党には、ロシアの地方委員会みたいな権限しか与えられていないんだ」という言説です。

もう一つ別の見方は、「ソヴィエト連邦体制を作っているために、我々がエストニア人やウズベク人の面倒を見て、大サービスをしているのだ。だから、我々の利益を束ねる党すら持てないことになっている。ソ連邦というのは、結局、少数民族や弱者に対してサービスするシステムになってしまっている。だからロシアの権益を守るロシア共産党を作れ」というロシア・ナショナリズムともいうべき言説です。

先取りして言いますと、結局、一九九〇年にロシア共産党ができるわけなんですが、このロシア共産党は、非常に保守的なグループの党になるわけです。このとき、形式としては、ソ連共産党員だった者はロシア共産党に対して再入党手続きは要らないということになっていました。実は、ソ連共産党員というのは、それまではみんな二重党籍を持っていたんです。たとえば、ソ連共産党員であると同時に、エストニア共産党員であったわけです。エストニア共産党員であって、ソ連共産党員でないということはできなかったわけです。ですから、ロシア共産党という器ができたら、ロシア連邦内に居住し、ソ連共産党籍を持っている人たちは全てロシア共産党員になるはずだったんです。ところが、ロシア共産党への移行を拒否するということを明示的に声明する人たちが相当出てきました。とくにペレストロイカ派、ゴルバチョフ派の人たちがそうです。それによって、ロシア共産党とソ連共産党というのは、かなり文化を異にする別組織になってしまいました。

ただ、この時点においては、そこまで色々なことは考えられていなかったし、問題としても出てきていませんでした。しかし、このことが、後々重大な問題になっていくわけです。

選挙で守旧派を落選させた小泉流ゴルバチョフ

さて、ペレストロイカの重点は経済から政治改革へと移されていきました。その政治改革は、憲法改正によるソヴィエト機構の改革です。複数候補制によって選ばれる人民代議員大会が、ソヴィエト型議会として国権の最高機関となり、最高会議が常設されることになりました。こうした憲法改正、機構改革の意義はどこにあったのかを、ひと言でいいますと、常設の職業国会議員集団を作るということにあったんです。

それまでソ連の最高会議というのはどういうものだったか。最高会議は、年に二週間ぐらいクレムリンで開かれるんです。そのクレムリンの横に恐ろしく巨大なロシア・ホテルというのがあるんです。五〇〇〇人ぐらいの最高会議議員がみんな泊まれるように、東西南北にウィングがあって、一部屋ずつ泊まっていくと何年かかるかわからないという巨大なもので、そこが議員宿舎なんです。しかし、議員は二週間しか泊まらないから、それ以外の間空けておくのはもったいない。だから、外国人を中心に泊まらせて外貨を稼ぐわけです。そういうブレジネフ時代に造った巨大ホテルがあるんです（これは最近潰《つぶ》しましたが。ソ連崩壊後、イングーシ人のマフィア組織が押さえて、ロシアでいちばん怖〜いホテルになっていたんですけどね）。

最高会議開会中には、そのロシア・ホテルの前にお土産物屋さんがたくさん出たり、ホテルの中でバナナや肉の缶詰やキャビアをたくさん売ったりするんです。もちろん、特別の許可証がないとホテルには入れませんから、普通の市民は入れず、その恩恵を受けられるのは議員さんだけです。議会というのは、そういう年に一度の「お祭り」だったんです。そういうお祭りとしての議会にきて、議決に「賛成ですか？」と聞くと全員が党員証を挙げるという儀式だったんです。そこに集まってくる議員は、女性だったら搾乳婦というソ連では大事な職業の職能代表、あるいは愛犬組合代表とか、そういう人たちです。およそ職業政治家といえる人は、そこには全くいなかったんです。

それでは、職業政治家はどこにいるのかというと党にいるわけです。それは、クレムリンからちょっと離れたところに、古い帝政時代のスターラヤ・プローシャジ（古い広場）

っていうホテルがあってそこを改装し、党の中央委員会にして、そこでみんな政治をやっていたんですよ。

しかし、そこにいる党官僚たちは基本的に保守的です。ゴルバチョフ自身がそういうところから出てきた官僚だから、彼らの面従腹背の実態をよく知っている。ゴルバチョフ自身が面従腹背で伸びてきた人間ですから、あいつらをそのまま信頼して、自己の権力基盤を強化するなんてことはできないことを知っていた。だから、党中央官僚とは別の新しいところに権力基盤が欲しかったんです。

そこで、最初にゴルバチョフが考えたのは、彼がいま書記長として権力を持っている共産党をなんとか改造し、そこを基盤にしようということでした。そのために、一九八八年六月にスターリン以来、数十年ぶりの第一九回共産党協議会をやったわけです。これは、それなりの成功を収めたけれども、しかし共産党全体を早急に改造して新しい形の権力基盤に仕立て上げるのは無理だ、ということがわかった。

ゴルバチョフは、「既存の党を新しい基盤にするのは無理だ。無理なことはやらないで、新しいものを作って権力基盤にしよう」と思ったわけです。そこで、腹心のミグラニャンがそそのかすんです。「新しい権力基盤を作るに当たっては、国家に専心するというのも一つのやり方ですよ。党と国家の役割の兼職は止めるようにしたらどうですか」というわけです。

だけど、そうすると、あまりにも共産党離れの感じになってしまう。恰好《かっこう》も悪いし、具合も悪い。ということで、結局、兼職維持でいくわけですが、そこで、むしろ兼職を逆手にとって、党員が公職に就くためには選挙で通らなきゃいけない、選挙で落っこちるような党員は公職から外される、ということにしたわけです。党と国家の関係に関連して、どうやって党を弱体化させていくかと考えた。

ここで、選挙制度を利用していくわけです。たとえば、各地区の党の書記であったら、選挙に立候補しなさいということにしました。つまり、住民の直接投票によって選出されない書記は書記から外すということにしたんです。結果として、ほとんどの書記が選挙で落っこちてしまいました。そのようにして、権力をどんどん国家機関のほうにシフトさせていきました。

そして、その時に使ったスローガンが、これが不思議なんですが、「全権力をソヴィエトへ!」だったんです。これはロシア革命のさい、ドゥーマ(国会)から全ての権力をソヴィエトに移行させたレーニンのスローガンなんですよ。これに対して、ゴルバチョフは、全ての権力を党からソヴィエトに持っていったんです。それも、投票によって選ばれた人民代議員大会と、そこから選ばれた議員で構成される最高会議という方向に持って行くわけですから、レーニンとは方向が逆だったんです。

しかし、こんなものが上手《うま》くいくはずがないということは、システム論を勉強した人だったら誰でもわかるはずなんですよ。ところが、ゴルバチョフという人は、我々が傍からみていると破滅に向かうに決まっている道を、なぜか選んで行くんですよね。

　ともかく、ゴルバチョフは、こういう形で、党の中にも新しい空気を入れていこうと考えたわけなんです。そこで、人民代議員という枠を一気に二二五〇名に拡げて、その中から絞り込んだ部分を職業政治家にして、最高会議を常設させようと考えたわけです。それを自己の権力基盤にするということです。

　ですから、全党協議会直後の段階で、ゴルバチョフは、自分の権力基盤を党から国家に移すということを考え始めていたということです。要するに、全党協議会をやってみて、一方では「こりゃダメだ」と思ったわけなんですが、同時に「国民の風はオレの方に吹いているぞ」と確信した。ここでゴルバチョフは、ミグラニャンのいう「ポピュリズムが危険だから独裁をしなければいけない」という進言に対して、「いや、ポピュリズムでいいじゃないか。ポピュリズムの風はオレの方に吹いてるぞ」と考えたわけなんです。

異常に盛り上がったソ連初の自由選挙

　こうして一九八九年三月に複数候補制による人民代議員選挙が「全権力をソヴィエトへ！」という合言葉の下に行われたわけです。

　この選挙では、市民はみんなで大変興奮して大いに盛り上がりました。

　それまでのソ連の選挙と違って、今度は本当の選挙になる、それは物凄《ものすご》い興奮を呼び起こしました。それだけで縁日が出るんです。私も投票所を見に行ったんですが、大変な活気でした。それから、外交官身分証を見せたら投票用紙をくれました。その投票用紙を見ると、初めて複数の候補の名前が書いてあるわけです。自分が支持する人にチェックを付けるという形で選択の可能性が出てきたことで、みんな興奮して選挙に行きました。

ただ、完全に自由な立候補制になっていたかというと、そうではないわけです。どこが問題かというと、立候補するときには泡沫《ほうまつ》候補を整理するということで、事実上、党委員会の推薦が必要だったんです。そこのところで縛りがかかっています。だから、完全な自由選挙ではないですね。

それから、ソ連共産党、共産青年同盟、婦人同盟などの社会団体に一定の人民代議員枠が与えられていました。ゴルバチョフは共産党枠から議員ポストを得たので、国民から直接選ばれたわけではありません。

無党派の立候補者もいますが、実際には党委員会の了承を必要とする仕掛けが作られていたんです。選挙管理委員会はあるが、すべて党委員会のお墨付きを得なければいけない。その選挙管理委員会の了承を得ないと、立候補できない。確かこういうカラクリだったと思います。

そして、そのような事実上の制限があったにもかかわらず、このとき、大都市を中心に多くの選挙区で共産党の役員は大量に落選しました。これによって、ゴルバチョフは、改革に付いてこられない部分を党の役職から合法的に排除することに成功したのです。選挙民に信任されない者は党の役職にも相応《ふさわ》しくない、という形で排除していったわけです。

それによって、地方の委員会まで幹部を入れ替えていったのです。ただし、それで党中央委員を総入れ替えするようなことまではできませんから、権力基盤は、あくまでも常設の最高会議に求めていったわけです。

炭鉱労働組合を敵にした政権は必ず潰れる

もう一つゴルバチョフが上手だったのは、そういう権力基盤とは別に、大衆的な別働隊を作ったことです。ロシアには、給料は凄くいいんですが、最も危険視されている職業があるんです。逆にいえば、危険視されているが故に給料が飛び抜けていい。それは、炭鉱夫です。そして、炭鉱夫というのは物凄く連帯感が強いんです。真っ暗な穴の中で危険な仕事をしていますから。そして、年金がもらえる年齢である定年が四五歳です。給料の額もゴルバチョフなんかよりずっといい。ゴルバチョフはその当時五〇〇ルーブルぐらいだったと思うんですが、炭鉱夫は七〇〇から一〇〇〇ルーブルです。

ゴルバチョフは、この炭鉱労働者を非常に大切にしたんです。それまでのブレジネフなんかとやり方は違うんですが、大事にした。この当時の指導者で炭鉱労働者との関係を重視したのが、ゴルバチョフであり、またエリツィンでした。だから、この時代、他の部門でストが起きても、炭鉱では常に最高権力者支持の行動が起きるんですよ。

逆に、炭鉱でストが起きそうだというと、ソ連共産党中央委員会の連中は震え上がる。

炭鉱労働者は横のネットワークが非常に発達しているんです。たとえば、西シベリアのケメロヴォでストをやるっていうと、同じ炭鉱の仲間だということでウクライナのドンバスでもストをやるというようなことになる。こういう形で、横のネットワークがとってもいい。

そして、炭鉱労働組合は、実に強いです。ロシアの場合は、自主管理労組が出てくる必要がなかったんです。労働組合は産別組織になっていて、産別ごとに既成労組がかなり強いんです。そういう労働組合は今でも残っています。要するに、当時から、労働組合に関しては、あまり労働貴族化しないで「オレたちの世界、労働者の仲間たち」という雰囲気でやっていました。ですから、ロシアの代議員で労組出身の連中は凄い迫力があります。ゴルバチョフと炭鉱労働組合を繋《つな》いでいたのが、一九八五年から首相を務めていたルイシコフです。ルイシコフは、ドネツク州出身で、エリツィンと同じエカテリンブルグで技師として働きながらのし上がってきた人ですが、基盤は炭鉱労組に置いていました。彼を媒介にして、ゴルバチョフたちは、炭鉱夫たちを味方に付けるということをやったんです。ですから、炭鉱労働者はゴルバチョフをサポートするんですね。

しかし、その分、見返りもあるわけです。炭鉱の町ケメロヴォに行ってみて驚いた。豊かなこと豊かなこと。物質の不足が非常に厳しくなった中で、食料品は豊富だし、蛍光灯なんかはモスクワではほとんど手に入らないのに、ここにはある。それから、トイレットペーパーも店に出ている。消費物資が潤沢なのに驚いた。それから住宅なんかも非常に立派でした。そのうえ、ちょっとした遊園地まである。このように物凄く傾斜配分されて、優遇されていました。

しかし、彼らの労働はとても過酷です。私は、何度か炭鉱に行って、彼らと仲良くなりましたが、「四十代で年金生活とはいいですね」と言ったら、炭鉱の奴らに笑われてしまいました。

「おれたちの平均寿命は四〇歳ぐらいなんだよ。四五歳まで生きる仲間は珍しいんだ」

と言うんです。炭鉱の安全保障基準についても話を聞いたんですが、

「安全保障も何もない。坑内で火が出たら水入れて人間と一緒に沈めてしまうんだ、そういう習わしになってる」

と、答えるわけです。

「党委員会はどうなってるんだ？」と聞いたら、

「穴ン中入れば、別の世界だ。党委員会なんて地上の話だろ。地下には党委員会も何もねえだろうが」

と、いった具合です。私は一九八八年にケメロヴォという町に初めて行ったんですが、新鮮な経験でした。穴の奥の世界というのは。

初めての自由選挙の後、一九八九年夏以降に炭鉱労働者のストライキが頻発しましたが、これはゴルバチョフ政権に対する反撥《はんぱつ》ではなくて、むしろ守旧派をやっつけるために仕組まれたものだと思います。ゴルバチョフ政権を揺さぶろうとするためではなく、むしろ地

元にいる守旧派に対する示威が目的だったろうし、それから中央にいる守旧派に対しても、労働運動カードを切るぞ、という構えを見せて震え上がらせたわけです。だから、この連鎖的なストライキも、ゴルバチョフが動けば、ピタッと収まったわけです。

このようにして、ゴルバチョフは、ソ連の党と国家の関係を変動させ、国家機構にみずからの権力基盤を構築していったのです。

そして、これから以降、党から離れて国家機構に依拠していく方向を強めていきます。

Ⅳ

諸民族のパンドラの箱

概略と問題意識

宮崎　学

我々、日本に住んでいる人間には馴染《なじ》みの薄い中央アジアやコーカサス地方であるが、現在のロシアを知るうえでも重要な地域であると私は思っている。ある意味では、この地域のことが分からなければ帝政ロシアからソヴィエト連邦へと続く版図＝後に出てくるユーラシア主義そのものの根底が理解できないのである。地図を眺めながらじっくりと考えていきたい。

中央アジア・コーカサスは民族紛争の坩堝

ペレストロイカが経済改革から政治改革へと重点を移していこうとしていた一九八八年は、またソ連邦内部の民族紛争に火が付いた年でもあった。そして、この民族問題は、経済改革、政治改革とは別の側面からソ連を大きく揺さぶるものとなっていく。一九八八年初頭、アゼルバイジャン共和国の領内にあるナゴルノ＝カラバフの紛争が深刻な様相を呈し始め、ナゴルノ＝カラバフ州の帰属を巡るアゼルバイジャン人とアルメニア人との間の民族紛争が一気に燃え上がってくる。

このナゴルノ＝カラバフ問題は、ソ連邦内コーカサス諸国にさまざまに存在する民族問題の一端に過ぎず、この問題の処理を誤ると、周辺地域に同様の問題が飛び火する可能性があった。実際に、翌一九八九年四月には、グルジアの首都トビリシで民族派のデモ隊と治安部隊が衝突する事件も起こり、一九九〇年一月にはソ連軍がアゼルバイジャンのバクーを武力制圧する事態にも発展してきた。二〇〇六年の現在でも尾を引いている問題である。

予測を超えたバルト三国の独立運動

同じ一九八八年には、バルト三国の民族問題も表面化してくる。一一月には、ついにエストニア共和国最高会議が主権宣言を発し、独立へ歩を進めていく。そして、翌一九八九年三月、初の複数候補制による人民代議員選挙で、人民戦線やサユジスなど民族派は各共和国で大勝し、八月二三日の独ソ不可侵条約締結五〇周年記念日には、バルト三国で大規模な「人間の鎖」のデモンストレーションが行われ、独ソ不可侵条約締結無効を宣言するにいたる。

一九九〇年になると、こうした動きは連邦内の各共和国に飛び火し、エリツィンが最高会議議長のロシア共和国人民代議員大会でも、主権宣言を採択。これを契機に各共和国で急速にソ連離れが強まっていく。こうしてソ連邦の再編は不可避な状況となってくるのである。

一方、一九八九年の六月にウズベク共和国フェルガナ州で衝突が発生、中央アジアにおいても、民族問題が火を噴く。このようなソ連邦内部の民族問題と軌を一にするかのように、ソ連圏東ヨーロッパ諸国にも大変動が起こったのである。

しかし、それは、当初ゴルバチョフやその側近たちが考えていたソ連・東欧の党の社会民主党化という方向には向かわず、むしろ、脱ソ連圏・脱社会主義の方向に進んでいった。それはいったい、なぜなのか。と同時に、バルト三国や東欧における変動は、ゴルバチョフが状況対応的に変質していったことと関連しているのかどうか。

とくに、ペレストロイカの本格的な展開と民族問題の噴出が、同じ時期に出てきたということは、底流において連関があるのかどうか。また、このような深刻な民族紛争の真因と実相について、佐藤さんのお話をうかがっていきたい。

ソ連を解体に追い込んだ複雑怪奇、非合理きわまりない民族対立の実相

佐藤　優

宗教か民族か――アゼルバイジャンとイランの複雑な関係

一九八八年に起きたナゴルノ＝カラバフを巡る紛争というのは、ソ連で起きた最初の本格的な民族対立です。一九八八年初頭から、ナゴルノ＝カラバフ紛争は緊張を強め、二月には工業都市スムガイトで大規模な民族衝突が発生しました。この民族対立の根は非常に深いんです。ところが、日本を含め、ほとんどの国では、アルメニア経由の言説で、この対立が理解されてしまっています。

ナゴルノ＝カラバフ自治州（＊地図一二二～一二三頁）は、アゼルバイジャン共和国の領内にありますが、人々の圧倒的多数がアルメニア人です。

そのナゴルノ＝カラバフに住むアルメニア人をアゼルバイジャンが抑圧していじめた、スムガイトでアルメニア人襲撃をやった、というのが紛争の通説になっているわけです。私は相当詳しく調べたんですが、この通説は、かなり怪しいんです。スムガイト事件をやったのは、むしろどうもアルメニア人みたいです。ということは、アルメニア人がアルメニア人を殺し始めた、ということになりますよね。そういうことは、実は、アルメニア人

はよくやるんです。

アゼルバイジャンとアルメニアの関係が何百年も悪かったというのは大嘘なんです。だいたい民族間の関係が本当に何百年も悪かった、なんてことはありえません。そのように言われている場合は、間違いなく後からできた作り話です。

まず、アゼルバイジャンという民族自体がいつからあったのか、という問題があります。実は一九世紀の文献を読んでもアゼリー人とかアゼルバイジャン人というものは存在していなくて、「コーカサスのタタール人」という名で呼ばれていたんです。みんなそう言ってたんです。タタール人とはどういう人々のことか、タルタルソース（tartar sauce）というソースがありますが、あれは「地獄のソース」っていう意味ですよね。ギリシア神話のタルタロス（Tartaros 地獄の底）から来ている。ですから、タタール人という呼び名は、もともと、地獄から来たような得体の知れない奴、みたいな言い方だったんです。

ちなみに、今、アゼルバイジャン本国にはアゼルバイジャン人は六八〇万人いますが、イランにはアゼルバイジャン人が一五〇〇万人いるんですよ。イラン国内のアゼルバイジャン人の方が多いんです。実は、アゼルバイジャン問題の重要性っていうのはここにあるんです。

イランという国は、シーア派のイスラームという宗教アイデンティティを持っていて、民族というアイデンティティはあまり強くないんです。そして、アゼルバイジャンもシーア派の国です。オマーンなんかもシーア派ですが、イスラム教の中でもシーア派は普通マイナーグループです。そのイスラム教シーア派の中の一派として、十二イマム派が権力を握っている国なんていうのは、世界でイランとアゼルバイジャンぐらいしかない。

ですから、イランとアゼルバイジャンの関係は非常に難しいんです。両国が宗教というアイデンティティで結び付くか、あるいは結び付かないか。両国にまたがって存在するアゼルバイジャン人が民族というアイデンティティで結び付くか、結び付かないか。

アゼルバイジャン人が同じ民族という絆《きずな》で結び付けば、イランという国は壊れます。それが石油利権とも絡み合って、いま物凄《ものすご》く難しいところなんです。しかも、石油が出ますから、かなり豊かなんです。そういう問題を含めて、当時だけでなく、現在においても、アゼルバイジャン問題というのは非常に大きな意味があるんです。

ナゴルノ＝カラバフのアゼルバイジャン人とアルメニア人、もとは同じ民族

国際政治の世界では、三角形vs.四角形の対立というものが起きています。

四角形というのは、テルアヴィヴ＝イスラエル・アンカラ＝トルコ・バクー＝アゼルバイジャン・ワシントン＝アメリカを結ぶ関係で、これが四角形を成しています。

それに対して、三角形というのは、モスクワ＝ロシア・テヘラン＝イラン・エレヴァン＝アルメニアを結んだものです。これが、三角形です。今も、国際社会のバランスの中では、この二つの四角形と三角形は、常に対峙《たいじ》する関係にあるんです。

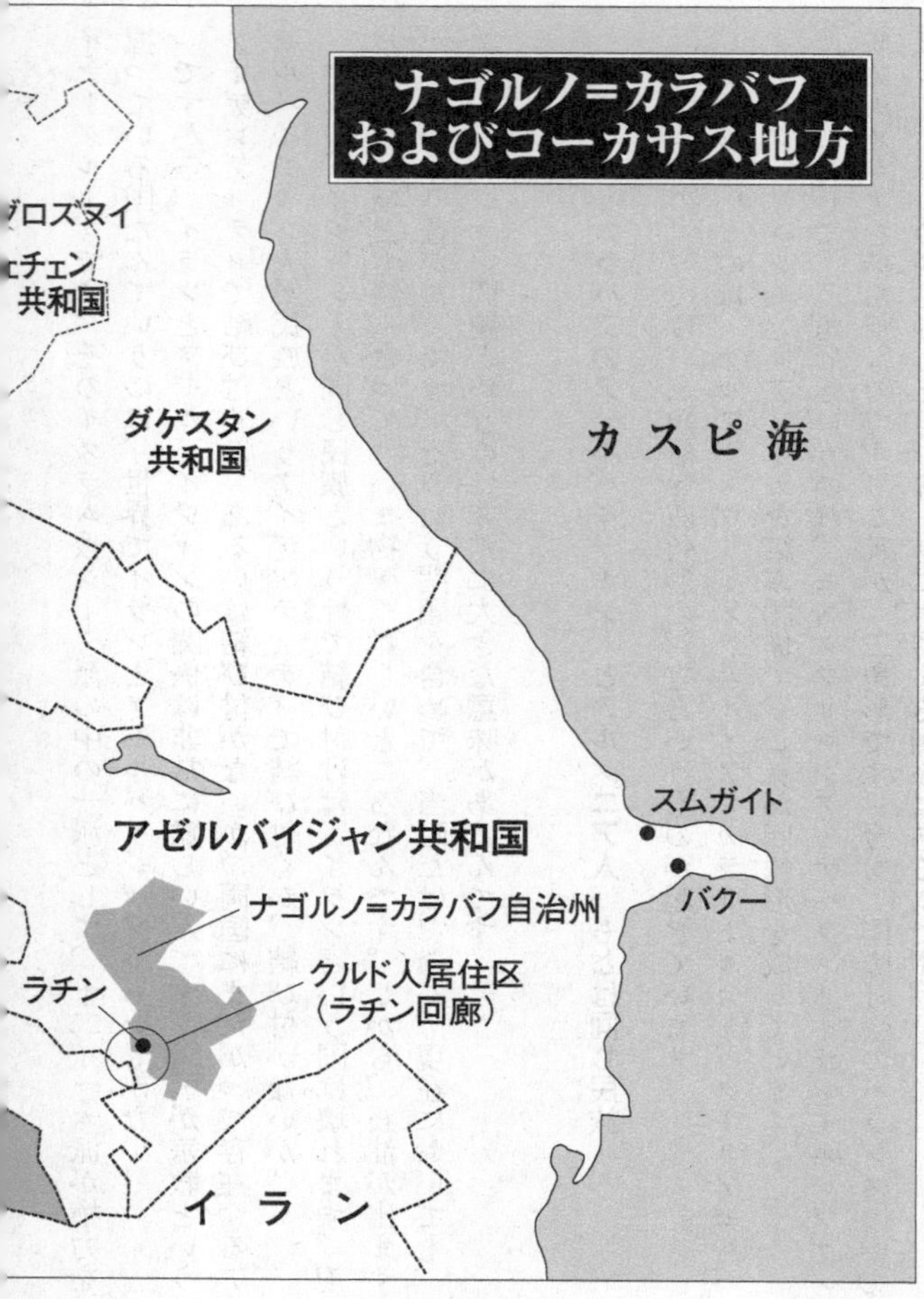
ナゴルノ=カラバフ
およびコーカサス地方
グロズヌイ
チェチェン
共和国
ダゲスタン
共和国
カスピ海
スムガイト
バクー
アゼルバイジャン共和国
ナゴルノ=カラバフ自治州
クルド人居住区
(ラチン回廊)
ラチン
イラン

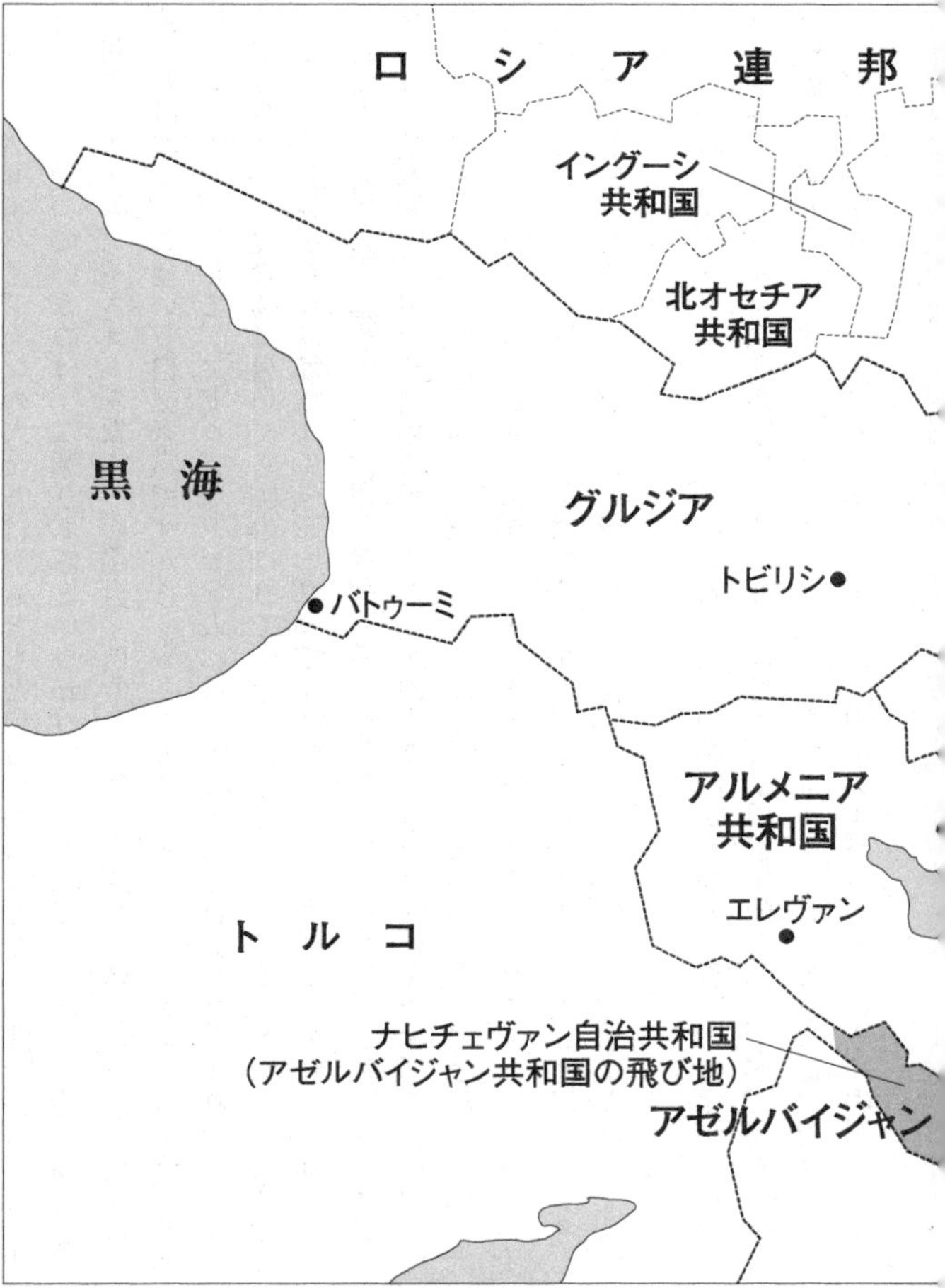
ロ シ ア 連 邦
イングーシ
共和国
北オセチア
共和国
黒 海
グルジア
トビリシ
バトゥーミ
アルメニア
共和国
エレヴァン
ト ル コ
ナヒチェヴァン自治共和国
（アゼルバイジャン共和国の飛び地）
アゼルバイジャン

さて、アゼルバイジャンの人たちは、もともと自分たちのことを「人間」と言ってます。そして、人間っていうのは、二通りあるというわけです。人間でキリスト教徒の場合と、人間でムスリム（イスラーム教徒）の場合。自分たちは、人間でムスリムだと、自己規定するわけです。こういう自己意識ですから、もともと民族というアイデンティティが希薄だったんです。そして、アゼルバイジャン人には、国境という意識もあんまりない。

どうしてか。夏の間は暑いから山のほうで野菜を作っているんです。冬になって寒くなりますと、山からカスピ海のほうへ下りてきて野菜を作るんです。ですから、国境って言われても、「夏の境界線か、冬の境界線か」と、よくわからないんです。アゼルバイジャン人は、基本的に物事を理詰めで考えることがあまり得意ではないんです。それに対して、アルメニア人っていうのは、理屈っぽい。それに兵器商人なんかも多いですから、交渉にも長《た》けている。アゼルバイジャン人がアルメニア人に言いくるめられて、とんでもない状況に持っていかれて、最後、暴力的に爆発してしまうというケースが多いわけです。そして、最終的には暴発したアゼルバイジャン人が悪いということにされてしまうわけなんですね。

アゼルバイジャン人っていうのは、おもに三つの系統から構成されています。一つは、セルジューク・トルコ系の遊牧民。この連中はなかなか勇猛果敢なんですが、民族紛争では残虐な行動をとります。もう一つは、ペルシャ系でトルコ化してしまったアゼリー人、この連中は比較的温厚です。それから三番目に、中世アルバニア人という連中がいるんです。中世アルバニアっていうのは、ユーゴスラビアの隣のアルバニアと名称は一緒ですが、全く関係ありません。その中世アルバニア人っていうのが、ナゴルノ＝カラバフ問題を解くときの鍵《かぎ》になり、なおかつ民族問題を考えるうえで重要になってきます。

アゼルバイジャンは、先ほど申しましたように、十二イマム派のシーア派イスラームですが、それに対して、アルメニアは、この前まで「異端派」と言われたキリスト教です。アルメニア教会というのは、いわゆる単性論といわれ、キリストの人性をあまり強く認めないという難癖をつけられて、正統派のキリスト教には入れてもらえない特殊な教会で、エジプトのコプト教会だとか、あるいはシリアのヤコヴ派とか、そういうのに近い教会なんです。

ところが、一八世紀まで、ナゴルノ＝カラバフの辺りに、「アルバニア」という国があったんです。そこの人たちは、正統のキリスト教徒だったんです。このアルバニアにいた人たちが、一八世紀の半ば以降、宗教的アイデンティティの優位の下に、自らの民族的なアイデンティティを失っていきました。そして、十二イマム派のシーア派になった人たちは、自分たちをアゼルバイジャン人であると考えるようになり、さらに単性論派のキリスト教徒になった人たちは、自分たちをアルメニア人と考えるようになったんです。

ですから、ナゴルノ＝カラバフが歴史的にアゼルバイジャンのものか、アルメニアのものかという論争自体が、全くナンセンスだということです。歴史のどこを摘んでいくかで、両方に都合のいい画がそれぞれに描けるんです。だから、紛争が起きてしまうわけです。

それ故、二〇〇年ぐらい前には同じ民族だったものが、分解して、二つの民族に分かれて、おたがいに争うようになった、という経緯がありますから、よけいたちが悪いんです。どちらも、自分たちに都合のいいストーリーを作れますから。

他民族が一人もいなくなれば民族問題は「解決」する

それで、スムガイトの紛争が起きたときも、「アルメニア人を殺せ！」っていう激しいことをやったのは、大体、セルジューク・トルコ系の連中なんです。それに対して、アルメニア人をかくまったり、「そこまでやるなよ」って言って紛争に介入して、自分たちも殴られながら頑張ってアルメニア人を守ったりしたアゼルバイジャン人もいるんですね。そういう行動をとったのは、ペルシャ系の人たちが多かったんです。

ところが、さらに、そういうアゼルバイジャン人と一緒になって、これじゃあアルメニア人がかわいそうだということで、バスを仕立てて、アルメニア本国まで逃がすというリスクを冒したアゼルバイジャン人もいるんです。これが、アルバニア系なんです。

だから、黒か白かという単純な対立ではなかったんです。ところが、今やナゴルノ＝カラバフ問題というのは、完全に「解決」されたんです。どうしてか。ナゴルノ＝カラバフに住んでいるアゼルバイジャン人は、今、一人もいないからです。アルメニアが完全に制圧してしまったんです。

その一方、地図を見ればわかるように、飛び地があります（＊地図一二二〜一二三頁）。アルメニア共和国の南に、アゼルバイジャン共和国の飛び地としてナヒチェヴァンという地域があります。このナヒチェヴァンには、もともとアルメニア人とアゼルバイジャン人が混在していたんですが、今は、アルメニア人は一人もいません。アルメニア人は、ぶっ殺されるか、逃げちまったか、どちらかだからです。

このように、飛び地はお互いにあるんですが、そのお互いの飛び地で、完全なエスニック・クレンジング（民族浄化）が行われて、一人も相手の民族がいなくなったが故に、それと同時に民族問題が「解決」したんです。

他民族が一人残らずいなくなって、文字通りのエスニック・クレンジングが完結すれば、もはや民族問題が存在しなくなりますから、今、最も平和で安定した民族関係がアゼルバイジャンとアルメニアの間に維持されているというわけです。両国に少数民族はお互いに一人もいないですから。いると殺されますから、みんな逃げちゃうんです。アルメニア人とアゼルバイジャン人同士で結婚しているような場合は、第三国へ逃げちゃうんです。本当に殺されますから、怖いですから、みんな逃げた。

それが民族問題の現実です。

テロリストが跋扈するアルメニア・麻薬を生業にするレズギン人

ここで、一番割りを食った気の毒な人たちが、実はクルド人なんです。

このナゴルノ＝カラバフとアルメニアとの間に、ラチン回廊という地区があります（＊地図一二二～一二三頁）。交通の要衝であるここには、もともとクルド人がたくさん住んでいました。

アゼルバイジャンの統計を見たときに、アゼルバイジャン人だがスンニ派だと言っている人は、実はアゼルバイジャン人ではないんです。アゼルバイジャン人は、全員十二イマム派のシーア派です。アゼルバイジャン人でスンニ派だと言っている場合は、その人たちはクルド人かレズギン人です。クルド人は、このラチンに住んでいました。クルド人は、アルメニアにも一部いるんですけど、ゾロアスター教徒が多いんです。基本的に、いままでも火を拝んでいるんです。悪の神と善の神がいて、その交代によって歴史が展開していくと信じている。アゼルバイジャンの東にバクー油田がありますが、昔は石油なんて使わなかったですから、この地で火を付けたらバァッと燃え上がるんですよ。それを、みんな拝んでいたんです。

そのクルド人は、このラチン回廊に自治区を持っていたんです。そこで、アルメニア人は「クルド人の国を作るのにオレたち協力するから、ここの回廊を通らせろ」と言って、一回通らせたら、すぐさまラチンを軍事的に制圧していった。今はもう、完全にアルメニアが実効支配しています。

アルメニア人は、一九世紀初頭にトルコ人にずいぶん殺されたんです。そのために、これに復讐《ふくしゅう》してトルコ人を皆殺しにしてやるという連中が生まれました。それで、アルメニアにダシナクツチュン（連邦党）というのができるんです。流れとしては、メンシェヴィキです。このダシナクツチュン党の路線はテロによって革命をやるということで、ボルシェヴィキよりもテロを支持するんです。とくにトルコ人をみんな殺すという。その連中が、シリアにグルンク（鶴という意味）という組織を作って、そこでテロリストを養成して、トルコ大使殺害とか、結構やってるんですよ。この連中が、ペレストロイカが始まって、アルメニアやナゴルノ＝カラバフに戻って来た。その彼らが基本的にアルメニアの政権の意向を左右することができる。だから、すごく怖いんです。

いま実際に、アルメニアとナゴルノ＝カラバフは完全に繋《つな》がっています。クルド人たちに「君たちの国を作ってやるぞ」と言って、ラチンを軍事占領するのですが、アルメニア人は約束を反故《ほご》にしてラチンからクルド人を全部追い出してしまったから。

アゼルバイジャンの軍は弱いので、アルメニアが実効支配しているこの地域を占領できないんです。それで、アルメニア政府は「アゼルバイジャンの主権は尊重します。我々はナゴルノ＝カラバフについて要求はありません」と言っている。ところが、ナゴルノ＝カラバフ自治州政府は、自分たちは共和国だと宣言して、ナゴルノ＝カラバフが、アルメニアと合体すると言っているわけです。ですから、国際法的には矛盾をきたさないようなうまい理屈をアルメニアは使っているわけです。

アゼルバイジャンについて、あともう一つ申し上げるならば、アゼルバイジャン共和国の北の隣接国であるダゲスタン共和国にまたがって、日本ではほとんど名前を聞いたことがないと思いますが、レズギン人という民族が住んでいるんです。このレズギン人っていうのは、ロシアとアゼルバイジャンの国境を行ったり来たりしながら、麻薬の扱いなどを生業《なりわい》としている人たちが結構いるんです。コーカサスでは麻薬を吸う習慣がありますから、麻薬ビジネスが「悪」という雰囲気はあまりありません。レズギン人は、終始移動してますから、その移動を阻止することはできない。したがって、麻薬が入ってくることをなかなか阻止できないんです。だから、アゼルバイジャンっていうのは、すごく難しいところなんです。

こういう、民族問題の複雑さがいちばん凝縮されているような地域で、一九八八年の初頭に民族対立が噴きだしてしまった。これが、いま考えるとパンドラの箱が開いたときだったわけです。

生の民族対立より人工的民族対立のほうがずっと怖い

たとえばアフリカのルワンダにおけるツチ人とフツ人の民族対立ですと、血の繋がりということでイメージがまだ湧くんですが、アゼルバイジャンとアルメニアの場合は、そういう自然的な紐帯《ちゅうたい》の問題ではなくて、まさに歴史的な紐帯の再構成の問題なんです。しかも、その歴史の再構成に宗教が絡まっていて、それがもとは、異端派キリスト教という第三の宗教だったわけです。だから、血の神話という形じゃなく、人為的な歴史構成の仕方の問題になってきますから、よけい難しいんです。

こういう人為的に作りあげられた民族対立は、物凄《ものすご》く怖いです。だから、韓国と北朝鮮の関係でも、ちょっとした形での組み立てを間違えると、実は朝鮮民族と韓国民族は違うなんていう組み立てだって、作ろうと思えば、かなり簡単に作れてしまうわけです。

実のところ、東ドイツは、それをやろうとしていたんです。「プロイセン人」という概念を再び作りだそうとしていた。「昔から南ドイツ人とは別にプロイセン人というのがいた、それが我々なんだ」というわけです。「ドイツ圏においては、オーストリア人とドイツ人が違うように、我々プロイセン人も南ドイツ人と違うんだ。プロイセンのドイツ人だ」という話を作っていく。東ドイツのホーネッカー議長なんかは、それを一所懸命やっていたんです。そうやって、民族的に違うんだというところから、二つのドイツを作っていく根拠にしていたんです。

この「人為的に作りあげられた民族対立」というテーマは、今後とも非常に重視して、慎重に扱われなければならない問題です。

「トルキスタン」を五分割したスターリンの狙い

民族問題というのは、複雑で危険を孕《はら》んでいます。いったん噴出すれば、たちまちのうちに数万オーダーの虐殺と百万オーダーの難民を出して、多くの人々を苦しめてしまう。

その民族問題の噴出が、当時ペレストロイカ真っ最中のソ連において、一九八八年初頭、ナゴルノ＝カラバフから始まったわけです。そして、これが、いきなり変なところに飛び火するんです。同じ一九八八年のことですが、これがタジキスタンに飛び火するんです。

これは、実は、現在のウズベク紛争ともタジキスタン紛争とも密接に関わっているんですが、それはともかくとして、ナゴルノ＝カラバフ紛争のとき、一九八八年の二月か三月に、タジクのドゥシャンベにデマが流れるんです。「ナゴルノ＝カラバフ紛争で追われてくるアルメニア人が、ドゥシャンベに逃げてくる」。そうなると、住宅がなくなるぞ」。それを聞いて、みんなカーッとし始める。街で衝突が起きて、軍隊が出動することになる。そして、その後、タジクは内戦になって、もう修羅場です。強姦がたくさん起こったり、反対派の連中をぶっ殺して皮を全部剝《は》いで吊《つ》り下げるというような殺し方をしたり、メチャクチャなことになった。「アルメニア人が来るぞ」という流言飛語から、一気にそこまで行ってしまった。それで、戒厳令が布《し》かれて、全面的な内戦になってしまう。

始まったのは一九八八年で、内戦になるのは一九八九年からです。これについての詳しい事実は隠されているんですが、私が当時調べたところでは、相当にひどい状況でした。

中央アジアでは、いま、ウズベクとかキルギスがグジャグジャな状況になっています。この背景を簡単にお話しすると、このキルギス、タジク、ウズベク、トルクメンというのは、帝政ロシア時代は全部一つの塊だったんです。ここは、「トルキスタン」、つまりトルコ人の国と呼ばれていたんです。そこにロシア革命が起こった。

ところが、先ほど申し上げたように、レーニンの時代に、ヨーロッパ革命は当面は無理だということになって、レーニンは観点を全く変えて、同盟軍としてムスリム・コミュニストというものを設定したわけです。

ところが、ムスリム・コミュニストとして同盟軍にした部分が、気合が入り過ぎてしまったわけです。「西方の異教徒に対する聖戦だ」とか言って、物凄く強力になっていったんです。ボルシェビズムがどうだとか、マルクス主義がどうだとか、レーニン主義がどうだとか、よくわからないし、「なんで赤い旗なのかな、オレたち緑の旗の方が好きなんだけどな」とか言いながら、物凄く気合が入って、強くなってしまったわけなんです。

それを見て、ボルシェビキは、心配になってきたんです。「このままだと、とんでもないことになるんじゃないか。この連中の勢力が広がると、社会主義国家とは全然違うイスラーム国家ができてしまうんじゃないか」と。

その点、スターリンは頭がいいんですよ。「お前たち、言葉が少しずつ違うよな。だから実はな、お前たち、別民族なんだ。それなら民族ごとに国を持ったほうがいいぞ」と言って、中央アジアにキルギス、タジク、ウズベク、トルクメン、そしてカザフという五つの国を創っちゃったわけです。それで、部族の長みたいなのを、それぞれの国に据えていくわけです。

ところが、ここでポイントとなるのが、キルギスとタジクとウズベクの国境が接している、フェルガナという地域なんです。地図で見ると、やけに国境がグチャグチャに入り組んでいると思いませんか。ここの三つの国全部にかかっているところは、フェルガナ盆地っていう、大きな盆地なんです。もともとシルクロードの中の非常に豊穣《ほうじょう》なオアシスで、このあたりは穀倉地帯だったんです。ここには、最も強力なムスリム集団がいるわけです。スターリンは、この強力なムスリムがいる地域を分断するために、人為的に五つの国に解体したわけです。ウズベクにナマンガンというところがありますが、たとえば、この間殺されたテロリストで、タリバンの友達で、なおかつ日本人の鉱山技師達を誘拐した、ナマンガニっていうのがいましたが、これはナマンガン出身ですよ、ということで、ナマンガニって言っているんです。それから、いま、ウズベクで起こっている紛争も、このフェルガナ盆地です。その前のキルギスのデモも、ここで起きてるんです。全部このフェルガナ盆地が舞台なんです。これは、ソ連時代に、トルキスタン人という一つの「民族」だったものを、無理して五つの人為的な民族にしたからなんです。

このように民族関係が複雑なところは、民族問題に敏感です。アゼルバイジャンとアルメニアで紛争があった。アルメニア人には住宅がない。タジクは同じイスラームですから、アルメニア人はなんとなくズルいというイメージが彼らの中にもあるわけなんです。そこで、アルメニア人がやってきて住宅がなくなるというデマが生まれる。
「アルメニア人がオレたちの住宅を取っちまうのか。けしからん」ということから、「当局の中に、アルメニア人と内通してるヤツがいるんじゃないか。状況はよくわからないが、火を付けてやれ」とかいう話にすぐになっちゃうんです。

ウズベク語をロクに話せないカリモフ・ウズベク大統領

アメリカは、民主化だとか言って、この地域に手を突っ込んでマッチ・ポンプをやろうとしたんですが、火を付けたはいいが、消せなくなっちゃったわけです。マッチ・ポンプではなくマッチ・マッチになってしまいました。消えるどころか、イスラーム原理主義者がワァッと動き出しているというのが、キルギスの最近の情勢で、そこから発火して煽《あお》られているのが、ウズベクなんです。これは、すべてソ連時代の負の遺産によるものなんです。

しかも、ウズベキスタンというのは、もともとウズベク語を話すトルコ系の部族なんです。この部族がブレジネフ時代に力を付け過ぎてしまった。その中で、ラシードフ・マフィアと言われている勢力が形成されて、ブレジネフ一族、とくに娘婿のチェルパノフ（ソ連内務第一次官）と結び付いていて、利権構造をがっちりと作りあげていたわけです。それで、アンドロポフ時代に、この連中を粛清したんです。そして、ゴルバチョフもその路線を継承したわけですが、そのときに、ウズベク人ではなくタジク人を登用するという、いわば禁じ手ともいえる手段を使ったんです。

それはこういうことです。ウズベキスタンにサマルカンドという都市があります。このサマルカンドというのは、歴史的にはタジク人系の都市なんです。ですから、一九二〇年代の統計では八〇％の住民がタジク人とカウントされていたんです。

ところが、一九三〇年代になると、住民が入れ替わったわけでもないのに七五％ぐらいが、自分のことをウズベク人と考えるようになったんです。アイデンティティが変化してしまったわけです。しかし、ここはもともとがタジク人の都市ですからタジク語をしゃべっているんです。

今のカリモフ大統領はサマルカンド出身で、タジク人でありながらウズベク人の部族と対決するために、大統領に据えられたんですよ。乱暴なアナロジーで言いますと、日本の内閣総理大臣に在日朝鮮人が就任したという状態なんです。今のウズベキスタンというのは、そういう変則的な状態にあるんです。

だから、ウズベキスタン大統領のカリモフさんは、ウズベク語がほとんどしゃべれない。大統領になってから、家庭教師を付けて初めてウズベク語を勉強したものだから、物凄く下手くそなウズベク語なんです。ロシア語が一番上手《うま》くて、その次に上手いのがタジク語なんです。ですから、大統領に対する部族的あるいは民族的な反撥《はんぱつ》も強い。

そこで、カリモフさんは、後ろ盾にアメリカを使ったんです。アメリカにとっても、ここは石油も出ますし、金も埋まってますし、パイプラインを通す場合も重要ですし、ここを押さえれば中国を後ろから抑えることにもなる、ということで、メリットがある。そこで、カリモフがどんな人権弾圧をやっても、アメリカは目をつぶったんです。

ところが、二〇〇五年になると、アメリカの方が、あまりに行き過ぎだということで、ウズベクに対する見方を変えた。そうしたら、今度はモスクワがそれを支持するということを言った。それと同時に、カリモフの方も、アメリカとの距離を置いて、モスクワの支持だけでは自分たちの身を守れないということがあるから、慌てて中国に行くわけです。こういうことが、いま起きている。

これもすべて、ソ連時代の負の遺産と言えるでしょう。けれども、それは、一九八八年のナゴルノ＝カラバフ問題が原因で、そこから火が付いているわけなんです。

アタッシェケースを持ったアルカイダがやってくる

これもやはり一九八八年のことなんですが、今度はグルジアがらみで、フェルガナ盆地で事件が起こるわけです。

グルジアは、トルコと国境を接していて、この国境を接している辺りの地方をメスヘチアというんですが、かつて、ここにメスヘチア＝トルコ人という民族が住んでいたんです。このメスヘチア＝トルコ人に対して、スターリンが何を思ったのか、これは全く言いがか

中央アジア
カザフスタン共和国
ナマンガン
フェルガナ
キルギス
共和国
ウズベキスタン
共和国
フェルガナ盆地
ドゥシャンベ
タジキスタン共和国
パミール高原
中　国
アフガニスタン
カンダハール

ロ シ ア 連 邦
グルジア
グロズヌイ
黒 海
トビリシ
バトゥーミ
スムガイト
アルメニア
バクー
トルクメンバシ
エレヴァン
トルクメニスタン
カスピ海
アゼルバイジャン
テヘラン
イ ラ ン

りなんですけど、トルコはナチス・ドイツにシンパシーを持ったと、だからメスヘチア＝トルコ人もナチスの協力者だ、ということで強制追放してフェルガナ盆地に移してしまったんです。

そして、一九八九年に、フェルガナ盆地でメスヘチア＝トルコ人とウズベク人が殺し合いを始めるんです。どうしてそうなったか。

メスヘチア＝トルコ人というのは少数派として住んでいますから商魂たくましいんです。イチゴを売るのにきれいに並べて箱に入れて売っている。そうしたらよく売れるんです。ウズベク人が売っているイチゴは、シャベルかなんかでイチゴを採っていて、グシャっとなった半分ぐらい腐っているようなイチゴなんです。だから、売れないんです。そこで、ウズベク人のイチゴ売りが、メスヘチア人に対して、お前たちがそんなイチゴの売り方をするから俺たちのイチゴが売れないんだといって、因縁を付けて、ぶん殴った。それで騒動が起こるんです。

しかし、メスヘチア人は、自分たちは弱いから、殴られても黙ってたんです。そして、その日の夜ですね、メスヘチア人たちがビアホールに行ってビールをくれといったら、ウズベク人が「メスヘチア人に売るビールはない」といってビールを売らないんですよね。それで、いくらなんでもビールも飲ませないというのはとんでもないといって、殴り合いが始まって、ちょっとした弾みで殺し合いに発展してしまった。それで、何十人も殺して、あっという間に非常事態になっちゃった。

一度そういうことが始まってしまったら、もう駄目なんです。連鎖的に波及していく。ウズベク人は最近生意気だ、ということで頭に来ているキルギス人がいたわけです。その連中が殺し合いを始めて、五〇〇〇人ぐらい死んでしまう。そんなことが連鎖的に起こっていって、フェルガナはメチャクチャな状態になってしまった。ここ十何年間、経済なんてまともにまわる状態じゃないんです。そこのところに、サウジアラビアから米ドル札のたくさん入ったアタッシェケースを持ったアルカイダの連中がやってきて、お金を撒《ま》いて、面倒をみてやるわけです。

こういうふうに、一九八八年のナゴルノ＝カラバフから、現在にいたる中央アジアのイスラーム諸民族において民族紛争の過程が始まっているわけです。

世界一の独裁国家トルクメニスタン共和国

あと、もう一つ言っておくと、日本ではほとんど報道されないんですが、トルクメニスタン共和国の問題があります。

トルクメン人というのは基本的には遊牧で、勇猛な民族で略奪などを中心としているんです。たとえば、イランで子どもが泣くと、「いつまで聞きわけないこと言ってるの。そんなに泣いてるとトルクメン人が来るよ」と、こういうふうに言う。「泣く子も黙るトルクメン」というわけです。

トルクメンというのは世界でも非常に面白いところなんです。ラクダっていう動物がいますよね。実は、モンゴルから中国にかけてタシケントの辺りまでのラクダは「ふたこぶラクダ」なんです。中東は「ひとこぶラクダ」です。そして、トルクメニスタンは、ふたこぶラクダとひとこぶラクダが両方いる、世界で唯一の地域なんです。要するに、中東世界と中央アジア世界の交叉点《こうさてん》ということです。

ここは大変な部族社会で、大統領はニャゾフ（二〇〇六年没）という人なんですが、北朝鮮以上に統制のきつい国です。言論の自由はないですし、個人崇拝が著しいんです。ニャゾフ大統領と名前を呼ぶのは畏《おそ》れ多いということで、みんな彼のことを「トルクメンバシ」と呼ぶんですが、お札なんか、「トルクメンバシ」の顔のところが変な感じで折れたらいけないとか、とにかく凄く大変なんです。

トルクメン人を日本に連れて来ると、飯田《いいだ》橋《ばし》とか水道橋《すいどうばし》を見て、日本にも「バシ」という言葉があるのかと、すごく喜ぶんですよ。「バシ」というのは「お父さん」という意味なんです。ですから、「トルクメンバシ」というのはトルクメンのお父さんという意味です。カスピ海の近くにある街の名クラスノヴォーツクは「赤い水が出る」という意味で、石油が噴き出すから水が赤くなるということなんですが、ここは今、名前を変えまして、石油が出る重要なところということで「トルクメンバシ」という名前になっています。

もし、ニャゾフ大統領＝トルクメンバシが死んだら、この国はどうなるかわかりません

（＊ニャゾフの没後、二代目大統領にはグルバングルィ・ベルディムハメドフが就任。同

氏はニャゾフの婚外子と言われている。ベルディムハメドフの肖像を掲げるなど、個人崇拝が進められている)。個人崇拝が極端に進んで、北朝鮮を凌駕《りょうが》するほどの世界一の抑圧体制と個人崇拝体制が行われている国です。そして、タリバンの指導者、オマールと友だちでアルカイダ系の影響力も強い。そうでありながら、面白いことに、国連にちゃんと登録されている永世中立国なんです。不思議な国です。

このように、ソ連崩壊後の中央アジア諸国は、みんなメチャクチャな状態になっているわけです。そして、そうなったきっかけは、一九八八年初頭に起こったナゴルノ＝カラバフの民族紛争なんです。

形式において民族的、本質において社会主義的？

一九世紀から二〇世紀において二度の世界大戦を含むいくつもの戦争を経て、民族というファクターが大変な問題を引き起こすことはもうない、という共通認識ができていたのではないでしょうか。これだけの惨禍を経て、もうそんな非合理なことで殺し合いをするのはよそうという共通の合意が成り立っていると思っていた。だから、民族問題というのは、もはや過去のものだという認識が、ソ連にも、あるいは西側にもあったと思うんです。

ソ連では、ブレジネフ時代に、民族問題は基本的に社会主義によって解決されたということになったわけです。どういう論理かというと、「ソ連邦の諸民族のあり方というのは、形式においては民族的であるが、本質においては社会主義的である、そのような関係が成り立ったことによって解放された」と、言うんです。「ソヴィエト連邦内諸民族の多様な民族的形式は、単一の社会主義的本質の中で融合し開花している」、というわけです。しかし、これは、逆ベクトルのものを一つの枠の中に入れて、枠が一つだから矛盾はない、というようなもので、全くの強弁なんです。「明日の天気は晴れか晴れ以外かの何れかである」と言って、「天気を完全に予測した」というのと同じようなものです。

なぜ、こんな訳のわからない論理で民族問題は終わったと強弁したのか。私の理解では、民族問題というのは危険でうっとうしいから、今後さわらないことに決めた、もう詰めて考えるのは止めよう、という意味だと思うんです。それによって、いつしか忘れ去られていくだろう、それが一番いいんじゃないか、という判断だったと思うんです。だから、民族問題は終わった、といってパンドラの箱に蓋《ふた》をしたんです。

もちろん、民族問題は終わったわけではありません。民族抑圧とそれに対する民族解放という動きはまだ残っている。たとえば、北アイルランドの問題にしても、イギリス人がアイルランド人を抑圧しているという図式、ベルギーのワロン人の問題にしても、多数派住民が少数派住民を抑圧しているという図式、スペインのカタロニアやバスクでもそういう図式、そういう抑圧と解放という問題は、部分的に残っているだろう。だけど、そうではなくて、対等の民族が衝突するようなことは、もうないだろう。そう思われていたわけです。

ところが、アゼルバイジャン、アルメニアというのは、その図式では収まらないものだったわけです。大民族であるロシアが少数民族であるアゼルバイジャンなりアルメニアなりを抑圧していたから民族解放闘争が起こった、というわけではなかったんです。ロシアと関係ないところで紛争がスタートしたわけです。コーカサス諸国だけではなくて、中央アジアのタジキスタンの場合も、それとは全然関係のないところで紛争がスタートしたわけです。それぞれの民族が五分と五分で、なおかつ世俗化しているはずの社会において、なぜこのようなことが起きてくるのか。想定外の話だったわけです。

民族なんていうファクターが、こんな形で、こんなにも人々の感情を揺り動かすなんて誰も想定していなかったわけです。ソ連の為政者も、共産党も、ジャーナリストも、学者も、世界のメディアも、誰も考えていなかった。

現実には、党組織や官僚組織の中には、アルメニア出身の人とか、タジク出身の人とか、色んな民族の出身者がいるんですが、そういう党と国家の官僚にとっては、我々はソヴィエト人だというアイデンティティのほうが圧倒的に優先していたし、そのうえ、我々はコミュニストなんだから、そういう民族感情なんていうものは超越している、という意識が強かったわけです。事実、こういう意識でみんな言ってるんですよ。だから、階級意識ではなくて、よもや民族意識なんかで人民のエネルギーが出てくるとは思わなかったわけです。

だからこそ、いま私は、排外主義的ナショナリズムに対して、非常に警戒心を強くしているんです。要するに、民族感情、民族意識というのは、ちょっとさわり方を間違えると、物凄《ものすご》く感情を煽《あお》って、どんな合理性に反することでも平気で惹《ひ》き起こすということです。こんなことは、利害からいったらマイナスだっていうことは、当事者はみんなわかっていながら、何かわからない力が人を動かしてしまう。その力というのが何なのか、ソ連の民族問題を始め、民族問題をずっと見てきた私にもよくわからないんです。

一七、八世紀のオランダ語を話すドイツ人の存在

ある時期、共産党で民族問題の洗い直しをするというので、ロシア科学アカデミーの民族学人類学研究所が、少数民族の研究を政策的な観点にたって、パンフレットなどをたくさん作ったんです。

私もそのとき、チームに入れてもらって、いろいろと手伝ったんですが、調べれば調べるほど、どんどん問題は紛糾して、解決の展望が失われていくんです。蓋をしておいて開けなければよかったのに、いったん開けてしまうと、どんどんどん出てくる。本当にパンドラの箱とはこういうことなのかと嘆息しました。いい話は何にも出てこないで、悪い話ばかりが出てくるんです。

たとえば、民族学人類学研究所でドイツ人問題の研究をあらたにやったわけです。ドイツ人は相当古くからロシアに移民してきているんです。ロシア人は建築が下手で木造建築

しかできなかったんですが、ちゃんとした石造建築を造りたいと思った。それから築城の技術が低かったんで、それも補いたい。そういうことで、一六世紀にイタリア人を連れて来るんですが、イタリア人には寒過ぎてダメなんです。それで、一七世紀になってから、今度はドイツ人を連れて来るんです。そのとき、ドイツにはメノナイトとかバプテストとか、戦争に絶対行かないというキリスト教の宗派があったんですが、その宗派の人たちが兵役拒否でロシアに来たわけです。その人たちは、いまだに一七世紀から一八世紀初めのオランダ語みたいなドイツ語を話しているんです。そういう人たちは、比較的自分たちの仲間同士で結婚して宗教をずっと維持しているんです。

ところが、ドイツ人ということであれば、東ドイツであろうが、ソ連に住んでいようが、全員にパスポートを発給するというのが旧西ドイツの政策だったんです。それで、このメノナイトやバプテストの人たちもドイツ人だということで、一時帰国が始まるわけなんです。ところが、言葉は通じないし、習慣は違うし、特殊な宗教を持っているしで、西ドイツのほうはびっくりしてしまう。それで「頼むから帰さないでくれ」ということになったわけです。しかし、ソ連としては、うちもペレストロイカになって市民の外国への移住を認めるという国家の建前があるから、ドイツ人だけ出国を認めないということはできない。そこで、ドイツは、文化センターとか色んなインフラ整備の名目で、日本でいうところのODAを送るからドイツ人が出て行かないように、うまくやってくれと言って、中央アジアにカネを送っている。

ところが、中央アジアのムスリムは、ドイツ人が嫌いなんです。イスラームで禁じている豚を食べますから。こういった話がいろいろ出てきて、とにかく今までは、もう昔のことは忘れていたので、わからないままに、変な人たちだなと思いながらも、なんとなくうまくいってたのが、どんどん問題の根っこがはっきりしてくると、みんな怒りはじめるんですよ。だからプーチン政権は、あまり調べないことにしている。これは何か悪いことが出てきそうだなと思うと調べない。とくに民族問題に関してはそうです。これは一つの叡《えい》智《ち》だと思います。

「歴史の見直し」というのが、ペレストロイカ時代の主題だったわけですが、このときには楽観主義があったんです。みんなが真実の歴史データを集めてきて誠実に議論をすれば、必ずひとつの単一の歴史観に収まるだろうという楽観的な見通しがあったんです。

ところが、それを数年やってみて、ロシア人は、そういうことは不可能だと確信したんです。まず、「みんなが誠実になるということはない。人間は誠実な生き物ではない」ということを思い知った。次に、データというものは、嘘データを弾《はじ》くことはできるけれども、本物のデータは山ほどあるわけだから、そのうちのどこを摘むかという点で常に恣《し》意《い》が働くということも思い知った。それから、摘んだ本物のデータが同じでも、摘んだものの連関をつけて物語を作るのは、個々の作家の能力に依存するということもわかってきた。だから、共通の歴史認識を作りだそうとか、そういうことは言わなくなったんです。

そんなことをやってみても、悪いことしか起きないということがはっきりしたからです。

チェチェン人には七代に亘る「血の報復の掟」がある

ここでいま大変な問題になっているチェチェンについてお話ししておきます。チェチェンというのは非常に勇猛果敢な民族です。今のチェチェンの状況は日本の戦国時代に似ているんです。いろんな大名が群雄割拠している状態で、だいたい、一五〇ぐらいの「テイプ（部族集団）」があります。

チェチェンには多数決という伝統がありません。すべて満場一致制です。満場一致にならないときは、徹底的に話すんです。それから、部族連合が一六か一七あります。そして、山岳で暮らす連中と平地で暮らしている連中がいて、平地のチェチェン人は、定住して農耕生活をしながら何か作物を作っている。山岳のチェチェン人は、馬に乗って略奪などをする。実は、山岳の人たちがエリートで、平地の人たちが非エリートなんです。

古くからロシアとペルシャの間で交易がされてきましたが、お互いに交易をするにはコーカサス山脈を通らなければなりません。山岳のチェチェン人は、そのコーカサス山脈において通行税を取っていたんです。つまり、別の言い方をすると「山賊」なんです。ただし、この人たちがこの地域を安定させていたからこそ、物流もちゃんとしていたとも言えるわけです。

ですから、チェチェンには、いまだに、略奪をする者が強い、工場や農場で働く者は弱いという、メンタリティがあるんです。若者は何になりたがるかというと、それはもう当然のことながら、軍人です。とくに飛行機乗りになりたがります。初代のドゥダーエフ大統領も、タルトゥーの守備隊長官で、元は飛行機乗りです。飛行機乗りになれなければ、タクシーの運転手とかトラックの運転手とかになります。つまり、チェチェン人にとっては、馬に乗るのと同じように、乗り物に乗る仕事というのは強い者の仕事だという感じなんです。

それから、チェチェンには、独特の「血の報復の掟《おきて》」があるんです。チェチェンでは、子どもが生まれると、男の子だけですが、七代前までの名前を全部暗記させるんです。それから、どこで生まれてどこで死んだということも全部暗記させるんです。そして、もし祖先の七代前までのうちに殺された人がいたら、誰に殺されたかも同時に暗記させるんです。それで、殺した奴の七代後まで報復をしなければいけないのです。殺した方の家の男系七代に亘《わた》ってそれは続くんです。そういう「血の報復の掟」があります。これは今でも厳しく守られています。仇討ちの旅に出なければならないんです。そうじゃないと一族が許してくれない。

一見すると、これは大変乱暴なように見えるんですが、実はコーカサス地域は、この掟があるから、安定していたんです。チェチェン人というのは、どんなにカーッとしても、絶対に相手を殺さない。殺すと「血の報復の掟」が作用するからです。七代に亘って逃げ回らなければならない。だから、これは殺し合いの抑止要因になると同時に、万一そういったことが起きても、部族間の永続的な戦争にはならないんです。七代で終わりますから。ですから、チェチェンで戦っているロシア兵は覆面をしています。どうしてかというと、チェチェン人にとってはロシア軍一般が悪いということにならないで、このロシア兵が殺《や》った、だから、こいつに復讐《ふくしゅう》してやる、ということになるんです。殺されたチェチェン人の一族は、殺ったロシア人の一族を調べて必ず報復する。七代まで復讐する。そういうことになるからです。ですからロシア兵は顔を特定されないように覆面をしているんです。

ヨルダンの親衛隊・秘密警察はなぜチェチェン人なのか？

このようなチェチェンの民族的な伝統が、今になって、大きな意味を持つようになってしまったのです。

一七六〇年から一八六四年まで、一〇〇年以上に亘るコーカサス戦争という大戦争があったんですが、このとき、ロシアはコーカサスを平定しようとして、徹底的にやりました。ところが、トビリシなどのコーカサス山脈の南部は簡単に平定できたんですが、コーカサス山脈北部のチェチェンのあたりが、どうしても平定できないんです。

この頃のことを描いた物語で有名なのが、レールモントフの『現代の英雄』（一八四〇年）です。「いつ、毛むくじゃらなチェチェン人から矢が飛んでくるかわからないから……」とレールモントフ（＊一八一四年生まれ。ロシアの詩人で作家。近衛騎兵少尉であるが危険人物として監視され辺境に任官される）が書いているくだりです。

結局、一八六四年に制圧されてしまうんですが、このとき、どれほどのチェチェン人が殺されたと思いますか？　九割です。だから、今回、ロシアが行っているジェノサイドはなにも今に始まったことではないんです。

ところが、そのときチェチェン人は、帝政ロシアの軍門に下るのを潔しとしないで、オスマン帝国の庇護《ひご》を求めて、中東に逃げるんです。

二〇〇六年現在、全ロシアに住んでいるチェチェン人は一〇〇万人です。一〇万人殺されてしまいましたから、正確には九〇万人です。そのうち、チェチェンに住んでいるのは七〇万人ぐらいです。それでは、中東に住んでいるチェチェン人はどれぐらいいるかというと、正確な統計はないのですが、推計でトルコに一五〇万、アラブに一〇〇万、合計二五〇万人住んでいるといわれています。チェチェン人は、先ほど申し上げたように、勇猛果敢で、馬に乗ったり飛行機に乗ったりするのが好きだということから、どういうところに行くかというと、空軍や親衛隊、秘密警察などに入るわけです。ですから、ヨルダンの国王親衛隊、秘密警察の多くがチェチェン人なんです。

さて、一九二〇年代に、ソヴィエト政権が成立します。このとき以降、コーカサスのチェチェン人と中東のチェチェン人は連絡を一切遮断されてしまうんです。そして、一九八五年に、ペレストロイカが始まりました。その結果、一九八六、七年ぐらいから外国との往来ができるようになって、ヨルダンやトルコのチェチェン人たちもソ連にやって来ることになりました。

しかし、そうなったとしても、普通だったら、六〇年から七〇年前に外国に移民をして、音信不通になっていて、いきなり親族だといっても、親族としての連帯感はなかなか出てこないものです。ところが、チェチェン人の場合は先ほど申し上げた「血の報復の掟」があるので、七代前までは親族を覚えているんです。二〇年で一世代が回るとして、七代というと一四〇年です。それからすると、七〇年、八〇年というのは、「血の掟」がカヴァーできる範囲なんです。ですから、「ああ、あなたはオオカミ村の大きな樅《もみ》の木の下で生まれた何々という部族の人間ですね」と言うと、「あっ、同じ血を分けている兄弟ですね」ということになるんです。

そういうわけで、チェチェン戦争が始まった時にモスクワで一番チェチェン情報を持っていたのはヨルダン大使館なんです。当時、在留日本人が一二〇〇人から一三〇〇人いましたが、モスクワには在留ヨルダン人が三〇〇〇人ぐらいいたんです。その全員がチェチェン人です。

彼らはヨルダンパスポートを持っているんですけれども、チェチェンの武装闘争に参加するんで、みんなパクられていく。そうすると、自国民保護をしないといけないわけで、だから、ヨルダン大使館の人たちがチェチェン情勢を一番よく知っていたわけなんです。ヨルダンは日本との関係がいいですから、私はヨルダン大使館に行って、チェチェン情報を教えてもらってたんですよ。

ところが、ここで大きな問題が出てくるんです。イスラーム教について、さっきはシーア派のことを話しましたけど、スンニ派というのは四つしか学派がないんですね。第一がハナフィー学派。これはトルコで強い学派です。酒も、ばれなきゃ飲んでもいいんじゃない、というような態度ですし、祖先崇拝なんかも重視する、そういう学派です。第二がシャフィー学派。これはインドネシアで強い学派です。チェチェン人は、このシャフィー学派です。シャフィー学派なんですけれども、ハナフィー学派に近いんです。三番目は、エジプトで強い、マリーク学派です。

以上の三つはとくに覚えておく必要はないんですが、四番目のハンバリー学派というのは非常に重要です。これは完全な原理主義なんです。ハンバリー派の中でもとくに厳格なワッハーブ派がサウジアラビアの国教です。このワッハーブ学派からアルカイダは出てきているわけです。アルカイダだけでなく、イスラームのテロリズムは全部、起源としては、このハンバリー学派から出ているんです。

それで、もともとハナフィー学派に近いシャフィー学派で、宗教的には穏健だったチェチェン人たちですが、中東に行ったチェチェン人はハンバリー学派の影響を受けたんです。だから、アルカイダと繋《つな》がってくるわけです。そして、彼らを経由してチェチェンにイスラーム原理主義が輸入されて来るんですよね。それによってチェチェンの本来の民族紛争が、だんだんアルカイダの入ったイスラーム原理主義に転化していくわけです。いま、チェチェンで起きているのはこういうプロセスなんです。

チェチェンの大統領はソ連空軍少将

もう一つ言いますと、ドゥダーエフ大統領というのは、バルト諸国にいる時に、エストニアのタルトゥーの守備隊長官だったんです。バルト諸国では人民戦線という組織が独立運動をしたんですが、その独立運動を潰《つぶ》すために「インテルフロント」という「チェチェン民族全国会議」というものを作ってたんです。ドゥダーエフは、その「チェチェン民族全国会議」のイデオローグで、活動家でした。反民族独立運動をやってソ連邦維持を主張していたのです。

そして、ドゥダーエフは、ソ連が崩壊した時に、民族の力というものを思い知って、グロズヌイに帰るんです。彼はチェチェン人として最初に少将になった人間ですから、チェチェンの国民的英雄です。ロシア軍の幹部が、後に、私にこう言いました。「我々はへまをした」と。つまり、「ドゥダーエフが故国に帰った後、彼を中将にしてハバロフスクの軍管区長にしとけばよかった」というんです。そうすれば、チェチェン人は喜んで彼をもう一度送り出して、チェチェン紛争はそれで終わりになったろうというわけです。

一方のドゥダーエフは、次のように言っていました。

「いったい、どうして俺たちがロシア連邦の中にいなけりゃいけないんだ。エストニアみたいなところは、独立国家だといっても、わずか一〇〇万人ぐらいしかいないじゃないか。

二〇〇万人いると言ってるが、そのうちの一〇〇万はロシア人じゃないか。俺たちは出身者だけで一〇〇万人いるぞ。独立国にしろよ。ロシアとは対等だ。その代わり、刷新された新しいソ連邦の一員になろうじゃないか」と。そう言っていたんです。

つまり、ドゥダーエフという人は、実体としてのソ連維持、実体としてのロシア帝国維持という考えの持ち主だったんです。物凄《ものすご》く強力なソ連邦擁護論者だったんです。分離主義的な要素は全くなかった。ところが、その年の一二月にソ連が崩壊して、ソ連という器がなくなってしまった。それで、刷新されたソ連の一員だという連邦維持論者だったドゥダーエフですが、その連邦がなくなってしまったわけですし、ロシアとは対等だと言っていたわけですから、大統領の意識としては、自然にいつの間にか独立してしまったということになります。

ドゥダーエフには、民族意識というのはもちろんあるわけです。しかし、同時に、自分がソヴィエト人であるというアイデンティティも持っているわけです。つまり複合アイデンティティです。この複合アイデンティティは、実はソ連の人たち一般が持っているものなんです。

チェチェン戦争の裏にはクレムリンへの政治資金還流があった

実は、ここでおかしな話があるんです。当時のロシア政権は、ナンバー1がエリツィン、ナンバー2がルツコイ、そしてナンバー3がハズブラートフで、このハズブラートフがチェチェン人なんです。先ほどあげたドゥダーエフは、チェチェンのエリート、山岳の「山賊系」出身です。ところが、ハズブラートフは平地の農民系出身なんです。そこはインテリが多いんです。彼はもともと、経済学者で大学の教授です。こういう関係にあるんですよ。ですから、表面上、ケンカしているように見えても、ウラで手を握っているんです。

チェチェンはグルジアと国境を接しています。グルジアは独立国になりました。それに、チェチェンの首都グロズヌイには三〇〇〇メートル級の滑走路をもつ軍民共用の空港がありました。そこに飛行機を飛ばして、ロシアとの間で物を自由に流す。そこで、チェチェン人は、石油、武器、麻薬、ありとあらゆる物の密輸を始めたんです。そして、その金が、クレムリンに還流するんです。

当時は、混乱期で、政治家たちはお金を持っていない。それで、クレムリンへの政治資金の還流をやらせていたんです。そして、その流れで起こったことだと思うんですが、一九九三年にエリツィンとハズブラートフが大ゲンカをして、モスクワの籠城《ろうじょう》事件、いわゆる十月事件に発展して、エリツィンがそれを叩《たた》き潰した。そうすると、この政治資金の還流メカニズムというのは、もうダメになってしまった。それで、これを叩き潰す必要があるんで、チェチェン戦争が始まってるんです。

ですから、チェチェン戦争が一九九四年一二月に始まって、ロシア軍は空爆をする。最初にどこを空爆したか。チェチェン中央銀行です。戦争の前に、何度も、何度も、数億ドル単位の不正送金をクレムリンにしていたんです。その罪証を全部隠滅する必要がある。そこで、徹底的に中央銀行を絨緞《じゅうたん》爆撃したんです。ですから、中央銀行には書類も何も全く残ってないんです。

チェチェン戦争というのは、このように、スタートからして変な戦争だったんです。実は、このチェチェン問題も、遠因というか、全ての始まりは、一九八八年初頭に起きたナゴルノ＝カラバフ紛争にあるんです。

民族問題が激しくなる時には、差別的な感情と、経済社会的な要因と、それから、必ず、政界を巻き込むような裏の世界の、とくに資金絡みの話があるんです。けれど、その裏世界の部分というのは、表の報道には出てきません。どうしてかというと、怖いからです。きちんと書くと、必ず殺しに来ますから。そこの部分がわかっていないと、ロシアの政局動向はわかりません。だから、別に、マフィアと付き合いたくて付き合うわけじゃないが、クレムリンの動静、政局のつくりを理解するためには、ロシアではマフィアと付き合わないと真相がわからないんです。この構造は、今後も変わらないでしょう。しかも、それは必ず、ロシアの場合、民族問題と絡んでいるんです。

東欧では若者が決起し、ロシアでは中年が決起した

さて、一九八八年のナゴルノ＝カラバフの民族紛争勃発《ぼっぱつ》後、それとは別に、バルト三国

と東ヨーロッパ諸国の民衆が大きく動きはじめます。そこで話を東ヨーロッパの問題に移しますと、東欧革命の進行の影響を受けて、ソ連の内部でも脱社会主義、下からの革命気運が高まっていったという評価が日本ではあるようですが、それは違うと思います。

どうしてか。東欧革命では、ビロード革命でも、ポーランドでも、学生のデモが大きな役割を果たしました。東ドイツでも、ルーマニアでも若者たち、十代後半から二十代の若者が教会に集まったりして活発に動きました。ところが、ロシアは違うんです。活発に動いたのは四十代、五十代後半の人たちなんです。だから、不良中年みたいなものなんです。それに付和雷同で付いて来たのが三十代の人たちで、そうしてみると、えらく年齢層の高い革命なんです。

詰めた話ではなくて、あくまでも私の仮説ですが、フルシチョフ期に青春を送った世代が中心を担った革命だったのではないか、と思っているんです。

フルシチョフが非スターリン化を進めたときの自由の雰囲気を知っている世代。言論の自由とか、ドクトル・ジバゴ、スターリン批判、そういったものを皮膚感覚で知っている世代。フルシチョフ改革が一段落してから、だんだん空気が澱《よど》んで「停滞の時代」に入っていった、そういう時代思潮の変化のダイナミズムを知っている世代。そういう世代です。「停滞」の時代になってから物心ついたり生まれたりした人たちは、それを知らないわけです。

停滞期のソ連人の発想には、二つの核心があります。一つは、「戦争がない。平和である」ということ。もう一つは、「今日より明日はちょっとだけ生活がいい」ということ。それが彼らの生活意識を支えてきた二つの柱です。

前にもお話ししましたが、ブレジネフが地方を訪問した時、こういう問答を繰り返したわけです。

「肉は足りているか」

「書記長同志、肉は足りていません」

「肉を食わなければいかんな……そうだな、肉だな」

といって肉が配られる。ブレジネフ時代の生活意識は、ここに集約されているんです。それは平和と安定に集約されるものだった。批判とか、決起とかいう発想がないんです。だから、一九八〇年代後半の十代から二十代、三十代の人たちというのは、非常におとなしくて、党でわさわさと動いていることがなんか他人事《ひとごと》のように見えていたんです。

フルシチョフとゴルバチョフの連続性というのは、単に個人のこと、党官僚のことではないんです。フルシチョフ時代の若者が中年になって、ゴルバチョフ時代に遭遇してふたたび活性化したという連続性の問題なんです。

それから、団塊の世代と団塊ジュニア世代が似ているのと同じで、ブレジネフ時代の中核世代とプーチン時代の中核世代は似ているんですよ。プーチン世代というのは、ブレジネフ期に生まれ育ってきて、その文化しか知らない人たちです。だから、同じようになる。

私はブレジネフ時代と今のプーチン時代が似ているというのは、世代論的には非常にわかりやすいと思います。とにかく安定がまず大事なんです。ところが、フルシチョフ時代とかゴルバチョフ時代の世代には冒険心があるんです。

同じような指摘を、急進改革派でモスクワ市長になったガブリエル・ポポフも言っています。

「五十代の市民はフルシチョフ時代のスターリン批判の経験から類推してペレストロイカがどういうものかを理解しているけれど、三十代ぐらいになるとブレジネフ時代しか知らないから、ペレストロイカの何たるかがまるでわかっていない、だから困る」と。

ソ連の中では、そういう世代間の落差が明らかにあったんだと思います。

一方、東ヨーロッパには、そういう落差がなくて、若者が広範に起《た》ち上がりました。

旧東ドイツにはナチ党があった!

東欧の反乱に関しては、ロシア人の感覚からすると、国ごとにだいぶ異なります。

まずポーランドですが、ポーランドでは何があっても、それは悪いことに違いない、とロシア人は決め込んでいます。とにかくポーランド人のことが嫌いですから。ポーランドに戒厳令を布《し》いた大統領のヤルゼルスキと「連帯」のワレサ議長は、ある意味では「出来レース」をやっていたんです。戒厳令を布くにあたっても、背後では「連帯」が相当サポートして、戒厳令反対で過激な行動をしないようにしていました。あのとき、ロシア側から『プラウダ』かなんかに無署名論文が出たんじゃなかったかな。つまり、「ポーランドにおける反革命的行動が看過できなくなれば、いつでもどこでも率直な援助の手を差し伸べる用意がある」とかなんとかいう論文が出て、それを見て、「いつでもどこでも率直な援助」とは軍事介入のことですから、それだけは勘弁して欲しいと、先に戒厳令を布いたと、こういう印象です。

東ドイツに関しては、ロシア人たちはとても強い意外感を持ちました。東ドイツ人というのは、ロシア人と一番肌合いがよかったんですよね。ロシアへの留学生も多かったし、ロシア人と結婚する人も多かった。ロシアとは喧嘩《けんか》しない。東ドイツという存在があったからこそ、ロシアとドイツは歴史的な和解ができたんです。ソ連は東ドイツから相当賠償を絞り上げたんですけど、東ドイツの人たちは「しゃーないな」という感じで、あまり文句を言わなかったんです。

もう一つ、このことは見落とされがちですが、ソ連は、ナチス・ドイツに対して無条件降伏を要求したことはないんです。アメリカ、イギリスが主張する無条件降伏に反対したんです。どうしてかというと、「この戦争はナチスという一部の指導者によるもので、ドイツの勤労者たちは全く無罪だ」という理屈なんです。だから、国民全体で責任を負わせるという方法を取らなかった。その割りには、戦後東ドイツから賠償を取り過ぎたとは思うんですけど、原則論としてはそういう姿勢を貫いた。

それから、東ドイツは複数政党制なんです。ドイツ社会主義統一党がずっと与党ですが、キリスト教民主党もありますし、色々な政党があります。その中で重要なのが、ナチス党が最後の東ドイツに残ったということです。ドイツ国民民主党という名前に改めているんですが、悔い改めたナチスの人たちに政党を持たせたんです。たとえば、案外知られていないんですけど、スターリングラードの戦いでナチス・ドイツ軍の司令官だったパウルス元帥は、東ドイツに帰国してドイツ国民党から国会議員になっています。もちろん、内心では全然悔い改めていません。悔い改めていないんですけど、「ナチスの方は国民民主党へ」ということで、ナチスの連中はみんなこの党へ移ったわけなんです。そういう統治がなされた。

どうして東ドイツはこんな形の複数政党制を採ったのか。複数制の選挙をやるんですけど、実は、議席は最初から割り当てで決まっているんです。だから、複数政党制でも政権交代は絶対ないシステムになっているわけです。そういうお約束だから、とても安心して体制を維持できるんです。そんな意味のない複数政党制をなぜ採ったのか。こういうことだったろうと思います。西ドイツにはキリスト教民主同盟がある、それからナチスの残党も当然いる。その前提のもとで、西ドイツから工作をかけられる可能性がある。その工作がかけられたときに、体制の中でその工作を受け止めることができるようにするということです。非公然の反体制の側に、キリスト教徒やナチスの残党連中や農民や、それらが全部固まってしまうと、それが物凄《ものすご》い力になって、西ドイツはすぐ隣だから、それと一体になって東ドイツが解体されてしまうかもしれない。だから、逆に西がアプローチしてくる入口として御用政党を作っておく。そういうことを考えたんだと思います。ポスト争いや利権構造がある。しかも、その御用政党の中では権力闘争が当然あるわけです。文句は言うんだけども、体制は壊さないという建設的与党になっていってしまうんです。やがてそれはすぐに建設的な与党になってしまうんです。東ドイツはそのやり方で非常に成功した。

今のプーチン政権は、基本的に同じことをやっています。ですから、プーチン政権は共産党なんか潰《つぶ》そうと思えば、いつでも潰せるんです。要するに、脱税かなんかで共産党系の政治家を徹底的に締め上げていけばいいんですから。しかし、そういうことはせずに、一定の文句を言わせるシステムは崩さないで置いておく。一種の人工的野党を組織しておくわけです。だんだん翼賛的なところに取り込まれていく既成の野党組織があって、それがシステムの中の補完システムになる。そう考えてプーチンはやっているんです。東ドイツシステムは、そのモデルになった。そういう意味では非常に面白いシステムです。

ソ連の各国の秘密資金はルーマニア経由だった

それから、チェコスロヴァキアに関しては、もともとチェコとスロヴァキアというのはロシアとの関係が非常にいいんです。どうしてかというと、国境を接していないからです。だいたい、国境を接していないとロシアとの関係はいいんです。だから、ロシアのことを好きなスラヴ系の民族というのは、なんといってもブルガリア人です。ロシアから一番遠いですから。チェコスロヴァキアは「プラハの春」で失敗しました（＊一九六八年にチェコスロヴァキアで起きたこの民主化運動は「人間の顔をした社会主義」をスローガンに広範な市民・知識人が立ち上がった。同年、ワルシャワ条約機構軍の侵攻によって制圧される）。でも、プラハの春の前までは、チェコスロヴァキアには反露感情はあまりなかったんです。

他にロシアが好きなのはセルビア人でしょう。モンテネグロ人もそうです。ちなみにモンテネグロは、一九〇四年に日露戦争が始まったとき、ロシアへのシンパシーがあるので日本に対して宣戦布告したんです。ところが、モンテネグロが宣戦布告したことをみんな忘れていて、ポーツマス平和会議に呼ばなかったんです。モンテネグロも自分たちは宣戦布告したんだということをちゃんとレジスター（登録）するのを忘れていたんで、平和会議に呼ばれずに、日本とモンテネグロとの間では平和条約がないままずっと続いているんです。実質はいつの間にか雲散霧消してしまったわけです。国際法から見れば、とても面白い戦争関係の例なんです。

ブルガリアにしても、こういうロシアから離れたところは、不思議に親露でロシアが好きなんです。どうしてかというと、生身のロシア人をあまり知らないし、国境を接したことがないから、勝手にイメージを描いているんです。ロシア人も、なぜだか状況はよくわからないけれども、自分たちに好意を持ってくれる、そういう人たちは好きになりますよね。それから、ソ連はブルガリアに関しては自らの勢力圏に置いて、日本との関係で特別な地位を与えていたんです。ブルガリアを日本との関係改善の窓口にしようとしていました。だから、ジフコフは日本にもよく来ましたし、ブルガリアを大変な親日国にしたわけです。東海大学もロシアとの交換留学より前にブルガリアとやったというのは、ソ連の世界戦略の一環によるものなんです。

世界戦略の関連で重要なのは、一九八九年にチェコのプラハにあった『平和と社会主義の諸問題』を止めてしまったということです。この国際共産主義運動の交流組織を解体したのは、コミンテルン、コミンフォルム以来の伝統を完全に捨てたということを意味します。ですから、東欧諸国の離脱を認めたということと世界革命戦略の最終的放棄は関連していることが、この事実からもわかります。

それから、世界戦略との関連で、あと一つ、面白いのはルーマニアなんです。実はソ連共産党の世界各国の共産党・労働党への工作・支援というのは、ルーマニア経由で行われていたんです。ルーマニアの世界労連の支部などを使って、そこから各国の組織に裏金を回していました。知られているように、表面上、ソ連とルーマニアは関係が悪かったんです、ニコライ・チャウシェスクとは対立していました。ところが、秘密工作部門においては、けっこう一緒によくやっていたみたいなんです。あの辺のつながりは非常に不思議です。各国組織に対して裏金をまわす工作を、ソ連は、自国が崩壊する最後の最後までやってるんですよ。腐っても鯛《たい》という感じです。

そういう感じだったのですが、遠いところの国々については、一般のロシア人は、好意は持っていても、あまり関心がなかったのが実情でした。チェコスロヴァキアの分離に関しても、一般にあまり関心がなかった。それから、ユーゴスラヴィアとはずっと縁が切れていましたから、ユーゴの分裂にもあまり関心がなかった。むしろ、ユーゴが分裂した後、NATOがセルビアを締め上げ始めた頃から、親セルビア感情と反クロアチア感情がロシアで強まったのが特徴でした。アルバニアに関しては、ソ連はゴルバチョフ時代末期に国交回復するんです。ただ、アルバニアも遠すぎる。

東欧の崩壊をロシア人はどう見たか。ひと言でいうと、ドイツとドイツ以外とに分ければいいと思います。「ドイツ以外のことについてはもう構わない、我々のところよりも遠くに行ってしまった、戦線縮小だ」という感じでした。かなり早い段階にソ連圏の防衛線をソ連邦の維持にまで縮小してしまった。社会主義共同体ということで、東欧まで含める体制はもう考えない。ただ、ドイツに関しては特別で、東ドイツを見捨てれば西ドイツが東ドイツを併合し、そのベクトルがこっちに向いてくるんじゃないか、東欧は草刈り場になってしまうのではないか、という警戒心を強く抱いていました。けれど、東ドイツだけをソ連圏に保持するというのは無理ですから、結局、東ドイツも崩壊し、ドイツ統一へと向かうことになっていったわけです。

しかし、ともあれ、当時のソ連が東欧諸国の離脱を認め、ソ連邦だけで固まって社会主義陣営を防衛していくというラインを引いたのは比較的早いわけで、離脱させまいとしているのに民衆の力でどんどん体制が覆されていった、というわけではない、ということに注意する必要があります。

ところが、東欧を捨てて身軽になったにもかかわらず、ソ連邦内部の民族問題を巡る対立は一層激しくなっていって、連邦維持さえ難しくなっていくのです。その後の展開については、またあらためて検討していくことにしたいと思います。

V 迷走するペレストロイカ

概略と問題意識

宮崎　学

党から国家へ——権力基盤の移行

民族問題を独自に取り出して見てきたが、ここでもう一度ペレストロイカの動きに戻ろう。

一九八九年三月の複数候補制による初めての人民代議員選挙によって、共産党が後退し、代わって改革派やバルトの人民戦線などが進出し、ゴルバチョフは、旧来の共産党から、この改革された国家機構にみずからの権力基盤を移していった。この決定的な転換の後、ゴルバチョフは、やがて、アレクサンドル・ヤコヴレフの線に沿いながら、新しい政治理念を打ち出していく。

それが、一九八九年一一月二六日に発表された綱領的文書「社会主義の理想と革命的ペレストロイカ」である。そこでは「人道的・民主的社会主義」が謳《うた》われていた。ここですでに、それまでの脱スターリニズムだけではなく、レーニン・スターリン型共産主義の理念そのものからの逸脱が始まっているように思える。ここでめざされていたのは、端的に言って共産党全体の社会民主党化ではなかっただろうか。また、そうした方向をゴルバチョフの側近たちはどう考えていたのだろうか。

ここで、共産主義、連邦を守ろうとする部分は、国家解体の危機を感じて結集する。彼らは、この年一二月にソ連共産党ロシア・ビューローを創設、これが翌年のロシア共産党に発展し、守旧派の拠点になっていく。

共産党を離脱したエリツィンと残ったゴルバチョフ

一九九〇年二月、共産党中央委員会総会において、ゴルバチョフは、憲法六条の廃止を言明、共産党の指導的役割放棄という賭《かけ》に出る。党から国家へみずからの権力基盤を移したゴルバチョフにとって、共産党の指導的役割はもはや必要ないと考えたのだろう。それに代わるものとして彼が構想していたのが大統領制であった。実際、この年三月、憲法第六条は廃止され、大統領制・複数政党制を明記した憲法改正が成立。そして、三月一五日、ゴルバチョフが大統領に選出される。ここで統治基盤は党から国家へと完全に移行した。

それに対し、ロシア共和国では同じ一九九〇年五月二九日の人民代議員大会でエリツィンが最高会議議長に選ばれ、続いて六月一二日の人民代議員大会で主権宣言を採択。これはソヴィエト連邦の中核であったロシアが事実上民族国家化して、連邦離脱状態となったことを意味している。続いてソ連邦の各共和国が次々に主権を宣言、もはや連邦再編が必至という状況が現出する。

ゴルバチョフは、ヨーロッパ社民革命という路線に基づきながら、それに対応したソ連国内の政治改革を考えていたが、これに対して、エリツィンは、具体的な改革政策においては対立し、とくに連邦再編を巡っては、ロシア共和国の最高指導者としてソ連大統領のゴルバチョフと対抗するという構図になっていた。

このような構図の対立が頂点に達したのが、ソ連共産党第二八回大会。ここで、急進改革派と守旧派の対決のはざまでゴルバチョフ派は陥没し、みずからの路線を貫徹することに失敗したのだった。その会場で、エリツィンは離党を表明して公然と退場し、大会後には二七〇万人もが離党、政権の求心力が急速に弱まる事態となった。これまでゴルバチョフを支持していた急進的なインテリ層も、この時点でゴルバチョフから離れ、エリツィン支持に変わっていったと聞く。こうして、もはやペレストロイカは風前の灯火《ともしび》となり、共産主義だけでなくヤコヴレフ流の社会民主主義も含めて、脱社会主義の動きが表面化してくる。

このような危機を迎えたのはペレストロイカそのものにどのような問題があったのか、佐藤さんのお話をうかがっていきたい。

混乱期の民衆と政治家群像

佐藤　優

あいまいさを大切にするロシア人

この時期の政治改革については、まず、前章でお話しした民族問題との関わりで、各共和国の主権宣言について見ていくことにしましょう。連邦体制をどうするのかが、この時以降の焦点になっていくからです。

この問題については、一九八六年の民族問題政綱にさかのぼって見ていく必要があります。「政綱」というのはロシア語だと「プラットフォルマ」ですが、プログラムと別に枠組み作りをするということです。これは、ソヴィエトの国家原理と密接に関わることだったのです。ソヴィエト国家が掲げている「万国のプロレタリア団結せよ。万国の被抑圧民族団結せよ」という二つのスローガンは、矛盾していますよね。「プロレタリア団結せよ」ならばプロレタリアート対資本家ですから、すべてのブルジョアジーは打倒する対象となります。ところが、「被抑圧民族よ団結せよ」ならば、被抑圧民族という括《くく》りに入っている限り、資本家と労働者の対立はとりあえず脇に置いといていい、ブルジョアジーとも手を結んでいいということになります。これは矛盾です。

ソヴィエト連邦というのは、「民族」あるいは「国民国家」というものを超越していくという使命を持っているわけですが、それと同時に、被抑圧民族の自決権というものを保障していかなければならないという使命も持っているのです。その意味においては、二面性があるわけです。

そこのところの境界線を、もう一度引き直さなければならないというのがプラットフォルマ（政綱）の作成ということです。

ソ連共産党の第二六回、二七回党大会では、「民族問題は基本的に解決した」としたわけです。ソヴィエト制度のもとで、諸民族の融合と開花が実現できたということになっていた。だが、そうなっていたものが「そうじゃないらしい」ということになってきた。それでは、どこのフレームで整理するのかということになって、プラットフォルマ作りということが出てきたわけです。

この主権宣言にしても、連邦体制の改革にしても、ゴルバチョフに反対する側には、たとえば独立して別個の国家を樹立するというような明確な戦略があったわけではありません。エリツィンにもはっきりした戦略構想はありません。

主権宣言についていえば、エストニア、ラトヴィア、リトアニア、モルドヴァの主権宣言は、本当の独立をめざすものです。それ以外のところは、「ソ連邦の枠内において主権を宣言する」というもので、ロシアの主権宣言にしても同じで、宣言には、「ソヴィエト社会主義共和国連邦の構成員としてのロシア連邦社会主義共和国の主権を宣言する」と書いてあるんです。ソヴィエト連邦というものは各主権国家の自由な結合によってできたと、そもそもソヴィエト憲法には書いてあるわけですから、そのソヴィエト憲法の原則を再確認しただけで、新しいことは何もないのです。ロシアがソ連を割って出るという話ではないのです。

ちなみに、いまロシアは主権宣言をした六月一二日をナショナルデーにしていますが、これは完全に作り話です。

その日は各国の代表団を全部呼んで、パーティをするんですが、「これって本筋からいっておかしいんじゃないの？」と、いま言ったようなことを私がロシア大使に話したんです。そうしたら、大使は言うわけです。

「まあいいじゃないの、そんなに細かく詰めなくても。おたくの日本にしても神武《じんむ》天皇だっていたかいないかわからないけど、そんなことオレたちも詰めないんだから」と。

日本の神話は検証できないような大昔であって、我々のそれは近過去だから、簡単に検証できちゃうんだけども、いいじゃない、そんなこと騒ぎたてないでよ。それよりちゃんとキャビア出すから——とか言って終わりにしてしまう。ロシア人は誰も彼も国民全員が、そんなものインチキだってわかってるんです。「インチキなんだけども、まあいいか」と、「そういうものがないとカッコわるいじゃない」ということです。そういう感覚がロシア人にあるうちは、カッとして摑《つか》み合いの喧嘩《けんか》なんかしないんです。だから、それでいいんじゃないか、と私は納得したんですけどね。

バルト三国の独立は瓢箪から駒

実際には、バルト三国が出した主権宣言にしても一種のデモンストレーションなんです。というのは、ソ連邦の中央が持っていた権限を地方に委譲していかなくてはならない状況の下で、「オレたちは独立するんだぞ、主権を持ってるんだぞ」と言えば言うほど取り分が大きくなるという思惑から、各共和国が競って主権を宣言していただけの話です。ぶん取り合戦のプロセスなのです。主権をどう確立するか、という問題ではなくて、権限配分が変わる中で、それぞれがどこまで権限を取れるか、という問題だったんです。それだけの話です。各国は独立しようなんて気はさらさらなかった。ですから、バルト三国の人たちも、急進独立派を除けば、よもやソ連から独立できるなんて思っていなかったんです。ですから、最初のうちは明確な独立運動ではなかったんです。

バルト三国の人民戦線に関しては、ソ連国民の大部分が無関心でしたが、インテリは大歓迎してました。当初、バルトの人民戦線運動の中心となったのは、むしろロシア人なんです。ロシア人の改革派は、一種の「悔い改めた知識人」というスタンスで、ロシア人がバルト諸国に対して過去にやってきた行動はひどすぎるというところを出発点にしていたわけです。

バルトの人民戦線は、私も中に入って、一緒に色々と議論もしたのですが、あそこには二つの要素がありました。一つは市民主義的な要素、そしてもう一つは排外主義の要素が入っているんです。たとえばラトヴィアやエストニアで企てられた言語法案を見ますと、言語という壁でほかの民族を切って排除していくもので、やり方として非常に排外主義的なんです。そして、その中にはかなり強力な反ユダヤ主義もありました。ロシアと対抗する場面においては市民主義的な要素を前面に出し、国内で権力を建てようとする場面においては排外主義的な要素を前面に出すという形で、二つの顔を使い分けていました。

そのようにして、バルト諸国内部では運動があっという間に民族主義化してしまった。すると、さっきいったような「悔い改めたロシア知識人」はパージされてしまうわけです。

そして、初めは独立運動ではなかったのに、運動が民族主義化して、シンボルを巡る争いみたいな形になってしまう。引くに引けなくなってしまうわけです。そして、そのスパイラルが途中で制御不能になっていってしまったんです。そうすると、瓢簞《ひょうたん》から駒みたいな感じで、当初の意図に反して独立の方向に行かざるをえなくなったということです。もともと、ソ連内部の守旧派は、バルトの運動は独立運動であって、これを許しておけばソ連邦は解体すると言っていたんですが、それが、自己成就する予言みたいな形になってしまったわけです。誰もそんなこと考えていなかったのに予言が当たってしまったわけです。

エリツィンの政治手法はポピュリズムとボナパルティズム

　このように「主権のパレード」状態になっていった頃には、ゴルバチョフ派の基盤がだんだん失われていって、支持の幅がどんどん狭くなってくる。もっとはっきり言うと、ゴルバチョフ派に付いていてもおいしいことがあまりない、ということがわかってきたので、みんなが距離を置いていったということです。もともと、ゴルバチョフ派というのは、ほとんどいなかったわけで、利害でくっついていた部分が大半だった。ですから、急進改革派のほうが儲《もう》かるようだ、そっちに付いていった方が、取り分の切り身が大きくなる、ということになって、だんだん急進改革派寄りになってくる。そういう流れでした。

　そういうなかで、人々の同情がエリツィンに集まったという指摘がありましたが、同情が集まったというよりも、エリツィンがポピュリスト的な公約を出したからです。

「僕がトップになったら肉をたらふく食べられるようにする、僕がトップになったらパン不足はない。僕がトップになったら行列はない。僕がトップになったらみんな卵が食えるぞ」

と彼は言いました。しかも、「僕の妻は行列に並んでいる」という宣伝をして、みすぼらしい店の前でエリツィンの奥さんが行列に並んでいるところをテレビカメラで映したりした。こういうことをやって国民を惹《ひ》きつけたんです。

「本当にエリツィンの奥さんは行列に並んでいるの？」

と私がエリツィンと親しい連中に聞いたら、

「そんなのは大嘘だ」

と笑い飛ばしていました。

エリツィンはポピュリズムの使い方がよくわかっていたんです。国民に、痛みを伴った改革をしなければならないと口先では言う。ところが、立てる公約は全部ポピュリズム的なもので、痛みなんかどこにも感じないような公約ばっかりなんですよ。「私は確かに国民のみなさんに嫌なことも言います」と言っているんですが、実は嫌なことは何一つ言ってないし、実施していない。こういう言葉の使い方が非常にうまい人でした。

ゴルバチョフは、話せばわかる、理性に訴えればわかる、と最後まで確信していました。「ソ連にはソヴィエト的な人間ができていて、ソヴィエト的な人間は、私の言うことを理解してくれる」と信じていた。ところが、エリツィンは、「いやいや、そんな理想的な人間はいない。人間はきっと悪いことをするに違いない」というような現実的な認識に立っていた。だから、巧みに言葉を操って、人間のそういう部分に食い込んでいったんです。

しかも、全然違う立場に立っている勢力、本来ぶつかるはずの勢力を、一種のボナパルティズム手法を使って、すべて味方に付けるというレトリックを作ることに彼は成功しました。

たとえば、エリツィンの下には、一方で極端な西欧派が糾合されました。サハロフ博士に繋《つな》がるような人たちのグループです。ところが、もう一方で、「ロシアは聖なるロシアに戻れ、西欧の悪影響を排せ」というロシア正教会の人たちの支持も取り付けていたわけです。

こうして、本来敵対するはずのこの二つのグループが、両方ともエリツィンを熱心に支持していたんです。

それから、後に金融資本家になるチュバイス（＊ガイダルとともに急進市場改革を行ってエリツィン政権の「摂政」の異名を取る。母親はユダヤ系）のような人、ＩＭＦ路線でロシアの国際化をしていこうという人と、市場保護をできるだけやって軍産複合体を守ろうというサスコヴェッツのような人。これも本来敵対すべき勢力です。それを両方とも糾合してしまう。

そういうことを成功させてしまうエリツィンの手法とはどういうものだったのか。それは、大統領になってからのやり方を見れば、わかります。エリツィンは、お互いに敵対するグループに、たとえば対日関係を改善するにはどうしたらいいか、という同じ課題を与えるんです。そして、競わせるんです。同じ課題を複数の勢力に与えて競争させるんです。そうすると、お互い目つきが悪くなってくるけれども、しかし基本的に上だけ向いて忠誠の競争を続けるんです。そうしておいて、適時、バランスを考えながら意見を採用する。そうすると、「今回は負けたけれども、次はぜひオヤジに採用されたい」という気持ちがあるものだから、みんな頑張る。そういう手法で、結局ずっとやってきました。

そういう手法をエリツィンはどこで身に付けたのか。

エリツィンは手に障害があるんです。子どものときに、手榴弾《しゅりゅうだん》を拾ってきてハンマーでぶっ叩《たた》いて壊そうとしたら爆発して、そのとき指がぶっ飛んだんです。手に障害があるから、軍隊にも行けないし、技術学校を出たけど技師になれなかった。けんかは凄《すご》く強かった。

それで、彼は土木建築の建設現場からスタートしているんです。そこで、どうやって納期に合わせて完成させるか、手抜きでぶっ壊れないようなものをどう造るか、そういうところから始まって、人の手配、工事の段取りのエキスパートになっていった。そういうふうに、土建からスタートして党の幹部になっていった人なんです。

とくに、当時のソ連では労働力が不足していましたから、手配師的な仕事が非常に大事だったんです。人集めと段取りの付け方がいかに上手《うま》くできるかによって建築業は評価された。エリツィンにやらせたら、納期までにちゃんとできると、そこが買われて彼はのし上がってきたんです。エリツィンの人の操作術は、建築業の中で培ってきた手法だと思います。外交でも、対日交渉を見ても、段取りが非常にうまかった。

それから、エリツィンは、そういう障害があるから、意外と人見知りで、またどういうわけか、親族にはドライなところがある人でした。しかし、人間的には熱いところがあって、いろんな面をもった不思議な人間です。

乱立したミニ政党はほとんどがペテン師か詐欺師の集まり

それから、政治改革に関連しては、複数政党制になりました。さらに一九九〇年一〇月には社会団体法によって結社の自由が認められたので、たくさん政党が出現しました。ソ連にも民主主義政治がもたらされたかのように言われましたが、これらの政党は、実は基本的にKGBが作ったものだったんです。

たとえば、ジリノフスキーの自由民主党なんていうのは、東ドイツ方式です。いや、東ドイツ方式よりももっと悪質でした。要するに、ソ連共産党以外にいくつか泡沫《ほうまつ》でロクでもない政党を作っておいて、ソ連共産党がいかにもまともに見えるようにするという仕掛けです。ジリノフスキーの自民党結党は、そういう偽装的な多党化政策の一環でした。ところが、それが瓢簞から出た駒みたいになってしまったということです。

そもそも複数政党制といっても、ゴルバチョフが当初考えていたのは、共産党と社会民主党の二大政党みたいな状態にすることでした。左翼二大政党制です。資本主義に戻すことを掲げる政党なんて、当初は想定外だったわけです。ところが、成り行きで完全な複数政党制を標榜《ひょうぼう》しなければならなくなったので、私的所有を認める選択肢もあるという流れになってしまったんです。だから、資本主義政党も作らなければいけない。だけど、そういう党を作るんだったら、それは徹底的に腐敗しているような、いい加減な人間にやらせといたほうがいい。そこで、ジリノフスキーに目を付けたわけです。

それと同時に、たとえばロシアキリスト教民主運動とか、ロシア社会民主党とか色々なものができるんですが、これらの政党のミソは西側の政党と同じ名前を付けたところにあったんです。それで、西ヨーロッパの本家の政党にお小遣いをもらいに行くわけです。ドイツのキリスト教民主同盟に行って、「今度できたロシアのキリスト教民主同盟です。よろしくお願いします」といえば、一〇〇〇ドルか二〇〇〇ドルぐらいはすぐくれて、コンピュータも一〇台ぐらい一緒にくれるわけです。それを転売して、しのぎにする。

実はキリスト教民主運動という政党については、私が創設に若干関与しているので、よく知っているんです。モスクワ大学の無神論学科の関係でポローシンという男と知り合ったんです。ポローシンは、モスクワ大学の哲学部社会学科でマックス・ウェーバーをやっているうちに宗教に関心を深めて、軍歴のあった予備役将校だったにもかかわらず、神父になりたいと言って神学アカデミーに進んだんです。そのあと坊さんになってキルギスに行ったんですが、本人の弁では、キルギスでイコンの密売をしたというでっち上げ嫌疑をかけられた。だけど、関係者に言わせると確かに売っていたという話。そういう妖怪坊主なんです。その密売嫌疑で外されたんで、これはもう反体制側に行くしかないということで、反体制でしのいでいた。それで、そいつから政党運営について聞かれたので、色々相談に乗ったんです。ドイツのキリスト教がどうなっているのか全然知らないから教えてくれ、とか言うんで教えてやったわけです。

ポローシンが相棒として引っ張ってきたのが、ヤクーニンという名の坊さんで、これは改革派で有名な人物と言われているんですが、その一方で有名な同性愛者なんです。ロシア正教会には同性愛者がとても多かったんです。それともう一人はアクシューチッツという男で、この男は大学を出たあと税関に勤めていたんですが、ポルノ本かなんかくすねて、それの転売をやっていてクビになった。それを、言論・出版・表現の自由を守るための犠牲者だという話にして、浮上してきた。このアクシューチッツが言うには「オレの好きなものは三つある。宗教と金と女だ」と。そんな連中が集まって作った政党が、キリスト教民主運動というわけなんです。

それで、さっき言ったように、西側諸国に行って、各国のキリスト教民主同盟とかキリスト教社会党とか、とくにドイツでは地方政党までぐるぐる回る。ロシアにおけるクリスチャンの悲惨な状況とかを訴えて、ぐる〜っと回ってくると、あっという間に三万ドルとか稼げてしまう。「これはなかなかゼニになる」というわけです。当時、モスクワだったら一ヶ月三〇ドルあれば暮らせますから。往復の旅費の面倒を見てくれて、しかもお小遣いまでくれるんだったら、「新党の結成だ」といってアパートの一室で党結成大会開いて、ウオッカかなんかを飲みながら集まって、いい加減な文書一枚作って、国際連帯をしたいと言って持っていくと。こういうやり方ですよ。キリスト教民主運動は、その資金で買収選挙やって、国会議員を四人出しましたからね。

そういうペテン師政党みたいなのが、このときに山ほどできたんです。当時の政党リストを持ってますけど、それを見ると全部で三〇〇政党ぐらいありました。

それから、ロシア民主党というのができたんですよね。トラフキンという人間がいまして、中学校卒業した後に建設工になって、現場の責任者をやっていた。弁舌は非常にさわやかです。さわやかといっても、とにかく建設的な批判は一切行わずに、人のスキャンダルを見つけてきてはテレビの前でしゃべるだけでした。奴は、ロシア民主党という一つの政党の党首になって、十何人も国会に送り込みましたよ。

トラフキンのやり方は、いちばん強い者とは絶対に喧嘩《けんか》しない。そして、いちばん強い者の庇護《ひご》のもとに二番目か三番目と喧嘩する。常にそういうスタイルなんです。当時、世界でいちばん高い〝さくら〟という日本食レストランがあったんですよ。寿司《すし》七〇〇〇円、幕の内弁当八〇〇〇円、天ぷらそば四〇〇〇円というような法外な値段です。そこにトラフキンを連れて行くと、とにかくリスト見て一番高いメニューを頼む。そういう品性の人で、これが民主派の代表の一人でした。

悪い奴の話だったらいくらでもあります。前にも名前が出ましたが、モスクワ市長で改革派の雄であるガブリエル・ポポフさんというギリシア人もそうです。背が低くて太って白髪の改革派経済学者。ギリシア人っていうのは、ロシアに結構いるんですよ。どうしてかというと、もともと黒海沿岸にギリシア人がたくさん散っていたんです。とくにロシアの領土にいた黒海沿岸のギリシア人たちが、トルコからの独立運動、ギリシア建国をやるんですよ。その縁もあって、由緒正しきギリシア人は結構ロシアに散在しているんです。

このポポフさんは改革派経済専門家と名乗ってますが、経済理論の専門家というより経済実践の専門家で、実にお金儲《もう》けがうまい。このポポフさんも彼周辺の人も「経済活動は実践しなきゃダメで、理論と実践の有機的統一だ」とかいつもおっしゃってました。

それで、合弁法とかで自分でも色々と作っているうちに、モスクワ大学に匹敵するソ米大学というのを作るわけです。ソヴィエトとアメリカ双方で大学を作るんですが、大学の土地と建物はソ連が用意する。人件費、そしてコンピュータと箱物を作る一部はアメリカが出す。それで、一緒に大学を作るんですよ。大学のキャンパスとしては、モスクワ郊外の一等地で慶応の日吉《ひよし》キャンパスの四倍ぐらいあります。ところが、待てど暮らせど本格的な大学にならないんですよ。結局、この大学構想は止めちゃって、廃業するんですよね。それで、名前は大学なんですが、大学の調査センターを一つだけ残して、実際の大学にはしないんですね。ところが、いつの間にかその資産がポポフさんの個人所有になってしまったんです。そうしたら、ある日突然、自発的に市長を辞任してしまうんです、「後進に道を譲りたい」とか言って。そのあと市長になったのが土建屋の親分さんで、ルシコフという人なんですけどね。

そういう話ならいくらでもあります。

私はそういう中で民主派の連中と付き合ったので、入口のところを知っていますから、どうもダメなんですよね。草の根から出てきた民主運動の中で、品性のいい奴なんて一人もいなかった。だから、「ペレストロイカによって草の根民主主義の運動が噴出してきた」なんていう評価はまったく信じません。実際は、そんなものではありませんでした。

ただ、共産党離党派の共和党という党がありましたが、これは非常に良質な部分でした。しっかりした人たちの多い、インテリの政党でした。本格的政党にしようとしていたのは、この共和党だけです。それ以外はみんな別のしのぎのためにやっていたわけですから、本格的政党なんかできるはずがないわけです。

ゴルバチョフが党事務所からクレムリンに移った意味

そして、一九九〇年三月一五日、ゴルバチョフが大統領に選出されたわけですが、ここで権力が党から国家へと明確に移ったということになります。

党から大統領に権力が移動するということは、権力の場所が物理的に移動することなんです。車で三、四分の移動距離しかないんですが、権力のある場所が変わる。ソ連共産党中央委員会というのは、帝政ロシア時代の二級ホテルの建物なんです。だから執務室も、普通の官僚の執務室なんてもう、ほんの小さな部屋で、扉もボロだし中もでこぼこで、納戸みたいな所なんです。ソ連共産党書記長の部屋も小さくて質素なものでした。スターリンにしても、ブレジネフにしても、党書記長として執務するときはここだったんです。

党の建物ってえらく質素なんです。ちなみにKGBの建物だってそういう造りで、すごく質素なんです。ちょうど日本の財務省の建物がオンボロで質素なのと同じです。ところがクレムリンは文字通り、御殿です。以前は何かセレモニーがあるときに行くところだったんです。

ゴルバチョフが、党書記長から大統領に変わったということは、居場所が国民の目線に非常に近いような共産党中央委員会の建物から、金ピカで美術館のようなクレムリンに移ったということなんです。歴代の党書記長というのは、質素な環境の中で仕事をするというスタイルでしたが、ゴルバチョフは、絢爛《けんらん》豪華なきらびやかな、ほんとに下品な金箔《きんぱく》貼った部屋、そういう中で仕事をするのを好んだんです。国家に中心を移すというのは、実はそういう意味を持っていることだったんです。

ロシアの場合、どこに権力の実体があるか、ということが重要で、それは場所と関係するんです。その場所が、その人の世界観に凄く影響を与えると思う。どういう場所にいると居心地がいいのか、ということがその人のパーソナリティを規定する。たぶんゴルバチョフはそういう場所にいるのが一番居心地が良かったんでしょう。

その後、ゴルバチョフ以降の指導者はみんな、クレムリンの奥の院から出てこなくなってしまった。そこが、これまでの共産党書記長との大きな違いなんです。

しかも、もう一つ大きな意味がある。というのは、共産党中央委員会の建物にいると、一般の職員が近くにいるわけです。ですから、執務室の廊下とかで、けっこう、「やぁやぁ」といって話したり、ついでにそいつの部屋に行って話し込んだりとか、そういうことができるわけです。「ちょっと教えてくれ」といって、話を聞ける。ところが、クレムリンの奥の院となると、たった一人で、そこは中世の王様の部屋みたいに、いくつもの扉を開けないと入れないんです。そこで完全に情報交換がシャットアウトされてしまう。だから ある種の側近グループにとっては、できるだけクレムリンにいて欲しいんです。共産党中央委員会にいるということは、実は情報を現場から取れるということだったんです。

そういう意味では、大統領になって以降、ゴルバチョフは民衆からも第一線で活動する人たちからも隔離された場所に閉じこもったということです。

ソ連末期には三種類のエリートがいた

話を政党の実態に戻しますと、ペレストロイカとか政治改革とかいっても、あるいは民主派とか、急進改革派とかいっても、内実はそんなものだったのです。

それで、あるときエリツィンのブレーンであるブルブリスに、「この情勢、現状をどう分析しますか」と訊《き》いてみました。

そしたら、ブルブリス先生は、こう言うんです。

「今の状況の下、ソ連には三種類のエリートがいる」

「先生、なんですか、それは？」

「一番目のエリートは、〈ソ連共産全体主義体制のエリート〉だ。このエリートは古～い機械というのはうまく動かすことができる。しかし、新しい時代に適応するとか、そういう発想は全くない。この連中は改革の障害になっているんだが、レーニンが言ったように、こういうような官僚たちとか技師たちは使っていかなければならない。次に、第二のエリートグループがある。これは、いわば〈偶然のエリート〉だ」

「どういう人ですか？」

「オレだよ、オレ。オレたちみたいな奴だよ」とブルブリス先生は言うんですよ。

「先生、それはどういうことですか？」

「民主運動での繋《つな》がりとかエリツィンの地縁とかいうことで偶然エリツィンの側にいて、エリツィンが勝ってしまったから下のほうの世界からいきなりぐっと上に引き上げられた連中だよ。この連中は、そのときの政治的な遺産だけで食っている。何かやりたいと思っても、機械を動かす能力がない。しかも、低〜いところから急に高いところに来たんで、特権にしがみついてそれを手放したくない。特権に執着する点では一番目の全体主義エリート以上だ。この二番目の〈偶然のエリート〉が、別の意味で、改革の大変な障害になっているんだ」

「それじゃ、第三のエリートというのは？」

「そう、この第三のエリートを育てないとロシアは潰《つぶ》れる。三番目のエリートというのは〈未来のエリート〉ともいうべきもので、今の十代後半から二十代の連中だ。それより上の世代の連中は、みんな、多かれ少なかれ旧いソ連の垢《あか》が染み付いた過渡期の人間だ。そうした人間たちに代わってもらうために、この十代後半から二十代の連中を、いま勉強させている。西側にも出てもらう。それで、市場経済の仕組みもわかって、民主主義というもののおかしいところも、西側のものの考え方や思想の問題点も全部わかったところで、彼らが表に出てくる。少なくとも一〇年はかかる。とりあえず、産声が上がるまで五年。どうにか表で働けるまであと五年はかかる。

この〈未来のエリート〉をどうやって育成していくか。そこで重要なのが、一番目のエリートと二番目のエリートは狼だということなんだ。オレを含めて、みんな狼なんだ。それに対して、この三番目のエリートはまだ小さな子羊だ。狼が腹を空かしたら、子羊を食っちまう。だから今は、狼もお腹いっぱいで、子羊が食われないという状況を作りながら子羊を育成しないといかんのだ。そうしながら、オレを含む狼たちを徐々に舞台から外に出さんといかん。これがいまロシアの政治家にとって最大の課題だよ」

彼は、そのように言っていました。

「エリツィンを含めて、オレたちがどうやって上手に去っていくか、ということが課題なんだよ」とまで言うんです。

エリツィン・グループが優れていたのは、このように、自分の能力に限界があることに気付いていた点なんです。自分たちが過渡期の人間だということを、彼らは自覚していたんです。そしてそういう自己認識を、諧謔的《かいぎゃくてき》なセンスで表現できるブルブリスのような人間がグループの参謀だったわけです。

「オレ自身が偶然のエリートだ」というのは正しい見方ですし、それを自分で言えるというのは、政治家としてのレベルが高いと思いました。しかも、みんなで未来のエリートを育てよう、などとただ言ってもダメで、子羊である未来のエリートが食べられてしまわないように、狼である既存のエリートたちの腹を空かせてはいけない、という認識も卓抜です。モラルによって子羊を育てることはできない、ということがわかっているんです。

確実に育ってきた未来のエリート

それで、その未来のエリートは、いまプーチン時代にどうなっているかというと、確実に育ってきているわけです。だから、ロシアの経済は伸びているわけです。

それから外交でもそうです。何度も強調しますけど、ロシアの偉大さは、中国と日本の間でこれだけグチャグチャになっている「新しい歴史教科書」の問題でも「靖国問題」でも、ひと言も言わないことです。ロシアは鈍感なわけではないんです。よく見ているんですが、そういうことは言ってはいけないとエリートが思っている。その雰囲気は、国民にも伝わって浸透しているんです。

北方領土問題でも、いま少なくとも歯舞《はぼまい》・色丹《しこたん》の二島を引き渡すと言っているわけじゃないですか。確かに国内では「けしからん」と言って議会で決議をしたり、サハリンでは集会をやったりするわけですが、しかし、日本総領事館に石を投げる奴は一人もいないんですよ。サハリンで町を歩いて一人一人に聞いたら全員反対ですよ。けれど、そういうエキセントリックな行動はしないんです。その成熟した環境というのは、この一〇年でできたものです。一〇年前はロシアの日本大使館にデモ隊が押し寄せてきました。

それではどうして、この一〇年で変わったのかというと、今のロシアでは昨日よりも今日のほうが生活が良くなっているという状況があるわけです。そして、今日よりも明日は良くなっている。インフラも良くなっている。石油王を捕まえたといったって、資産を海外に流出させていた石油王を捕まえて、国でその金を取って、上の方の身内である程度分配して、しかしそのおこぼれは確実にインフラ整備になっているんです。目に見えて道路が良くなっているんです。

それから、ソ連が崩壊した後も、冬場に餓死をした人間は一人もいない。シベリアという土地では、食糧を六ヶ月分備蓄しないと生活していけないし、燃料も備蓄しなければならない。それでも、あの広い国土で一ヶ所もそういう問題が出てない。生活がだんだん良くなっているんですね。そうすると、政治的な不安定は良くない。と国民が骨の髄まで思い始めている。

そういう新しい段階、新しい時代を支える新しいエリートが出てきています。

プーチン大統領のネックはチェチェン戦争

それから、政治に対する根本的な考え方の違いがあります。ロシア人というのは、選挙に関しては、まず悪い奴を何人かリストアップする、それで一番悪い奴をとにかく落とす。

その中でよりマシな奴を選ぶという消極的選択という発想なんです。プーチン大統領も、そういう選択によって生まれた大統領です。ロシア人にとってはプーチンも消極的選択の結果なんです。

しかし、考えうる中で、彼が一番害をもたらさないという点についてはロシア国民の八割はコンセンサスがある。エリツィン時代から新しい時代への転換のためには不可欠な人だという認識です。ソ連が解体されてロシアは小さくなってしまって、たくさんの民族紛争が起きたけれども、その結果、今得た相対的安定というものに対しては、ロシア人は、文句は色々あるんだが、この程度で仕方がないだろうという突き放した見方をしています。そして、インテリたちはどんどん国内亡命の世界に入っていく。街頭に出てこないんです。

「我々インテリとしては本を読んでいる方がいい。仲間内でウオッカを飲んで、とりとめない話をしている方が楽しいし、土日は自分の菜園をちゃんと耕してトマトとかキュウリを作っている方がいい。そっちの方が政治より面白い」

今、インテリたちはそういう境地に入ってきています。

そして、夏休みは昔と違って国内旅行じゃなくて、結構安いツアーでギリシアとかトルコとかに行けるようになったんです。労働者も含めてみんな、そういうことに一番関心を抱いているんです。そういう意味では安定した社会になってきています。

ですから、ロシアは、共産主義イデオロギーをもとに動いているといった感じではありません。しかしそれはソ連崩壊後にそうなったというわけではなくて、すでにブレジネフ時代にできていたんです。そして、それがソ連では共産主義だと考えられてきた社会なんです。そして、それは確かにある意味でコミュニズム社会だと思う。

人々は安定を非常に求めていて、ロシアの外に対しては好奇心半分で覗《のぞ》くという程度に抑えていて、手を突っこんでガシャガシャしない。そういう感じの文化が定着しています。それはすでにブレジネフ時代にあったものだと思いますが、それが復活して、より強固なものになった。ですから、変な言い方ですけど、ブレジネフが、チェコに軍隊を送らず、アフガンに軍隊を送らなかったら、だいぶ違っていたと思います。まだブレジネフ体制が続いていたと思います。

ということは、プーチン政権の一番のネックは、今チェチェンで戦争を起こしていることだということになります。とにかく今のロシア人は戦争が嫌いなんです。これは、第二次世界大戦で殺され過ぎたんで、反戦というプロパガンダを徹底的にやりましたから、骨の髄までこれが染み込んでいるんです。

だから、ロシア人の発想からすると、たとえアメリカに同調しなければならない場合でも、イージス艦の派遣だとか、イラクへの多国籍軍の派兵とか、そういった発想は絶対に出てこないんです。それは、ソ連がアメリカと対抗して何かをやろうとしているからじゃありません。

プーチンは、ちゃんとわかっているんです。国民の中の反戦気運、厭戦《えんせん》気分をよく知っているし、そういったことに巻き込まれたら権力基盤が弱くなるということが、よぉーくわかっているんです。

ロシア人っていうのは面白いところがあって、ナポレオンが攻めてくるとか、ナチスが攻めてくるとか、攻めてこられると意識したときは物凄《ものすご》く強いんです。しかし、自分の方から攻めていくときは弱い。ですから、防衛戦争に強く、侵略戦争に弱い軍隊なんです。それは国民の空気の反映なんです。

現在のロシアの話になってしまいましたが、こういうロシアの政治社会の特質がわかっていないと、なぜペレストロイカの政治改革が失敗したのかもわからないのです。

笑える物不足パニックの背景

さて、話を経済改革の方に移して、当時のソ連の経済状態を見ることにしましょう。

一九八八年六月の第一九回全党協議会以降、急速に物資欠乏がひどくなったんです。全党協議会のとき、外務省のプレスセンターには外交官とジャーナリストしか入れないのですが、そこの売店に石鹸《せっけん》があったのでまとめて買った記憶があります。町から石鹸がなくなっていました。それから、前に申し上げたように、密造酒の関係で砂糖はすでになくなっていました。経済統制が強まって砂糖はこの年に配給制になりました。ちなみに、砂糖の配給は一ヶ月一人当たり二キロで、九月から一二月までは四キロあるんです。ですから、四人家族だったら一六キロもあるんです。これでは、むしろ食生活での砂糖の摂《と》り過ぎのほうが問題なわけで、「物資窮乏」といっても、そのレベルの話だったのです。

だけど、不安心理によって買い占めが広がって、物不足がひどくなっていったんです。みんな別荘を持ってるから、そこに備蓄しようというんで、一〇〇キロ、二〇〇キロと砂糖を買っている。そうしたら、さすがに欠乏しちゃうんですよ。しかも、その砂糖で大量に酒を作りだしたら、砂糖はいくらあっても足りない。塩もなくなる、タバコもフィルターがないからなくなる。これは生産連関がよくないせいだと思うけど、ナベ、カマ、衣類もなぜかなくなってしまう。そうすると、さらに不安が強まってくる。

当時、これはゴルバチョフ改革を潰《つぶ》そうとする守旧派の謀略だという説が流されましたが、私はそうは思いませんでした。そうではなくて、ブレジネフ時代を通じてずっとあった「明日は今日より良くなるかどうかわからないけれど、悪くなることは絶対にない」という関係、それを信じていい状況が初めて崩れたこと、明日は今日より悪くなるかもしれない、いやきっと悪くなるに違いない、という不安こそが、この物不足パニックの背景にあったと思うんです。具体的な不安ではなくて、そういう漠然とした、しかしかなり強い前途への不安が、人々を仮需要に走らせたのだと思います。

それで、国定価格制度を維持したまま、物はほとんど出てこないという状態になっていったわけです。インフレにはならないんですが、行列という形でそれが表われるんです。

そういう状況の中で、確かに政治の自由化は進められているが、生活不安、社会不安が高まってきて、ゴルバチョフ政権に対しても、「もうおしゃべりはいい、それよりも日々の生活をもう少し安定させてくれ」という感じになってきたというのが一九八九年の雰囲気でした。

そして、経済状態は、翌九〇年になると、むしろ好転してくるんです。というのは、腹を括《くく》ってかなりの外貨を使って西側の物資を買うようになったからです。

政治的に一度死んだ男・エリツィン

経済の悪化に伴ってゴルバチョフに対する反感が高まり、エリツィンに期待が集まったというのは、その通りです。

エリツィンは、政治的にいったん死んだ男です。一九八七年一一月にモスクワ市党第一書記を解任されたときです。エリツィンの手記を読んでいただいたらわかりますが、そのとき、ゴルバチョフ自身が、「君は二度と政界に戻ってくることはないよ」とはっきり言い渡して、ソ連国家建設委員会の第一副議長にしたんです。そうとういじめたんですが、モスクワからは追放せずに、今で言うところの建設省の次官にしたんです。温情をかけたんでしょう。なぜなら、ゴルバチョフの心情はエリツィンに近かったわけですから。要するに、ゴルバチョフにしてみれば、「僕とあなたは考えていることは一緒なんだけど、あなたはやり過ぎた。敵を作り過ぎた」ということです。守旧派のリガチョフたちがエリツィンを激しく攻撃したんですが、そのときゴルバチョフの心情は、明らかにリガチョフの側ではなくて、エリツィンの側にありました。しかし、「お前はやり過ぎる、もう少しみんなと仲良くしろ。それができないんなら、政界にいられないぞ」ということです。

　そうやっていったん失脚したものの、まだ命脈は保っていた。そういうエリツィンの周りに、三つのグループが集まってくるんです。一番目のグループは西欧的な急進改革派です。インテリを中心にしたコスモポリタニズムに近い世界観を持った人たちです。二番目のグループは、ソ連からの分離独立を主張するバルト諸国の人民戦線だとか、ウクライナの分離主義者などの人たちです。それから三番目のグループというのが、ロシアの中で最も保守的な傾向の人たちです。とくにロシア正教会の中の保守派、極端な民族主義者、反共民族主義者。この三つが、とにかくゴルバチョフは嫌だという一点において、エリツィンをシンボル化してしまうんです。この三つの勢力が集まることによって、エリツィンは非常に強くなるんです。

　このようなエリツィン勢力の擡頭《たいとう》が経済悪化と重なって、国民の期待を集めるようになっていったわけです。

ソ連では社会主義経済学が「近経」、資本主義経済学が「マル経」？

　そういう経済悪化を背景にして、他人の労働の搾取に立脚した私的所有は認めないけれど、自己の労働に立脚した個人的所有は認めるという所有制度改革が行われましたが、これは、要するにこういうことだったんです。

たとえば、ロシア語で「ペルソナーリナヤ・マシーナ」というと、これは個人使用車ということで、たとえば小林さんという人が会社の黒塗りの車に乗っていれば、それは「ペルソナーリナヤ・マシーナ」なんです。それに対して、私有車「リーチュネーナヤ・マシーナ」は、小林さんの自家用車になります。そういう違いなんです。だから、「ペルソナーリナヤ・プストヴァンノスチ」つまり個体的所有なり、個人的所有ならばいいんだと。だから、「ペルソナーリナヤ・マシーナ」として自分がとりあえず使っていていい、しかしこれは会社のものなんだ、国家のものなんだと。そこのところをきちんと区別していればいい、ということなんです。

これについては「『資本論』『経済学批判要綱』の〝個体的所有の再建〟を理論的根拠にしていたのではないか」と言われますが、ソ連では、『資本論』はほとんど読まれていなかったのが実態です。ましてや『経済学批判要綱』は言うまでもありません。ソ連では、経済学を資本主義経済学と社会主義経済学に分けていましたが、面白いことに、日本風にいえば、資本主義経済学が「マル経」(マルクス経済学)で、社会主義経済学が「近経」(近代経済学)なんです。つまり、資本主義経済学というのは、資本主義を対象とする経済学だから、マルクスの学説を使って、資本主義にはこんな本質的矛盾があるから、行き詰まって崩壊するということを明らかにすればいい。社会主義経済学は、社会主義を対象とする経済学で、社会主義社会というのは、もはや搾取と収奪のない社会だから、近代経済学の手法を使って政策を建てればいいんだ、ということなんです。そこには、マルクスが『経済学・哲学草稿』を始め、『資本論』にいたるまで最も重視して追求した経済哲学の観点が全く欠落しているんです。これが、ロシア的なものなのか、あるいはレーニンにあった独特のプラグマティズムに由来するものなのかはわかりませんが、そういう理論的態度でしたから、マルクスの「個体的所有の再建」を本気で研究して、それに基づいて構想した、というようなことはなかったのではないか、と思います。

ともかく、こういう私的所有と個人的所有の区別だてをして、個人的所有を認めることで経済の活性化を図っていこうとしたんですが、現実にそれをやったら、個人的所有と私的所有の境界線なんてあっという間になくなるわけですよ。社会的所有の財産をくすねるわけです。個人的所有から私的所有に財産を変えていくわけです。

「いや、それは財産をくすねたんではなくて財産を民営化したんだ」と、現在のロシア人なら言うでしょう。民営化はルールに従ってやっている以上、ルールの中で誰がどう動いたか、という話だから、別に問題は何もない、というわけです。

だから結局は、早く気が付いた者、早く実行した者、声の大きかった者が勝ち組になったわけです。そして、早く実行した者、声が大きかった者は、大財閥になったんです。おとなしくて気が弱かった人間は昔のままの生活をしている。それだけの違いなんです。ただし、賢い奴、声の大きい奴、手の早い奴はたくさんいたけれど、実際に実行した人間のうち、一〇人のうち九人までは死んでいます。利権をめぐる抗争で殺されている。だから、文字通りハイリスク・ハイリターンの世界だったんです。

このようにして、今のロシアの資本主義ができたんです。リスクを冒さずにおとなしくしていた人たちは、成功した人たちをうらやましいと思うんですが、その成功した人の陰には、たくさん沈んだ人、殺された人がいますから、どちらがいいかは簡単には言えませんね。

この頃は、まだ序の口で、ソ連崩壊後の一九九二年から、こういうプロセスが熾烈《しれつ》に展開されるわけです。だけど、それをスタートさせたのが、このときの所有制改革です。事実上、私有制度を復活させたわけですから、ここが出発点です。

恐怖のハイリスク・ノーリターンの世界

僕も親しくしていた、ジュラヴリョフというモスクワ建設銀行の頭取がいて、彼はブルブリスのタニマチ（後援者）だったんです。その銀行家たちが「日本に研修に行くから頼む」とか言って、けっこう無理して送りだしたりしてたんです。しばらくたって、モスクワに出張したときに、ブルブリスに、

「ジュラヴリョフさんはどうしました？」

と尋ねましたら、

「どのジュラヴリョフだ」

と、とぼけている。

「先生のタニマチだった、あの……」

すると、ブルブリス先生はこう言うんです。

「死んだよ」

「どうして死んだんですか？」

「家に帰ってきたところでズドン。マシンガンで待ち伏せしている奴がいたんだ。蜂の巣にされた。あのな、オレはあいつとは関係ないからな。お前もよくそこのところは憶《おぼ》えておけ。余計な名前を今後出すんじゃない。今日は二人だけだからいいけど、第三者がいるときに余計な名前を出さないように」

「はい」

と、こういうふうに言ってましたよ。これがロシアの中で最もクリーンな政治家で、急進改革派の参謀ですから、推して知るべしです。

それから、モスクワでおいしいお寿司《すし》を出すので有名なスラヴィヤンスカヤ・ホテルというのがありまして、アメリカのラディソン系ホテルで、ビル・クリントンはロシア訪問のさい、いつもそこに泊まるんです。そこは合弁で、アメリカ側の経営者はアメリカ人だったんですけど、ロシア側の経営者はロシア人ではなくチェチェン人なんです。このアメリカ人経営者が、ホテルの前の歩道を地下鉄の駅の方へ歩いていたら、マシンガンを持った男が突然現れて、完全な蜂の巣というか、ズタズタの肉片にされちゃったんです。私がある金融資本家に、殺されたその人物について質《ただ》しましたら、「あの男はアメリカ人でちょっと気が短かったからな。気が短いヤツは命が短い」と言われました。

そのとき私と同じ研究所にいた連中で、小さい二LDKのアパートに住んでいるような人たちがいたんです。そういった連中は飲みながらこう話すんです。

「やっぱりローリスク・ローリターンでいいよね。ハイリスク・ハイリターンは怖い」と。

当時、ロシア人がよく私に言っていました。

「ハイリスク・ハイリターンというのはなかなか大変だけど、ロシアではもっと怖い世界がある。実はハイリスク・ノーリターンという世界があるんだ。オレはこのハイリスク・ノーリターンにだけは絶対にはまらないように気を付けている。必ず戻ってくるかどうか、よぉーく見極めなければだめだ。ハイリスク・ローリターンでもいいから、リターンがあればいい。怖いのはハイリスク・ノーリターンだ。その世界に掴《つか》まってしまうと、最後には自分から、お金を払うからどうか許してくださいと必死に頼むということになる」と。

子供の目標、男子「マフィア」、女子「売春婦」

この頃からロシアでマフィアが大量に出てきたんです。以前から少数ですが、マフィア組織はありました。ブレジネフ時代からずっと、マフィアっていうのはあるんですが、それが一九八八年、とくに八九年あたりから激増したんです。

　マフィア特有のスタイルというのがあったんですね。ジャージにスニーカー。当時の漫画を見ると、マフィアっていうと、みんなジャージを着てる。どうしてかというと、当時のソ連ではアディダス（adidas）のジャージって物凄《ものすご》く高かったんです。それからプーマ（PUMA）のスニーカーも超高級品でした。当時はアルマーニの背広なんて手に入りませんから、一応手に入るところで、いちばん高い物というと、アディダスのジャージであり、プーマのスニーカーだったんです。だから、それを着て履くということが、力のシンボルだったわけです。

　マフィアにはいくつかの類型がありました。

　まず、地縁で結びついているマフィアですね。地縁マフィアの中で一番大きな組織は、ソンツェフ組でした。ソンツェヴォ地区っていうのがモスクワにあるんですね、そこを地盤とするマフィアです。モスクワの南西部で、ブレジネフ時代に発展した商業の新興地区で、協同組合方式で住宅が建っているような金持ちの街区なんです。ですから、レストランがたくさんあり地回りする場所が多いんです。それから、モスクワ郊外のリューベンツ地区の組が有名でした。ここは産業都市なんで、物資が不足したときの横流しを中心にやる経済ヤクザでした。ほかにも色々、そういう特定の地域にくっついたマフィアがありました。

　それから、職能で結びついているマフィアがあります。職能マフィアで一番有名なのはスポーツ組です。ソ連はスポーツ選手を国家で養成していました。小学生のときから筋肉増強剤とかを使って、筋骨隆々にする。ところが、相当程度の人たちが廃人になってしまうし、オリンピック選手になれるのはごく一部で、残りの連中はエネルギーがあり余ってるわけですよ。その人たちは、スポーツジムのトレーナーとかの仕事に一週間に一回だけ行って、残った時間は自分たちの仲間で遊んでいる。これがスポーツ組のマフィアです。

そして民族マフィア。民族マフィアの中で強いのは、チェチェン・マフィア、イングーシ・マフィアでした。ウズベク・マフィアと朝鮮・マフィアも結構強かったです。それから、変わったところでアッシリア人のマフィアがいました。これは全部、靴磨きだけやってます。靴磨きはみんなアッシリア人です。これらのマフィアは、内務省あるいはKGBとどこかで繋《つな》がっていて、持ちつ持たれつでやっているんです。

ブレジネフ時代からいたマフィアが、ここにきて急に増えたのは、基本的には、社会経済的な矛盾が大きくなるとともに、国家の暴力組織が弱くなったからです。だから、地回りなんかを通じてやるビジネスが増えたと同時に、地回りの必要性が大きくなったんです。そのころ、「レケット」（恐喝）とかそういう新しい言葉が出てくるようになりました。

当時、『モスクワ・ニュース』だったかな、小学生に「将来何になりたい？」というアンケートを取ったら、男の子は一番が「マフィア」、女の子は一番が「売春婦」。こういうアンケート結果が出るような時代でした。

ソ連にはタバコのマルボロ本位制の時期があった

社会経済的な矛盾が大きくなったといいましたが、その当時、一九八九年ぐらいになるとルーブルの価値がほとんどなくなっちゃったんですよ。マルクスが『資本論』で言うところの一般的等価物がマルボロ（Marlboro）になったわけなんです。タバコのマルボロですね。それが貨幣の代わりになった。同じマルボロでも、メンソールとかライトはダメで、赤いマルボロじゃないとダメなんです。ちなみに、ルーマニアでも並行現象が起きたんですが、ルーマニアでは一般的等価物がケントになったんです。ソ連ではマルボロです。つまり、マルボロ本位制になってるんです。だから、当時ソ連では、タクシーに乗るにしても、「ホテルまでマルボロ一個」という具合ですから、常にマルボロを持っていなければならなかったんです。本や冷蔵庫を買うにしても、「マルボロ何個」と言って買わなければならなかった。一九八九年から九〇年はマルボロで全てが動く時代だったんです。

それで、私も、ポーランドとかチェコに行ったときは、安いマルボロを現地生産でも作っているんで、そのマルボロを結構たくさん買ってきました。アメリカで作っているマルボロだろうが、イギリスだろうが日本だろうがチェコだろうが、マルボロはマルボロなんです。それがパチンコの景品のような働きをするんですよ。でも、なぜマルボロやケントだったかというと、裏返すなら、その時代はまだ、ドルを使って見つかると結構、処罰がキツいことになる時代だったんです。だから、マルボロという迂回《うかい》物を使ったんです。タバコのやりとりなら違法ではありませんから、ドルの代わりに使ったわけです。

私がそのときに痛感したのは、政治の言葉あるいは文学の言葉というのは、一部の人たちを長期間動かすことができるけれども、圧倒的大多数の人は、そういう言葉では長期間動かない、ということです。やっぱり生活の力は強い。だから、その生活の力を知っていたのがエリツィンであり、知らなかったのがゴルバチョフだと、そういうことを実感しました。

経済がそこまで悪化してくると、そのことがはっきりと表面化してきます。それをじかに体験して、政治の言葉より生活の言葉のほうが強いことを実感したんです。

農地の私有化だけは絶対許さないロシア人の精神

所有制について、最も重要なのは、実は農業問題なんです。ペレストロイカの中でも、土地の私有化に関しては絶対に手を付けないということで、そこだけは動かさなかった。なぜ農地の私有化をしないのか。当時、共産党守旧派の農業系の人から聞いた答えに、私は、なるほどと思いましたよ。このように言っていたんです。

「今のこういう状況の下で農地の私有化をやったら寄生地主制が生まれるよ。だから、寄生地主制度が絶対に生まれない仕組みを作ることが先決なんだ。それを作らないところで土地を私有化したら、寄生地主制が生まれるだけではなくて、外国人が土地を所有することになって、完璧《かんぺき》な寄生地主制度ができてしまう。そうしたら、農民の階層分化が起こって、農奴制になっちゃうよ。ロシアっていうのは寄生地主で本当に苦しんだんだから、それを忘れてちゃいけない」と。

こういう寄生地主制復活への危機意識というのは、ゴルバチョフ時代、エリツィン時代、プーチン時代を通じてずっとあって、今でも続いています。

それから、石油は少なからず産業資本化しましたけど、その後、石油企業はかなり国有に戻しましたし、ガスは最初から全部国有なんです。色々と国有企業に資本主義を入れていったのですが、もっとも重要な農業に関しては、資本主義を入れない。これは、ある意味では全体のコンセンサスになっています。シベリアの奥地とか、ウラルの奥地まで行かずに、モスクワのあたりで小金を持った奴が、大量に土地を買って寄生地主になってしまう。そんなことになったら、事実上の農奴制になって、地主と農奴との間の埋められない溝が社会的にできてしまう。社会が完全に分裂してしまう。それだけはやったらだめだ、ということです。

はしっこいヤツは、すぐに経済ゲームがうまくなる

さて、所有制改革ではダメだということで、シャターリン＝ヤヴリンスキーの五〇〇日計画だとか、市場経済を強行的に導入するハード・ランディングの改革が進められたんで

すが、社会秩序の解体は止められなかったわけです。

決定的にダメだったのは、このシャターリン＝ヤヴリンスキーの五〇〇日計画だったと思います。五〇〇日で、社会主義を資本主義に変えてしまうというわけですから、これはもう、毛沢東の大躍進計画のさらに一回り上を行くものだったわけです。

シャターリンっていうのは、まったくの変人でしたからね。エキセントリックで、すぐ怒鳴る。ともかく性格に極端に偏りのある人で、私が付き合った数多くのロシア人の中でも、非常に不愉快な人間の一人でした。それからまた、このヤヴリンスキーというのが大嘘つきなんです。

しかし、そういう人たちの口車に乗って、五〇〇日で資本主義に移行するなんていう計画を承認したゴルバチョフがそもそもおかしいし、その時点で、もうゴルバチョフは終わっているんです。

それで、このシャターリン＝ヤヴリンスキー計画が失敗して、責任者だった首相のルイシコフが辞めた後に首相になったのが、ソ連の銀行の親分さんで、それまで蔵相をやっていた、体重一五〇キロぐらいあるパブロフという人です。この人は、後にいわゆる八月クーデターのときに国家非常事態委員会のメンバーになるんですが、クーデター計画の二日目に、血圧が二八〇ぐらいになって戦線離脱するんです。後で訴追されるんですが、大銀行の頭取になりました。

それで、このパブロフ首相が一九九一年新年早々にやったことは何だったか。

経済改革が失敗して、インフレがどんどん進んだわけです。そうしたら、一月の真ん中ぐらいのある日、夜九時の『Время《ブルーミャ》―時間―』というニュース放送中に九時二〇分ぐらいになったところで、「ソヴィエト政府命令を読み上げます。本日二四時をもって、五〇ルーブル紙幣と一〇〇ルーブル紙幣は使用ができなくなります」と読み上げたわけです。

高額紙幣の流通停止措置の発表です。日本で言うと五〇〇〇円札と一万円札が、後二時間ちょっとで使えなくなる。こういう放送をしたんですよ。しかし、外交官はどうせ例外になるに決まっていますから、ロシア人がどんどん私のところに来て、札を替えてくれって言うんですよ。一〇〇ルーブルを一〇ルーブルでもいいから替えてくれと言って次々に来る。しかし、私はそこでは商売しないで、だいたいは断わりましたが、親しい友人にだけは額面でちゃんと替えてやったんです。

ところが、例の怪しい坊さんたちと私の友達だったカザコフたちは何をやったか。有り金を家から担いで、自分に宛てて電信送金したんですよ。その二時間ちょっとの間で、それを全部やった。電信局は二四時間開いてますから、できるんです。電信送金をしたお金は、翌日小額紙幣で全額振込先の自分のところに返ってきたわけです。失ったのは、電信送金手数料だけ。そういう離れワザを誰に教えられたのでもなく、やってのけた。

市場経済化に進んだのは、つい半年前ですよ。それまで、市場経済などというものは実際には知らなかったわけです。ほんの半年の間で、はしっこい奴はみんな、これぐらいの知恵は付けていたということです。ですから、資本主義っていうのは結構一気に進むものだなと、私はそのとき感心したんです。

たとえばゴルフだって、大金を賭《か》けてやると、うまくならざるを得ない。あっという間にシングルプレーヤーになれるわけです。それと同じで、金儲《もう》けしようというはしっこいロシア人たちは、リスクをしょってるがゆえに懸命になりますから、どんどん経済ゲームが上達する。はしっこいことしながら色々と稼ぐ。そういう現象がいたるところで見られるようになった時代でした。

黒い大佐——革新将校たちのソ連版維新運動

高額紙幣の流通停止措置の話からちょっと戻りますが、一九九〇年一二月二〇日にシェワルナッゼ外相が人民代議員大会で辞任を表明します。このときにシェワルナッゼは「独裁が近づいている。黒い大佐たちのやりたい放題にはさせないぞ」と言ったんです。

この「黒い大佐」とは、いったい誰か。

実は、この「黒い大佐」が、私の一番の友達なんですけど、実に崩壊期の乱世ソ連を象徴するような人物だったわけです。

本名はビクトル・イマントビッチ・アルクスニスといって、ラトヴィア出身の空軍大佐です。彼の祖父は、ソ連空軍の初代の司令官で、一九三七年のトハチェフスキー事件（＊トハチェフスキーら軍指導者の秘密裁判と死刑執行）のときの判事なんです。そして、のちに粛清されている。アルクスニス自身は軍大学を出て、「やっぱりおじいちゃんの血を引いているから空軍に行きたい」となって、技術系が好きだったのでミグ25の整備士になったんです。沿バルト軍管区所属で、ラトヴィア共和国の選挙区から出てソ連人民代議員に当選しています。いつも黒い革ジャンを着ているので、「黒い大佐」と呼ばれていました。

この黒い大佐は、ソ連は好きなんですが、共産主義は大っ嫌いなんです。父親は政治犯ということで、カザフスタンの炭鉱に追いやられるんです。その後、名誉回復になってラトヴィアに戻ってくる。スターリン主義の犠牲者でもある。アルクスニスは、いつも黒い革ジャンを着て「とにかく共産主義はいかん、しかしソ連邦は維持しなきゃいかん」と、背筋がピシッと通ったソ連にするという運動を展開していたんですよ。人民代議員グループ「ソユーズ（同盟）」という組織を作って共同議長の一人になっていました。彼には娘さんがいますが、彼女は改革派なんです。ヤヴリンスキーの派閥で反体制活動家のイグロノフという政治家の秘書をやっていました。だから、結構、親子で政治議論していましたね。

それから、アルクスニスのお母さんが、一九世紀にリガに逃げていったロシア正教異端派＝分離派の信徒なんです。そういうこともあって、言行一致を非常に重視する人で、絶対に嘘をつかないしっかりした人です。一九八九年ぐらいから、ソ連の政治舞台にはそういう人が多く出てきていました。

「黒い大佐」は、基本的には、軍の革新将校です。佐官級のソ連版維新運動では、ペトロシェンコとアルクスニス、パヴロフという陸軍二人、空軍一人の三人が中心になっていました。要するに「ソ連邦を断固維持しなければいけない。ただし、共産主義は排除する」という運動で、ものすごく乾いた国家主義です。本人たちは非常に禁欲的な人たちで、このままではソ連国家がおかしくなると思い詰めていました。だから、この気迫に押されて、軍の中堅、退役将校中心に、一七〇〇人ぐらいが組織されていましたから、非常に大きな力がありました。海軍はそこには入っていなかったんです。海軍はだいたい改革派系でした。陸軍・空軍がこうした維新運動的なところに結集してきていました。

これに関しては、KGBも徹底的にマークしていました。マークはしていましたが、ただ、「やりにくい」と言ってました。要するに、「『ソ連邦維持』という建前においては一緒だからいい。しかし、枠を外れるとどういうことになるかわからん」ということです。一種の下からのファッショ運動みたいなものですから、そのファッショ性を警戒していた。ですから、ゴルバチョフ暗殺計画、エリツィン暗殺計画なんかが明るみに出ると、いつもアルクスニスが黒幕にいてなんかやったんじゃないかと名前が出るんです。

私は彼を守るということもあって、何かあるたびに、いつも電話していました。電話が当局に盗聴されていることを折り込んだ上での行動です。西側の外交官ですから、彼を守るうえで、できることがあるんです。それで、彼自身も何回か救われているんです。

たとえば、一九九一年の八月クーデターの時には、偶然、彼は病気で高熱を出してラトヴィアにいたんで、クーデター支持っていう形で参加することはできなかった。もしクーデター支持で出て来ていたら、彼は間違いなく捕まって檻《おり》の中でぶっ殺されていましたよ。ソ連崩壊後、一時は人民代議員バッヂも付いていなかったが、どうやってソ連邦を復活させるかというテーマで結構大規模に活動していました。そのうち、モスクワ郊外のジューコフスカヤという軍産複合体の中心にある閉鎖都市で、ソ連時代、外国人は入れなかった街があるんですが、そこの助役になってました。そこでの経験を重ねてまた国政選挙に出たら、七人の対立候補を押しのけて当選し、バッヂを二回続けて付けています。

彼は、私が日本で逮捕された後、向こうの議会で私を救援するための署名集めを始めたんです。そしたら、かつての急進改革派の連中が結構乗ってきて、ずいぶん集まった。そこで、こっちは弁護士経由で連絡をして、「ありがたいけど、とにかく止めてくれないか。これは日本の内輪もめの話なので、ロシアの友人たちを煩わせたくない」と言って止めてもらいました。

大東亜共栄圏に似ているソ連復活構想

ここで、アルクスニスの思想と運動を理解してもらうために、また、ひいては、当時問題になっていた連邦再編の行方を明らかにするためにも、彼のソ連復活構想とはどういうものなのか、述べておくことにします。

アルクスニスのソ連邦復活構想というのは、ひと言で言うとユーラシア主義です。要するに、ロシアがロシアとしてあるということは、アジアとヨーロッパにまたがった大国であるということである。その存在空間というのは、旧ソ連の版図なんだ。そこのところで存在しているときこそ、ロシアはロシアでありうるのだ——。そういう考えです。それが、政治的表現としてソ連邦であろうが、ロシア共和国であろうが、ユーラシア連邦であろうが、それは関係ない。ユーラシアを包摂する人間たちの一つの空間が伝統的なロシアの存在空間なのであって、それは断固死守する。我々は、そこから外の世界には出て行かない。しかし他の連中が我々の存在空間の中に手を突っ込んで介在することも許さない。その空間は決して植民地にさせないが、しかし我々が植民地主義的に外の世界に出て行くこともしない。その空間に生まれたからには、みんな平等である。ざっとこういった発想です。

要するに大東亜共栄圏にかなり近い発想です。大東亜共栄圏のユーラシア版みたいなものです。共産主義であるとか、自由主義であるとかとは関係ないんです。イデオロギーを排するという発想が非常に強いです。もちろん、それ自体が一つのイデオロギーなんですが、既存のイデオロギー体系に与《くみ》するということがない。

そして、アメリカっていうのは、敵、それも永遠の敵としてとらえられています。アメリカだけではなくて、中国、イスラーム社会も、彼らユーラシア共栄圏論者にとっては永遠に敵なんです。だから、そんなところとは和解とか融合はありえないんです。けれど、潰《つぶ》そうとは考えない。「奴らは奴らで勝手にやっといてくれ」ということです。

それから、ヨーロッパは敵ではなくて異質な世界としてとらえられています。日本に対してはどうか。基本的に日本に対しては好意的です。一つは、アメリカと中国の間のバランスという点、そしてもう一つ、日本が六十数年前に全世界を敵にまわして戦うという無謀なことをしたことに注目していて、その点で彼らは日本を非常に尊敬しているんです。常軌を逸した民族なんだけれど、その精神性が非常に高いという評価なんです。彼らにとってみれば日本人は、〝KAMIKAZE〟で、〝命も惜しまない日本人〟〝火の玉になる日本人〟というイメージです。

そして、あの人たち自身が、本当に自分の命を差し出すのを惜しまないんです。命を惜しまない人たちだから怖いですよね。ただ、個人的にはすごくモラルが高いし、優しい。それから、他者の固有性を非常に尊重する。

ジリノフスキーは職業「右翼」です。それに対して、アルクスニスは、真の憂国の士なんです。そして、おじいちゃんがソ連国家に殺されて、自分のお父さん、お母さんは流刑になっているけれども、ソヴィエト国家に対する恨みっていうのは全然ないんです。そこが立派です。だから、みんなから立場を超えて尊敬されているんです。こういう政治家は、今の日本にはいません。

しかし、こういう政治家がたくさん出てきたということは、裏を返せば、それだけ時代が悪くなっているということです。実際、これからほどなくして、ソ連は崩壊してしまうわけです。

Ⅵ

八月クーデターとソ連邦崩壊

概略と問題意識

宮崎　学

空虚なソ連大統領と焦る守旧派

一九九一年の年明け早々に、またもや連邦制を大きく揺さぶるような事件が起こった。一月一三日、リトアニアの首都ヴィリニュスで軍・治安部隊と市民が衝突し、死者が出た。この「血の日曜日」と呼ばれた流血の衝突は、すぐにほかのバルト諸国に飛び火し、ラトヴィアでも同じような衝突事件が起こる。

ゴルバチョフは、二月にテレビ演説で連邦制存続を国民に訴え、白ロシア共和国のミンスクで急進改革派を激しく非難した。

しかし、ロシア最高会議議長だったエリツィンがテレビ・インタビューでゴルバチョフの即時辞任を要求、ロシア国内でも三月から大規模な炭鉱ストライキが始まり、ソ連大統領辞任を要求して、全土の四分の一まで拡大する事態になってくる。

そして、六月にロシア共和国で直接選挙による大統領選が実施され、エリツィンが圧勝する。この当時、ソ連軍は、ソ連大統領ゴルバチョフと、ロシア共和国大統領の、いったい、どっちに忠誠を誓っていたのであろうか。

七月に入ると対立は深刻化し、ついに、七月二四日、守旧派の新聞『ソヴィエツカヤ・ロシア』が非常事態宣布を呼びかけるという事態に発展する。この時期、ゴルバチョフは、ヤコヴレフら改革派のブレーンから距離を置いて、守旧派との妥協に傾いていたように思えるが、どうだろうか。

賭けに出た守旧派とソ連邦の消滅

そして、ついに、八月一八日、副大統領ヤナーエフ、国防相ヤゾフ、首相パヴロフ、内相プーゴ、KGB議長クリュチコフらから成る「国家非常事態委員会」によるクーデターが起こった。ゴルバチョフは別荘に監禁されたが、エリツィンを中心とする反クーデター派の巻き返しによって、二一日にはクーデターは失敗に終わる。クーデター失敗から一週間も経たない八月二四日には、ウクライナ共和国の最高会議が独立を宣言し、二六日にはゴルバチョフはソ連共産党書記長辞任を表明。九月六日には、連邦国家評議会がついにバルト三国の独立を承認する。こうして、ソ連邦は、一気に解体への坂道を転げ落ちていくことになる。

一二月八日にはロシア、ウクライナ、ベラルーシ（白ロシア共和国が改名）のスラヴ系三共和国首脳が、ミンスクで独立国家共同体（CIS）設立協定に調印し、このCISという枠組みへと連邦を解消していく動きが決定付けられる。こうして、一二月二五日にはゴルバチョフが大統領を辞任、翌二六日、ついに連邦最高会議がソヴィエト社会主義共和国連邦の消滅を宣言することになる。

八月クーデターはクーデターとしてはかなり奇妙なものだった。一般には、守旧派が自暴自棄のクーデターを起こして失敗し、それに対してクーデターを潰《つぶ》す中心となった急進改革派の手によってソ連邦が解体された、という流れに見えるが、本当にそうだったのだろうか？　また、基本的には、ペレストロイカの諸改革を通じて解放された力が「クーデター」を潰したと言えるとは思うが、その解放された力とはいったい、どういうものだったのか。ホットな現場にいた佐藤さんのお話をうかがっていきたい。

疾風怒濤の一九九一年

佐藤　優

極限状況のバリケードの中で行われていたこと

一九九一年というのは非常に印象的な年で、年明けの一月から一気通貫《いっきつうかん》で嵐のような毎日でした。

まず一月一三日にリトアニアで「血の日曜日事件」が起き、それから一週間ぐらいたって、ラトヴィアでも同様の衝突が起きる事態になりました。

その日、リトアニアの首都ヴィリニュスのテレビ塔周辺で、リトアニア民族独立派とソ連軍が衝突しました。このときには、一三名が死亡、負傷者は五〇〇名に及んで、「血の日曜日事件」と呼ばれました。この衝突の後、独立派は共和国議会の建物に籠城《ろうじょう》して、ソ連政府と全面的に対峙《たいじ》することになったわけです。

私はすぐにモスクワからヴィリニュスに飛んで、独立派とソ連派の双方の中に入って、彼らから直接情報を収集しました。そのとき、独立派と接触しようとして、彼らが籠城した共和国議会の建物に行ったんですが、周辺にはバリケードが張り巡らされていました。よく見ると、そのバリケードの有刺鉄線にソ連共産党党員証が数多く突き刺さっていたんです。抗議と決意のほどを、そうやって表していたわけです。

建物内部に入った私は、まず、ガスマスクが持ち込まれているのを目にしました。独立派は公式には否定していましたが、実際にはライフル銃や火炎瓶も持ち込まれていました。そういう構えですから、ソ連側が強行突破を行えば、大惨事になることは必至でした。そういう状態のまま籠城時間が長くなるにつれて、人々は心理的に興奮状態になっていきまして、「何時にはソ連軍が突入する」というようなデマが流れるんです。

リトアニア独立派活動家の案内で、真夜中にも共和国議会の建物に入りました。建物内部はロッカーや机で幾重にもバリケードが作られていまして、異様な雰囲気でした。バリケードの隅で何かがもぞもぞ動いているのが見えたんで、よく見てみると男と女がセックスをしているんです。それを何カ所でも見たんです。

友人の独立派活動家は私にこう言いました。

「緊張が高まると子孫を残したいという本能が刺激されるのか、物凄《ものすご》くセックスをしたくなるんだ」と。

極度の緊張状態に置かれると活動家は、性欲に似たような「真実を伝えたいという欲望」にとらわれるということは、その後も何回か目撃したことです。

このバルト三国の動向が、一九九一年の激動の先駆けになりました。

社会秩序の乱れは交通警官を見ればわかる

実は、この事件を通じてバルト三国の独立がほぼ既成事実化してきたわけです。その後、ゴルバチョフのベクトルとして、基本的にバルトの独立を認めるんじゃないかという憶測が強まっていたわけです。しかし、二月の「ミンスク演説」では「分離独立は絶対に許さない。社会主義の路線は絶対に放棄しない」と、ゴルバチョフは強調しているんです。これは確か、当時『文藝春秋』で「ゴルバチョフが牙《きば》を覗《のぞ》かせた」という評価がされて、日本でかなり詳しく書かれました。

この時期、ゴルバチョフの発言の中で強硬派を代弁するような主張が強まってくるんです。ところが、そうした言辞とは裏腹に、行動では何もしないで、むしろソ連邦の分解を促進するような行動を取っていく。言葉と行動が分離し始めてしまったということです。これが顕著になっていきます。

それと同時に、いままでゴルバチョフを強く支持していた炭鉱労働者が、処遇改善を巡ってゴルバチョフ政権に批判的になり、さらには批判の域を超えて敵対的になってくる。

これはどうしてかというと、別にゼニカネの話じゃない。メンタリティが違うということが、はっきりしてきたということなんです。炭鉱労働者は、あのとき、本質を瞬時に摑《つか》んだということです。彼らにはそれができるんです。リトアニアかラトヴィアの問題を通じてゴルバチョフの言行不一致が露呈してきたところで、「この野郎言葉が本物じゃねえぞ」「そんな奴らとはやらねえぞ」となったんです。

ふだんはブースカ言ってても、いざ、お国の危機だ、ということになれば、「つべこべ言うのを止めよう」、「行こう」と固まるのがヤマの連中なんですよ。ところが、「お前、言ってることとやってることが、何か違うんじゃねえか」となったら、すぐに「これはオレたちの親分じゃない」ということになる。そして、たちまちのうちにエリツィン支持になったんです。「オレたちは、今後こいつを親分にしていく」と旗幟《きし》を鮮明にしたわけです。

そして、このとき、非常に興味深い論評が現れます。セルゲイ・コレスニコフというタス通信の論評員をしていた男がいるんですが、彼は、その後改革派の副首相ガイダルの政務補佐官になり、チェルノムイルジンの政務補佐官になると、政権中枢に入っていく人間で、恐ろしく頭がよく、優れた官僚でなおかつ戦略家で、情報操作のプロでした。そのセルゲイ・コレスニコフが、この年の春、全世界に向けて不思議な論文を配信するんですよ。それが「ゴルバチョフの辞任は誰の得になるか」という論文なんです。ロシア国営のタス通信が、ゴルバチョフの辞任の可能性について言及して、それが誰の得になるかと論じている。いったい、言いたいことは何なのか。要するに、こういうことです。

「今やゴルバチョフは急進改革派、守旧派の両方から挟まれて、どんどん権力基盤が弱くなっている。今のままではゴルバチョフ政権は崩壊する。そうした場合には守旧派の天下になりますよ。急進改革派のみなさん、あなた方は今ゴルバチョフを叩《たた》いているけれども、そうなったときに、あなたたちは生き残れるかな」

と、暗に言っているわけです。

私は、これは、かなり正直な分析だと見ました。それでセルゲイ・コレスニコフに会いに行ったんです。そのときに私が摑んだ感触では、この論文は、共産党中央委員会、つまりゴルバチョフの側近に頼まれて全世界に配信してゴルバチョフの置かれている危機的な状況を知らしめたものであると。ところが、それはロシア語だけでなく英語やフランス語でも配信されたんですが、不思議なことにロシア国内でキャリーされていなかったんですよ。非常に不思議な論評でした。

それと同時に、警官の服装が乱れるようになってきた。警官の制服に染みが付いていたとか、交通警官がやたら車を止めて「交通違反をしている」と難癖をつけて小遣いをむしるようになってきた。モスクワ自体の士気が衰えてきたというか、秩序が乱れてきた表れです。

モスクワの社会秩序の状態を見る場合には、交通警官を見るとよくわかるんです。交通警官がだらしなくなると、秩序が乱れている、腐敗が進んでいるということなんですね。今でもそうです。交通警官がどれぐらいむしるかということで社会の乱れの度合いがわかります。ロシアでは、交通警官って偉いんですよ。モスクワで白黒の棒振って「エーイッ、止まれ止まれ」とやっている交通警官は、みんな軍隊経験者で、だいたいが大佐級です。プーチン大統領がＫＧＢを辞めたときが中佐ですから、いかに交通警官が偉いかがわかるでしょう。ちなみに、クーデターが起きたり、政局が緊張したりすると、交通警官が街から一人もいなくなるんです。

交通警官というのは実に面白い存在なんです。その交通警官が乱れてきた。これで、社会秩序が相当動揺してきているな、ということがわかりました。

権力の暴力性をよく知っているロシア人

そして、三月一七日に連邦制維持を問う国民投票が行われました。バルト三国はボイコットしたけれど、七六・四%の支持を得たとされています。それだけ見ると、みんな連邦維持を支持したように見えますが、この国民投票の選択肢自体が、非常に不思議な問いかけだったんです。「全ての民族の自由と独立が保障された今後刷新されるソ連邦を維持しますか?」という未来の仮定に対する国民投票なんです。現状をどうするかという選択肢に対する国民投票ではなくて、未来の理想像に対する賛否を問う国民投票なんです。そういう問いに対して、賛成が七六・四%になっても不思議はないわけです。世界中で色んな国民投票があると思いますが、未来の理想像に対する国民投票っていうのは、私はこのとき一度きりしか見たことがありません。ロシア人たちは笑いを浮かべながら「夢があっていいだろう、今度の国民投票は。現状に対する支持じゃない、将来の理念型に対する支持だからな」って言ってました。

こういう反対できないような問いを投げかけてきた時というのは、権力は本気だということです。本気で押し通そうとしているから、そういう質問を作ってるわけで、権力が本気になっているときに反対なんかしたら怖いということは、みんながわかっている。ロシア人は、いつも、権力が本気かどうかを見ているんです。権力が本気でないところでは、なんでも言うけれども、本気のときは絶対に喧嘩《けんか》をしない。それは権力の暴力性というものをよく知っているからです。

それは、空気でわかるんです。このときにしても、ゴルバチョフの言説がぶれているし、タス通信で警告が出る。あっ、これは権力が弱り始めているなと、ロシアのインテリだけじゃなくて一般国民も理解するんです。しかし、弱った権力というのは、粗暴になりがちだから、何をやるかわからないということもロシア人は知っている。ロシア人はよく冗談半分で「強い軍隊と残虐な軍隊は違う。だいたい弱い軍隊が残虐なんだ」と、こういうことを言うんです。だから、彼らは、そういうちょっと皮肉な視点から事態を見ながら、「こりゃ、きっとひでぇことが起きるな」と思っていたわけです。

リトアニア共産党のソ連邦維持派にシュベットという男がいて、こいつがまたなかなか頭が良くて、狡賢《ずる》さでは、私の知ってるうちでも五指に入ります。今、ジリノフスキーの副官をやっていますよ。そのシュベットが、このときちょうど、ゴルバチョフが四月に日本に行く予定だったんですが、その直前にこう言うんですよ。

「ゴルバチョフは日本に行かないかもしれないよ」

「なんで？　北方領土問題がまとまらないから？」

「いや、そんな話は関係ない。そうじゃなくて、ペレストロイカを推進するにはゴルバチョフを除去しなきゃいけないということを言う人がいるんだよな。全くの一般論だけれど、シェイニス書記という人とヤナーエフ副大統領だ。全くの一般論だけどな」

と、実名を挙げながら一般論だと、こういうことを言い出すんです。もちろん、これは外務省本省への報告書にしましたが、ゴルバチョフ訪日延期なんていう爆弾情報は送れないということで、結局潰《つぶ》されちゃったんです。

シュベットが言っていたことはどういうことか。後になって振り返ってみて、よくわかったんですが、これこそクーデター計画のことだったんです。すでに四月に計画していたわけなんです。

なぜアゼルバイジャンが情報戦の要だったのか

そういう状況だったので、私は守旧派の連中からクーデター計画あるいはクーデターで決起するような動きがあるかどうかという情報収集を強化するとともに、バルト諸国の分離独立運動がどの程度広がるのか、そしてもう一つはアゼルバイジャン関係の情報活動を強化しました。

アゼルバイジャン共和国では、党としてはソ連の中央を支持しているのですが、一九九

○年一月にバクー（アゼルバイジャンの首都）に非常事態宣言を行ったときに、大規模な軍事介入でアゼルバイジャン人を相当殺していますから、それに対する反撥《はんぱつ》がある。
それから、ゴルバチョフの周辺はアルメニア人が多い。ですから、アゼルバイジャンには反ゴルバチョフの気運が非常に強いんです。それに、アゼルバイジャンが情報の上で重要なのは、共和国としてソ連共産党に忠誠を誓っている連邦維持派に入っていますから、情報はシェアしているわけです。ところが、ゴルバチョフのことは嫌いですから、ゴルバチョフのマイナスになるような情報を流す動機を持っているんです。このように情報を持っていて、その情報を流す動機がある人というのは魅力があるんです。実際にアゼルバイジャンからは、結構いい情報をたくさんもらいました。

これに対して、バルトの連中というのは、ゴルバチョフのマイナスになる情報を流すという動機は十分にあるんですが、ソ連共産党と離れてしまっていますから情報自体を持っていません。また、中枢のゴルバチョフ派の連中というのは、当然のことながら、情報は持っているんですが教えてくれないわけです。

それから、もう一つ重要なのは、エリツィンが、この年の四、五月ぐらいから急速にもう一度ゴルバチョフに接近し始めたことです。二月にゴルバチョフに退陣要求した後なんですが、もう一度、彼に近付きだすんです。

おそらくは、軍事クーデターが近いという確度の高い情報がエリツィンのところにも入ってきて、このままゴルバチョフを追い込んでいくと、さっき言ったコレスニコフの論評

「ゴルバチョフの辞任は誰の得になるか」のようなことが本当に起きてしまう。そうすると自分は確実に処刑されてしまうだろう。そう考えたに違いない。そのリアリズムからもう一度ゴルバチョフに接近し始めるんです。

それだけ不穏な空気が政権周辺に漂っていたのです。

ところが、アメリカは、このクーデターに関して事前に何も掴《つか》んでいなかったですね。西側、中国も一切掴んでいなかったんじゃないかな。あのとき、比較的ちゃんとした読みをしてたのは、バルト三国の情報網で、エストニアの連中はクーデターはないと言ってたけど、リトアニアとラトヴィアの連中は、ありうると言っていました。ラトヴィアの連中がありうると言っていた根拠は、ラトヴィアには沿バルト軍管区とKGBの司令部があったのですが、軍管区の中で移動が起きているということ、それから一部休暇が取り消されているということで、どうも緊張度がいつもと違う。だから「何かしら起こりうるべし」と七月ぐらいに聞きました。

クーデター失敗は司令塔になるはずのゴルバチョフの裏切り

ロシアでは、深刻な陰謀というのは、だいたい七月か八月に起きるんです。というのは、六月から八月は長期休暇の時期ですから。夏休みはみんな分散して二ヶ月ずつ取ります。普段はお互いの行動が見えるんですが、休暇を取り合っていると見えなくなってしまいます。だから、陰謀は休暇中に起こるわけです。別荘に集まって「ちょっと一杯飲もうや」という中で、陰謀を組み立てていく。だから、陰謀はだいたい夏休みに仕組まれるんです。それが夏休みに発火するというのはあまりないんですが、このときは発火したわけです。『ゴルバチョフ回想録』の中で、八月クーデターについて、ゴルバチョフは、「『なぜあのとき別荘に行ったのか。甘かったのではないか』と後でみんなから言われた。けれども、私は甘かったのではなくて、実はそういう危機は察知していた」と言っています。だけど、実際は「察知していた」なんてものどころではなかった。つまり、察知していたという以上に、彼自身がクーデター派の連中にクーデターへのコミットメントを仄《ほの》めかしたんでしょう。「国家非常事態委員会というのをやって、ソ連邦を維持するのならば、私もその考えに異存はない」というぐらいのことは言っていたはずです。そうでなければ、パブロフとか、ヤナーエフとか、シェイニスとか、あの人たちがあれほど簡単には動くはずがありません。

クーデター失敗後にエリツィンが訴追する範囲を非常に狭めるという措置を取ったので、ソ連共産党とソ連政府のごく一部が関与した事件という感じになって、司令塔もロクになかったということになっていますが、この事件はもっと奥が深いです。軍参謀本部、軍の本部、保安機関（KGB）、さらにソ連共産党を巻き込んだ、かなり幅の広いクーデター計画だったことは間違いありません。

司令塔がなかったんではなくて、司令塔になるはずだったのが、ゴルバチョフ自身だったんですよ。司令塔になるはずのゴルバチョフのリーダーシップが消えてしまったので、司令塔が分散することになってしまったんです。だからクーデター派に言わせれば、ゴルバチョフの裏切りです。

クーデター派がゴルバチョフに対して言っていたのは、簡単なことなんです。

「あなたがやろうとしているのは、社会主義ソ連を維持するということなのか、解体するということなのか、どっちなのですか。はっきりしてください」

その匕首《あいくち》を突き付けられたゴルバチョフは、もちろん維持強化することだと言い続けたわけです。

ゴルバチョフだって秘密警察を持っているわけですし、大統領直轄の盗聴部隊も持っていますから、動きは逐一入っているわけです。相手に情報が逐一入っているという前提で、みんなゲームをしていたんです。だから「明示的な了承は得なくても、起きたら追認はするだろう」という認識ですよ。『ゴルバチョフ回想録』を読んでいただいたらわかるんですが、クーデター派は、まず国連への呼びかけとか非常事態に対する宣言の文書を持ってきて、それにサインしてくれといってくるわけですよね。それで、ゴルバチョフが断ったので軟禁されるわけです。そして、ここで、副大統領のヤナーエフが出てくる。ということは、ストーリーとしてはゴルバチョフがそれを発表するという筋書きですよ。そこは、素直に読んでいいと思います。

もしあの時、ゴルバチョフが用意されたペーパーにサインしていたら、クーデターにはならなかったでしょう。要するに、ゴルバチョフの命令によって、非常事態が全土に導入されただけの話でしょう。しかも、エンピツを舐《な》めながらこの構想を描いたのが誰なのかは明白で、最高会議議長のルキヤノフです。彼だけは、国家非常事態委員会メンバーに名前を連ねていなかったにもかかわらず、逮捕されました。今、ロシア共産党の国家会議（下院）議員ですけど。

ルキヤノフはゴルバチョフと特別な関係があるんです。モスクワ大学の先輩で、学生時代に、ルキヤノフの指導を受けて、ゴルバチョフは共産主義青年同盟（コムソモール）の活動家になったんです。しかも、党員として相応《ふさわ》しくない活動をしたとかでルキヤノフから自己批判を要求されたこともあるんです。その学生時代の自己批判書が、ちょうどその頃『コムソモールスカヤ・プラウダ』に出てるんですよね。そういうものがこの時期に出たということは、明らかに、ルキヤノフがゴルバチョフと少しニュアンスを異にした方向に動き出すというシグナルと僕は読みました。

外務省電報でどう表現するかは、クーデターかどうかの現地大使館の評価を示しています。世間ではクーデターと言っていたが、大使館で僕らが電報を送ったときのタイトルは「ヤナーエフの大統領代行就任」にしました。どうしてかというと、タス通信で発表されたのが、「ゴルバチョフが健康上の理由により執務不能に陥ったため、ヤナーエフ副大統領が大統領代行に就任した」というのが公式の説明でしたから。それは憲法規定に則って いるわけです。それと同時に、「その状況に鑑《かんが》みて非常事態令を国家全土に導入する」というのも憲法に適っているわけです。そして、国際連合に対する声明というのも出すわけです。国連憲章や国際法全て守ると言っている。だから、そういう意味においては非常によく組まれていて、国際法規定は全部遵守しているし、国内的にも憲法規範に則した形での非常事態なんです。

エリツィンの評価を読み違えたクーデター派

だから、逆に言えば、クーデター派はゴルバチョフの態度にビックリしたと思います。「散々オレたちをこの方向で煽《あお》っといて、何だこの野郎は」と思ったでしょうね。しかし、チャンスを与えたつもりなんでしょう、殺さなかった。それで「完全にゴルバチョフなき形で体制を整えたところで、健康状態が良くなったということで傀儡《かいらい》の大統領自体は残しておこう。次の党大会まではそれでいこう」というシナリオを考えていました。

ただし、エリツィンに対する評価というところで、エリツィンがそこまで抵抗するとは思わなかったのでしょう。そこが誤算でした。エリツィンは共産党の叩《たた》き上げの活動家ですから、権力の恐ろしさ、暴力装置の恐ろしさを知っています。ですから、いったん暴力装置が動き出したときには、それに従わなければ殺されるということを正しく認識していると思っていた。だから、その常識に従ってエリツィンは動くと思ったのでしょう。ところが、エリツィンはそのゲームに従わなかったんですよ。そこが大いなる誤算でした。

そう思っていたから、クーデター計画の過程でエリツィンへのメッセージは全く送っていません。逆の面から見れば、エリツィンへメッセージを送っても、言うことを聞かないと思ったのでしょう。このゲームは「ソ連邦の維持か、ソ連邦の解体か」というゲームだったわけで、エリツィンはバルト諸国と一緒に解体という船に乗ってましたから、維持のほうに乗り換えるということはありえない。このゲームで連絡をやり取りしても乗っかってくる関係にあるとは思っていなかったのでしょう。

それにもともとたいした話じゃないと思って、始めたと思うんです。エリツィンにまで手を打っておく必要はないという甘い考えもどこかにあったのかもしれない。読み違えなんです。KGBの部隊を出して、エリツィンの別荘を見張れば、彼はヘビに睨《にら》まれたカエルみたいになって、身動きとれずにオロオロするだろうと、エリツィンの性格からして、そう読んだんですね。確かに、それは、エリツィン個人のパーソナリティとしては、当たっていなくはないんですが、状況全体を読み違えていたわけです。

実際にエリツィンは相当怯《おび》えていたんです。しかし、そこにはブルブリスがいるんですよ。あるキツイ状況になると、面白いもので、エリツィンはブルブリスの完全な操り人形になるんです。判断を完全に停止して、ブルブリスに委《ゆだ》ねてしまう。

それに対して、ブルブリスっていうのは、普段は判断をよく間違えるんです。情勢の読みは間違えないんですけど、判断を間違える。ところが、火事場っていうか、命がかかっているような局面になると彼は判断を間違えないんです。だから、今まで生きてるんですよ。そして、ブルブリスは火事場になると判断を間違えないということを、エリツィンはよく知っているので、そういう事態になると自分の変な知恵は使わずに、全面的にブルブリスの言う通りにするんです。それが、彼のやり方なんです。

八月クーデターのときも、そうだったんです。

修羅場に弱いエリツィン

クーデターになりかかった日の話を、あとでブルブリスがしてくれました。そして、それから数年たって、エリツィンがいたところに連れて行ってくれました。

モスクワのカルーガ通りを南に六〇キロぐらい行ったところに右への「進入禁止」というコンクリートが置いてあるんです。その表示を無視して右に入っていくと、急に細い道が四車線になるんです。その道をず～っと行くと、東京拘置所みたいな壁に突き当たる。そこに監視カメラが付いていて、大きな鉄扉があって、登録しているナンバーの車だと誰《すい》何《か》されて、その門の中に入ると、一つの小さな村があるんです。そこに1番、2番、3番と番号がふられた、大きさもまちまちの別荘がたくさん建っているんです。真ん中にはヘリポートがあって、池もあって、これがアルハンゲリスコエというロシア共和国大統領のいる別荘村なんです。

そういう大統領の別荘村が三つぐらいあるんです。エリツィンは、そのときの気分によって、居場所を変えるんです。大統領のいる場所が変わると、側近たちやエリツィンに関係のある人間が、村ごと全部移動するんです。追いかけていくんです。それで、テニスの試合があるとか、サウナに入るとか、そういうことでお呼びがかかるのをひたすら待っているんです。そういうとき、緊急招集があっても集まれない奴は側近から外されます。エリツィンは一九九一年六月にロシアの大統領になってから、こういうスタイルでずっとやってるんです。

ちなみに、その村はモスクワの南六〇キロにあるんですが、地図にはもちろん出てないし、CIAの衛星地図にも出ていない。もちろん、CIAは衛星で撮っているから知っているんですが、「知っている」ということを知られないために地図には載せないんです。しかも、そこと全く同じアルハンゲリスコエという名前の村がモスクワの西三五キロぐらいにあるんですよ。やっぱり別荘地なんです。有名なルスカヤ・イズバー（ロシアの小屋）というレストランもある。その西の村には、実際にはエリツィンは行かないんです。しかし、みんなにはそこの別荘地にいると勘違いさせているんです。本物の「アルハンゲリスコエ」と偽物の「アルハンゲリスコエ」があるんですよ。これは旧ソ連時代にもよくあったことなんです。要人のいる場所と同じ名前でダミーの村があったりするわけです。

後に、一九九一年の八月クーデターのとき、エリツィンが潜んでいた本物のアルハンゲリスコエの家に、ブルブリスが私を連れて行ってくれました。

「この草むらの奥にスナイパーが隠れていたんだ。こっちに秘密警察の車があった」

とか、そのときの模様を説明してくれました。

「クーデターの報《しら》せはどこで知ったんですか」

と私は訊《たず》ねたんです。

「ジャーナリストが電話してきた。事前には全然情報がなかった」

と言っていました。クーデターが起こったことを知って、みんなでエリツィンのところに集まって、エリツィンに「どうするんだ」と聞いたら、「断固戦う」と言う。けれど、そうは言ったものの、エリツィン自身「どうしたらいいんだ」とオロオロしていたということです。

「最高会議の建物（ホワイトハウス）に行ったら捕まるだろうか。ここでおとなしくしていたらいいんだろうか。しかし、スナイパーが来ているから、ここで撃たれるんだろうか」

と非常に心配している。そこで、ブルブリスがエリツィンに対して言ったんです。

「そんなことをクヨクヨ考えても仕方がない。とにかくもうここを出よう。ホワイトハウスの中に入って籠城《ろうじょう》するんだ。籠城は戦術としてよくはないけれども、とりあえずはそうやって体制を立て直すしかない」

ブルブリスのその言葉で、エリツィンは籠城を始めるんです。

エリツィンはかなり動揺していましたが、ブルブリスが脅したんです。クーデターが成功したら、ブルブリスは間違いなく殺されますから、必死で抵抗させようとしたわけです。

エリツィンにしてみれば究極の選択で、抵抗せずにクーデターで殺されるか、抵抗を拒んでここでブルブリスたちに殺されるか、それとも、一《いち》か八《ばち》かクーデターに抵抗して潰《つぶ》すか、どれかを選ばなければならなかった。結局、起《た》ち上がるしかなかったわけです。

八月クーデターの時、なぜファクスが遮断されなかったのか

『国家の罠』（新潮社）の序章に書いたように、私は、イリイン第二書記を始めとするロシア共産党の幹部と親しくしていたので、クーデターを巡っては、守旧派共産党、エリツィン急進改革派の両方からさまざまな情報を採ることができました。そのとき、どのようにして、どんな情報を採ったのかについては、そこに書いたので繰り返しません。そこに書かなかったことを話しましょう。

あのとき不思議だったのは、インターファクス通信のことなんです。クーデター派は国営のテレビとラジオの放送局は基本的に全部抑えたんですよね。それからタス通信もノーヴォスチ通信も抑えた。それで、一日中クラシック音楽とバレエの『白鳥の湖』だけを流してたんです。しかし、なぜかファクスを抑えなかったんです。ファクスを遮断しなかったものだから、改革派系のジャーナリストたちがファクス機を持ってホワイトハウスの中に籠城し、インターファクスを通して情報を流したわけです。

ちなみに、インターファクスというのはもともとモスクワ放送にいたユダヤ系の人を中

心とした通信社なんですが、こんな仕組みだったんです。モスクワ放送で、色々な地方のネタとか経済情報が放送されてそのまま終わりになる、あるいは、放送されないでボツになるニュースがある。そうしたニュースを、契約して外国人の記者たちに配るということから始まった通信社だったんです。その場合、新聞を発行すると検閲とかがうるさいわけですが、電話で人にものを伝える分には全然問題ない。それに、それまでファクスというものがソ連になかったから、ファクスを使う伝達は電話と同じ扱いになるわけなんです。そこで、ファクスで通信する通信社が隙間産業としてできたんです。それまではほとんど影響力がなかったんですが、このときの働きによって、エリツィン時代には事実上の国営通信になるわけです。

ちなみに、クーデターが起きたとき、最初の二四時間はバルト三国全部と電話が通じたんです。ところが、二日目から、ラトヴィアだけ通じなくなっちゃった。どうしてラトヴィアだけ遮断されたのか、わかりません。ただ、そのとき、ちょっと奇妙なことがありました。

クーデターが始まる直前のところで、ラトヴィアの共産党ナンバー1のルビックス第一書記から私のところに電話があって、「本を取りに来い」と言うんです。それで、行ってみると、「しばらく忙しくなる」と言って、ラトヴィア共産党史の本をくれたんですよ、クーデターが起こる前の週のことです。それで、クーデターが起きた日の朝に、ソ連共産党中央委員会があるオクチャーブリ第二ホテルに電話をしたら、ルビックスが出て、「至急戻らなければならない。先週言ってたことが何だかだいたいわかるだろう」というようなことを言うんですよ。だから、ラトヴィアの連中は知っていたに違いないと思われるんです。彼は、クーデター失敗の後、五年ぐらい、国家反逆罪で投獄されてしまうわけなんですけど。

それから、もう一つ不思議なのは、小さな無線機、といってもモスクワ全域をカヴァーするぐらいの放送機材をホワイトハウスの中に持ち込んで、「エコー・モスクワ（モスクワのこだま）」という放送を二四時間流し続けていたんです。「いま我々はこういう抵抗をしている。軍の方でこういった動きがあった」と、ず〜っと抵抗派の情報を流していたんです。ところが、クーデター派がそれに対して妨害電波を出さない。しかも、ホワイトハウスに対する電気の遮断をしない。はたして、これがクーデターだろうか。

ですから、私は、このクーデターなるものを見ながら、ときに非常に不思議に感じました。

だから今でも、一般的にはクーデター未遂と言っているけれども、当事者たちはクーデターを起こすという意識はあまりなかったんだろうと思っています。ゴルバチョフと阿吽《あうん》の呼吸できていて、要するに、「よきにはからえ」式の黙認で、やったあと御輿《みこし》の上に乗ってくれるんだという思惑で始めたんだと思います。けれども、御輿の上に乗ってくれないで、本気で潰しにかかってきたので驚いた。驚いて、その後、反撃態勢がすぐには取れなかった。その間隙《かんげき》をうまくついて、横合いから出てきたエリツィンが権力奪取の態勢を固めていった。と、だいたいこういうことだったのかなと思っているんです。

八月クーデターについては、ブルブリスと何回か話をしたんですが、彼はこう言うんです。

「これはクーデターじゃなく事故だ」

「事故ってどういうことですか」

と私が訊《き》いたら、

「これは政治的チェルノブイリだ」

と言うんです。

「ソ連を原子炉とすると、その炉心の真ん中がちょっとした手違いによって熔《と》けちまったんだ。それで爆発してしまった。だから、これは政治的チェルノブイリなんだ。基本は体制が疲弊していることによって生じた事故だ」と。

このブルブリスという人は面白い男でね。彼がいなければ、あのような形でのソ連崩壊は絶対に起きなかったですね。とくに、最後にソ連崩壊を決定づけたＣＩＳ体制への「ビロビシュク合意」は彼が書いたんですから。しかし、ブルブリスは、権力の絶頂にいるときから、自分の役割に関しては、いつも非常に控えめというか、突き放したようなふざけた言い方をしていました。

そういう人間であるブルブリスによれば、これは決して革命でもなければクーデターでもなくて、「事故だ、政治的チェルノブイリだ」ということになるわけです。

ここにある強い問題意識というのは、結局「国家のあり方」とか「国体」とかいうのは、物凄《ものすご》く動くものだということなんです。固定的なものではないんだと。そのことを、この八月クーデターで、私は思い知った気がします。

エリツィンが仕組んだ「ジャンパー姿のゴルバチョフ」

とにかくあの四日間、八月クーデターの八月一八日から二一日については、映像の力が大きいと思うんです。結局、映像の力なんです。

エリツィンがピシッとした恰好《かっこう》で人を送って、ゴルバチョフたちを迎えにやる。そこで、ゴルバチョフは空港にジャンパー姿で降りてきたんです。あの映像です。あの映像で全てが変わったと僕は見ているんです。

しかも、これはエリツィンが仕組んだことだったんです。エリツィンは、自分の手下をゴルバチョフの迎えにやって、あえて背広に着替えさせないで、ジャンパー姿をテレビに映させたんです。権力を崩すには、まず権威を崩す必要があるということをよく知っていて、ピンポイントでみごとに権威失墜の演出をしたわけです。

その後、人民代議員大会をやるわけです。ところが、このとき議場は野次と私語で騒然としている。以前は人民代議員大会でも党大会でも、ゴルバチョフが登場すると野次は止まって、ピッと張り詰めた雰囲気が生まれたものなんです。ところが、もうガヤガヤが収まらない。ひと言で言うと、「もう怖くなっちゃった」ということです。それは、やっぱり〝ジャンパー〟だと思う。ゴルバチョフは、ジャンパーでプラットホームからヨロヨロとした感じで降りてきた。そして、髪の毛もちゃんと梳《と》かしてなくて、実にパシッとしていない。「なんや、ただのおっさんやないか」こういう感じになってしまった。あの瞬間ですよ。

それまでゴルバチョフは、権威を幻影で保ってきた。その幻影が最終的に誰の目からも剝《は》がれ落ちたということです。だけど、本人だけは、剝がれ落ちたことを知らない。だから、映像は怖いと思いました。

クーデター失敗後のエリツィンの手際は見事だった

それから、クーデター失敗直後に、エリツィンは、事態を実にうまく沈静化させました。そのときの手際は見事でした。反体制の人間だったら、ああいうふうにはできない。体制側にあって、システムの弱点が全部わかってるから、手を握らなきゃいけないところとは全部手を握って、排除しなければならないものを最小限に絞っている。

クーデター失敗後数日間に打った手はどういうものだったか。

「共産党の下部の人間には全く責任がない」と言って、罪が被《かぶ》せられないように措置しました。それから、秘密警察と軍を安心させる必要がある。そこでエリツィンはあえて副大統領にルッコイを入れていたわけです。ルッコイは軍人、しかもアフガンの英雄で、空挺《くうてい》部隊を握っている。これを副大統領に取り込む。それからロシア共和国のグラチョフって国防相も空挺軍部隊です。こうやって、最大の暴力装置、一番の最精鋭部隊を全部押さえた。そして最高会議の議長には、ムスリムでチェチェン人のハズブラートフを持ってきた。そのネットワークを使って、とにかく不満分子が出てこないように要所要所を押さえつける。だからある意味では革命が起きないようにして、ここのところ以上には及ばないよっていうのをはっきりさせた。それで、こっちに来れば生活が安定してるよと言って、官僚たちをまず押さえちゃったんですよ。最初の一週間ぐらいで。

これ、反体制側の人間だったら、共産党本部襲撃とかKGB本部襲撃とかをやって、市街戦とかになって、大変なことになっていた。エリツィンは、そんなことは決してやらなかったし、やらせなかった。

しかし同時にガス抜きやパフォーマンスはやるわけです。私も見たんですが、KGB本部の前で、秘密警察の象徴的人物だったジェルジンスキーの銅像を引き倒したわけです。群集が集まってワーッとやるんですけど、同時にエリツィンの出した自警団が、KGB本部を守ってたんです。あのときにはKGB本部と共産党中央委員会が襲撃され、放火される危険があったんです。そうなれば、市街戦にもなりかねない。だから、絶対にKGB本部にはデモ隊が行かないようにしていたんです。そして、ジェルジンスキーの銅像に群集の全エネルギーを集中させて、エリツィンのほうからクレーン車なんか出して、倒された銅像がクレーンで持ち上げられたら、みんな、ワーッと喝采《かっさい》して、それでワーワーッと、飲みに行って終わりになっちゃった。ジェルジンスキーの銅像が倒されて持っていかれたことで、世の中変わった、新しい時代だ、秘密警察も党も終わりだ、ということになって、KGB本部にも党中央委員会にも押しかけないで、満足してしまった。

翌日、市民たちと観光客が来て何をやっているかと思ったら、ジェルジンスキーの銅像が載っていた台座の大理石を掻《か》き取って、それを売って歩いてるんですよ。誰もKGB本部の襲撃には行かないし、共産党本部にも行かなかった。

エリツィンの強みは共産党のトップである政治局員候補までいったことにあります。だから、体制側の仕組みやメンタリティやどこをどう動かせばどう反応するかということを知悉《ちしつ》していた。そこで、クーデター失敗直後の状況の中で、暴力装置とは絶対構えない、本当に力があって一番強い奴とは構えないと決めたわけです。それでゴルバチョフたちを孤立させてしまうことができた。

エリツィンとソルジェニーツィンの一致点

それから、もう一つ強調しておきたいのは、経済状態に関しては、一九九一年に入ってからはむしろ良くなっていたということです。どん底は一九八九年ぐらいでした。九〇年あたりからは外国の物資を入れるようになったし、人道支援物資なんかも入ってきていますから、とくに消費の面では良くなっていて、九一年には、経済状態が目に見えて良くなっていたんです。食料品を求める行列とか、石鹸《せっけん》を求める行列とか、砂糖を求める行列とかが解消しているんです。

だいたい体制転換というのは、必ずちょっと良くなったところで起きるものです。どん底に落ちた後で少し上向いたという感覚が出たときに、やっと色々と政治を操る余裕が出てくる。いわゆる窮乏化革命というのはありえないように思えるんです。とことん苦しくなると、日々の生活に精一杯で、かえって大きな変革には向かわない。そのどん底を抜けて上に向かい始めたときに、必ず不満が現われてきて、大きな革命行動が起きるっていうのが、私がソ連とロシアで見てきたパターンなんです。このときもそうでした。

八月下旬というと、ロシアではもう秋なんです。その季節には、冬に向けての備蓄をどうするか、みんなそれで頭がいっぱいになります。冬用のジャムを煮たり、トマトの塩漬けをビンに入れたり、キュウリのピクルス作ったりとか、しなければならない。経済状態が悪いときには、冬になってパンやジャガイモがなくなるのではないか、という心配があったわけです。ところが、一九九一年の頃には、そういうことをもう心配しないでよかったわけです。冬場になってもジャガイモがなくなったり、黒パンがなくなったりすることがない。タバコも出回るようになりました。そういうところから安心感、安定感を持ったんです。

それから、もう一つ、後から振り返ってわかるのは、ソ連が本当に壊れ出したのは、一九九一年一月のバルト三国での衝突からだったということです。

このとき、バルトの紛争に関して、ゴルバチョフが、あくまでソ連邦を維持するのか、それとも、もはや出て行きたいところは出て行っていいという態度なのか、どっちなのか、明確な方針を示さなかった。それが如実に出て、連邦がバラバラになり始めたわけです。

そのときの、エリツィンの考えというのは、ひと言で言うと、「バルトは連邦から出て行っていいし、むしろ、それよりも出て行って欲しいのは中央アジアだ」ということだったんです。一九九〇年にNHK出版から翻訳が出ていますけど、『甦《よみがえ》れ、わがロシアよ――私なりの改革への提言』というソルジェニーツィンの論集があります。原著の題名を直訳すると「我々はどのようにロシアを再建するのか」となります。そこで言われているのは、一つには、力ずくで取ったバルトはもう離れてもいいということ、それから、柔らかい横腹というかぜい肉になってしまった中央アジアは切ってしまった方がいい。そして、それによって、スラヴの帝国としてのロシアを生き残らせるんだということです。つまり、ロシア、ウクライナ、ベラルーシをコアとして、あとはコーカサスで入ってくるというところがあれば入れてやって、そこで生き残るんだという、本格的な連邦リストラ計画です。エリツィンの考えは、このソルジェニーツィンの考えと同じなんです。

この前にも申し上げたように、エリツィンには二つの異なった足があるわけです。一つは、ロシア・ナショナリズムです。もう一つは、市民社会的改革派思想です。その二つの異なる潮流が、あの一瞬において、小さいロシアへの再編という点で一致してしまったんです。ソ連を解体して小さいロシアにするという構想が、左右両派（ロシア・ナショナリズム派と改革派）の間でシンクロしちゃったんですね。どちらもそれでいいんだということになった。共産党の守旧派は、あくまで社会主義、連邦維持です。そういう状況の中で、ゴルバチョフは急速にオリエンテーション（方向づけ）ができなくなっていく。

要するに、ゴルバチョフはどっちかにすればよかったと思うんです。そして、ソ連共産党の書記長である彼の基盤は当然のことながら共産党ですから、採るべき方向はソ連邦維持以外あり得なかったはずなんです。逆に言うなら、もしソ連の大統領としてソ連をリストラして、他のところを独立させていく方向を採るならば、共産党の書記長を辞めればよかったんです。それを兼任したところで、結局のところゴルバチョフは、どんどん深淵《しんえん》を広げていく亀裂《きれつ》の両側に足をかける状態になっていったわけです。

側近集団の対立を煽るエリツィンの手法

この点は前にも強調したことですが、エリツィンという人は火事場になるとあまり強くないんです。ですから、あのとき、エリツィン自身も、実のところはオリエンテーションを立てられなかったんです。ただし、自分が修羅場に弱いということを知っているので、側近集団に任せたわけです。それで、ブルブリスを中心にして側近集団がオリエンテーションを立てたんです。八月クーデター後も、そのオリエンテーションに従って動いていますから、あの後おこなわれた改革も、ブルブリスたち主導のものになっているんです。その改革を評価するうえで重要なのは、その側近集団のそれぞれの考え方を知ること、側近集団内部の重心がどう変わっていったかを見ることです。あそこでは、エリツィンのブレーンは、ブルブリスとシラーエフとルツコイの、いわばトロイカ体制だったんです。それに、側近とは必ずしも言えませんが、最高会議議長のハズブラートフを加えてもいいでしょう。

これが全体で、経済は、当時のロシア首相であるシラーエフに任せていました。このシラーエフの経済に対する考え方はどういうものか、ひと言でいうと漸進的な形で計画経済を替えていくんだという、コスイギン改革の延長線上にある考え方です。その意味においては、大枠ではゴルバチョフと同じなんです。

エリツィンは、まず、このシラーエフを切るんです。そして、シラーエフ首相を切って代わりにだれを任命したかというと、首相職を設けないんです。首相職を設けないで、大統領が首相を兼任して経済改革をやっていくというスタイルにする。それで、実質の〝首相〟としてはガイダルを首相代行にする。こうして、ガイダルとブルブリスの体制ができる。実際は、ブルブリスは、国務長官——この国務長官という職は、アメリカの国務長官とは全く別で、副大統領という職とも違う、ラインに入らない形での権力のナンバー2です——というところにいて、彼があっちこっちの隙間を埋めながらかなり自由にできるようになった。こういう構造になったわけですよ。

ですから権力のセンターが、あの時点において、ブルブリスの権力と、ルッコイの権力と、ハズブラートフの権力、それぞれがエリツィンに繋《つな》がっていて、同じ課題を与えられてエリツィンとの関係で競争するという図式になっていました。すると、当然のことながら、お互いに仲が悪くなるんです。そんな様相のもとで、一九九一年の秋から冬にかけて、側近集団の中でブルブリスの力が圧倒的に強くなった。エリツィンは、国家の基本的な構成については全部ブルブリスに相談しながら決めるようになった。

その時の、連邦再編についてのブルブリスの考え方を見ると、ブルブリス自身は、今のCIS（独立国家共同体）みたいなものを作ろうとは必ずしも考えていなかったわけです。それから、ブルブリスには、ソ連邦を解体するという意識はなかったんです。そうではなくて、「ソ連邦は解体されているから、それを追認するだけなんだ」という認識でした。すでに解体されているのだから、〝維持する〟という発想自体意味がないのであって、解体状態を追認するしかないんだ、というわけです。

ただ、ブルブリスとしては、中央アジアを切りたかったんです。そこで、スラヴ三共和国、つまりロシア、ウクライナ、ベラルーシの連邦というソルジェニーツィン・モデルで行こうと考えていたんだろうと思います。ところが、中央アジアの方が「切らないでくれ」と言ってぶら下がってきた。そうやってぶら下がってきたものは、過去のしがらみからいったら切れないということで、中途半端な、ああいうCISのような体制ができたということです。

それから、当初の時点ではCISというのは、そんなにかっちりと固まった形では出てきていないんです。だから、最初のうちは、CISというのがソ連の変形なのか、それとも独立国の集まりでゆるい連合なのか、よくわからなかったんです。それが決定的になった要因は、私は軍だと見てるんです。CIS合同軍総司令官としてシャーポシュニコフがいる。それでは、そこに指揮権を持たせ、軍隊を持たせないで、軍隊を持たせるのかどうかということで、最初ガタガタしてたんですけど、結局は、グラチョフ国防大臣の下にロシア軍を創設する。これを決めたところで、ソ連は実体的に解体したというふうに私は見ていました。そうなるまでの二、三ヶ月間にはジグザグがありました。

ゴルバチョフが回想録の中で「遠心力が強すぎた」と語っていましたが、それは実態から全くずれた話で、遠心力が強すぎた以前の話であって、権力の真空が生じてしまっていたんです。権力というのは真空を嫌いますからね。真空があると、そこにいろんな権力が入ってくる。そういう真空状況の中に、たとえばチェチェン・マフィアなんてのも、そこに入ってきたわけですし、あるいはモスクワのソンツェフ組なんていうマフィアも大きな力を得たわけです。

この辺については、ソ連崩壊後の話をするところでお話ししたいと思います。

Ⅶ

社会主義の死亡宣告

概略と問題意識

宮崎　学

エリツィン時代の幕開け

ここでは、一九九一年一二月にソ連が消滅したときから、一九九三年一二月までのエリツィン時代のプロセスについて聞いていきたいと思う。

このときのロシア共和国の政治機構というのは、まだ人民代議員大会と最高会議という形式をとっていて、ペレストロイカ期の体制を踏襲していた。ところが、ソ連崩壊後の過渡的な状況の中では、そのような旧来の政治機構では、実際問題として何の決定もできない。そこで、なんらかの臨時体制が必要になり、事実上の全権委譲法案のようなものを成立させる。これは「とりあえず一年」という時限立法だが、それを何回か延長していき、そして、人民代議員大会と最高会議は一九九三年九月二一日に解散された。

人民代議員大会＋最高会議という政治システムは、一方で議会制民主主義への転換という面を持ちながら、他方で「全権力をソヴィエトへ」というスローガンでソヴィエト権力の強化であるかのような装いを持つという二重性を孕《はら》んでいた。これは、経済システムにおいて、社会主義経済システムを維持しながら、そのシステムを新しいものに組み替えていくという手法を採ったのと同様に、三権分立を止揚したソヴィエト・システムを維持しながら、そのシステムを新しいものに組み替えていくという手法にほかならない。だが、経済においてと同様、政治においても、このような手法は破綻《はたん》し、ソヴィエト型制度の全面的解体と新しい政治システムの導入に必然的にいかざるをえない。こうして、「大統領特別統治」の名の下に、エリツィンの独裁体制ができるが、この独裁体制をどういうものだと見るかは大きく評価を分けるポイントであろう。

ともかくエリツィン独裁体制は確立し、一九九三年四月二五日の国民投票では、大統領として五八・七％の信任票を得て大きな支持を集めてはいたが、政治的には必ずしも盤石の体制とはいえなかった。反大統領派も相当な勢力を持っていたからだ。

エリツィン独裁体制の成立

そして、その対立が火を噴いたのが、一九九三年の十月事件だ。

一九九三年一〇月三日、ルツコイ、ハズブラートフら反大統領派がモスクワ市庁舎やテレビ局を占拠、これに対して、エリツィン大統領は、非常事態を宣言。翌日、反大統領派が立て籠《こ》もった最高会議ビルを国防省軍が砲撃して制圧した。

こうして、一二月一二日の憲法改正の国民投票、新議会選挙が実施されたわけだが、ここでは新憲法は採択されたものの、議会選挙では、エリツィン派与党の「ロシアの選択」

は多数を取れず、共産党（一二・四％）と農業党（七・九％）の旧共産党連合と極右ジリノフスキーの自由民主党（二二・九％）が擡頭《たいとう》するという政治的に不安定な状況が続く。

この十月事件は、長期的な政治変動から見てどのような意味を持っていたのか。また、結局、ペレストロイカがめざしていた構造改革――社会主義を維持しながら現状に対応した新しい社会主義のシステム作り――という路線は、成功しなかったわけだが、そもそも、旧ソ連において実現していたシステムとは、いったい何だったのかということが問題となる。それは、ペレストロイカ進行中にも、ソ連崩壊を予言することはできなかったのはなぜか、という私の疑問とも繋《つな》がっている。以上のような問題意識に基づきながら、佐藤さんに、お話をうかがいたい。

破滅的状況の中の人間ドラマ

佐藤　優

インフレ率二五〇〇%の社会

まず経済システムの転換から見ていきたいと思います。

一九九一年は比較的経済状態がよかったといいましたが、九二年に入ると、ショック療法を始めとして急激な経済改革をやっていくわけです。このときは、もう漸進的な計画経済の転換ということではなくて、市場経済を全面的に入れるという構えでやっていたわけです。一九九二年の新春早々始まったガイダルの〝ショック療法〟、これがまたメチャクチャでした。インフレが年率で二五一〇%ですから、それまでソ連時代に持っていたタンス預金なんか全然意味がなくなった。

ただし、価格の自由化の効果は確かにあったんです。一月二日にショック療法を始めて、三日、四日は変わらなかったが、五日になったら国営商店の棚に商品が山ほど出てきたんです。価格自由化の効果です。それで、その瞬間から行列というものがなくなった。これは画期的だったですよ。

ですから、今のロシア人というのは、一九八〇年代初頭までに生まれた人たちとそれ以降に生まれた人たちとでは、生きてきた世界が違うんです。前者の世代は、行列を知っている。ところが、後者の世代は行列を知らないんです。ただし、金不足っていうものを知っているんです。行列世代は、お金がなくて困ったという体験はあんまりありません。金がそれ自体としてあまり意味をもたない時代、お金はあるんだけど、モノがない時代に生きていたわけですから。

このショック療法の年に、統計によると生産が六割減になったとか、半減したとか言われています。たとえばウラルのエカテリンブルグの場合、そういう統計が出ているが、僕は信じない。こういうとき、統計としては、基本的にエネルギー消費量を見るべきだと思うんです。エネルギー消費量を見た場合、エカテリンブルグでは、一九九二年に産業生産が六割落ちたというけれども、エネルギー消費量（これは電力消費量で見た場合ですが）は、一割ちょっとしか落ちてないんです。

ソ連時代にはノルマがある。だから、ノルマに対しては過大申告するわけです。たとえば小麦を納入する場合でも、ソ連時代には乾かす前に計っていたんですよ。水分をたっぷり含んでいるから、重さが違う。重さでノルマが評価されるから、乾燥前に計っていたわけです。ところが、九二年に価格が自由化されると、今度は逆に過少申告になるんです。どうしてかというと、税金を払わなければならないからです。だから、税金を少なくするために、小麦なら徹底的に乾かしてから計るわけです。だから、生産量というのは価格自由化の前と後を比較してもあてにならないということです。

ところが、エネルギーの使用量というのはごまかせません。経済が半分に落ち込んでいるなら、エネルギー消費量も少なくとも三割から四割減になるはずです。それが一割ちょっとしか落ちていない、ということは——民生部門で突如ロシア人の使う電力消費量が大きくなったとは考えられないですから——実は経済はそんなに極端に落ち込んでいないんじゃないか、こういう見方も可能なんです。

そして、ひと言いえるのは、あのとき、ロシア人が飢えて死んだという話は聞いたことがない。

モスクワにはホームレスもいるが、ホームレスが飢えて死んだという話はない。国民全体が、ホームレスに対して非常に暖かいですから。あれは寒い国の文化だと思う。弱者に配慮しないと、みんな死んでしまいますから。ロシア人というのは、日本人の感覚からすると凄《すご》く残忍なところと、凄く優しいところが同じ人間の中で同居しているんです。それから、ロシア正教の伝統もある。ちょっと精神に障害を持ったホームレスの人を、ロシア正教では〝神がかりの聖人〟として大切にするんです。その雰囲気は今もある。だから、そういう人たちに対する偏見はそんなにひどくない。

この時期、日本のテレビでは、ロシアはほとんど破綻状態だと何度も繰り返し報道していたようですが、実態はそうではなかったわけです。あの頃流されたNHKの「モスクワ冬物語——共同住宅の四〇日間」は大嘘の作り話だってことは有名です。だいたい、あそこに出ているお婆《ばあ》さんがなんであんなに太っているんだ？　という話ですよ。一日に三〇〇〇キロカロリーぐらい摂《と》ってないと、あの体重は維持できないぞってことです。外国メディアが求めていることを察知して、頼まれなくても、ロシア人の方からちゃんと演技してくれるんです。

資本家になった人間の陰に夥しい死者の群れ

経済改革に話を戻しましょう。ショック療法の後、金融財政改革をやったり、国営企業の民営化をやったりしていくわけですが、これは別の言い方で言うと、ぶん取り合戦が始まったということです。

ソ連が崩壊して、価格自由化が実施された。そうすると、自由にものごとが言えるようになったし、モノが出てきて自由に買えるようになった。ここで重要なのが秘密警察の解体です。本当に秘密警察を解体したんです。それで党の統制も崩れた。本当に自由で、何でもありになったんです。だから、あのときには、数ヶ月間ですが、まったくアナーキーな状況があったんです。

そういうアナーキーな状況にあっても、案外、人は悪いことをしないものです。結構うまくいっていて、秩序は保たれていた。ただ、その中でモノがあっても金がないという状態を初めて体験したわけです。

一九九三年に九二年以前発行の旧紙幣の流通停止措置を行いますが、このときはもう、たいしたパニックにはならなかったんです。先にお話ししたように、一九九一年に流通停止したときは大パニックだったんですが、もう二回目だから免疫があった。けれど、こういうことをして何が起きたかというと、権力に対する信頼が本当になくなったということです。

だから、みんなドルを集めるようになったわけです。その結果、当時モスクワで物凄《ものすご》く高く売れたものがあるんです。それは簡易偽札鑑定機なんです。当時ロシアのルーブルベースだと、一月の給料が七ドルか八ドルですから、一〇ドルの偽札を摑《つか》まされたら大変なことになるわけです。ところが、カッチリした銀行に行って鑑定しているような余裕はない。町のあちこちに雨後の筍《たけのこ》のように簡単な箱の両替所ができて、そこには偽札鑑定機がある。日本の会社も結構それで儲《もう》けたと聞いています。

それで、ルーブルとドルのレートの変動が激しくて、常にルーブルが落ちるわけじゃなくて、ルーブルが上がることもある。二割から三割の変動がありますから、その利ざやをうまく稼ぐとそこそこのものになる。ですから、まともに働くよりも、みんな朝会社に来たら新聞を見て「さて、ドルとルーブルの値動きがどうなるか」ということと「ねずみ講がどうなるか」ということに関心を持つわけです。みんな、そうやってたくましく食べていたんです。

それで、結構はしっこく金儲けをした連中は、どういうことをやったか。たとえば、石油の製油所と話をつけて、タンクローリーを一台買うんです。ソ連にはガソリンスタンドがあまりなかったんです。限られた場所にしかなくて、ガソリンが慢性的に不足だったんです。それで、道の横に止めたタンクローリーから、ガソリンをチューッと入れるという商売を始めた。市場価格よりちょっと高いんですが、結構流行《はや》った。それで儲けて金融資本家になったり、石油王になったりした人がかなりいます。ちょっとしたところで、はしっこいヤツがみんな儲けていくわけです。

そのように、急速な形で資本の原始的な蓄積が行われたわけです。それをサポートしたのが民有化証券、国営企業資産を分割する私有化小切手です。経済状況の見通しがつかないし、なにしろ政府がいきなり紙幣の流通なんか停止したりするわけで、民有化証券で一万ルーブルあったとしても、「こんな紙なんか、いつ金になるかわからない」という状況だから、額面以下で売ってしまうケースが多かったわけです。ところが、一方で、それを集めて、大きな企業を買い取ったりするヤツも出てくるわけです。そして、終わりのほうになると、それが額面の一〇倍とかで売れるようになった。これによって、合法的な体裁の下で、資本家ができたということなんです。

さらに、急進的市場改革者のチュバイスを中心に国営資産の民営化が行われました。一人ひとりに額面一万ルーブルの小切手を配って、それを証券市場で売却してもいい、あるいは株式を購入してもいい、あるいは投資ファンドに預けて運営してお金をもらってもいい、ということにしたんです。

私もやってみましたが、金が金を呼び、マネーゲームとしてはなかなか面白かったです。

この頃は、ネズミ講の会社なんかも出てくるんです。たとえば、MMMというマヴロージのネズミ講会社なんか、全く投資しないんです。それで、「今日買った債券は明日いくらで売ります」と、勝手に値段を決めるわけなんです。売りと買いというのを毎日翌日の数値を出して、モスクワで小金ある連中は、みんなそれを買ってたんです。それはもちろんネズミ講方式でやってますから、どっかで破綻するのは目に見えているんですけど、これがすぐには破綻しなかったんですよ。そのネズミ講は一九九二年に始まって九四年まで持ちました。

こういう過程が進めば、当然、貧富の差が急激に進行します。これは、結構面白かった。同じような市営住宅に住んでいる人たちの中で、片っ方が大変な金持ちになって大邸宅を造れば、もう一方は市営住宅の中で、以前よりも貧しくなったという例はいくらでもありました。

大きな格差が一九九二年の半年から一年で生まれているわけです。資本家というものは、こうやってできるんだというモデルをいたるところで実地に見ることができました。だから、面白かったんです。

ただし、今も資本家として生き残っている成功者の陰には、激しい競争に敗れて、相当の人が命を落としているわけです。

ソ連崩壊直後、幸福な無政府状態があった

この期間、給与の遅配問題が深刻になるんですが、みんな研究所とか工場に出勤してくるんです。ロシア科学アカデミーの民族学人類学研究所なんか、給与が三ヶ月遅配になって、当時最低限の生活を維持するのに一人六〇から七〇ドルかかるのに五ドルぐらいしか払われないんです。それでも、みんな研究所に出勤してくる。「入口でコインを入れないと中に入れないようにしても、みんな来るだろうな」とか言って学者たちは笑ってました。これは学者に限りませんでした。大学では、黒板消しがなくなってしまい、チョークがなくなってしまっても、学生たちはみんなやって来て、授業を受けていました。

それだけではない。工場労働者もそうでした。生産ラインが一日二時間ぐらいしか動かなくても、みんな工場に来て、一日中いるんです。日本で半年以上給料を払わないで、工場に労働者が来ると思いますか？　来ないでしょう。だから、そのときは私も、冗談抜きでロシア人は勤勉だと思いました。

大工場には幼稚園や病院も付いているんです。医者や保母さんたちも、やっぱり無給で診療して子供たちを預かっているんです。いったいどうやっているのかよくわからないんですが、食料とか医薬品とか、どこかからみんな調達してくるんですよ。

そして、農村部だけでなく都市部も含めて、共同体が崩れなかったんです。そんな状況の中で不思議な話ですが、立ち食い大衆食堂（スタローヴァヤ）には、いつも肉もスープ

もパンも山ほどある。餃子《ギョーザ》なんかもある。そういうところは、逆ザヤで維持されているんです。ロシア人というのは不思議で、どんなに市場経済化とかなんとか言っても、そういう大衆食堂とかは逆ザヤのものを作っているんです。それによって、飢えないようになっているんです。

とにかくみんな楽しそうだった。「楽しさ」があった。その感じが横から見ていてうらやましいぐらいでした。そして、そこには、色んな人間ドラマがありました。金持ちになって殺伐とした人間になった者もいるし、逆にそうやって儲けた金をみんなにバラまいて助けた人もいる。家族や友人同士の助け合いの絆《きずな》は、間違いなく強まりました。だから、私はあのときにロシアの底力を感じたんです。

知的世界は百家争鳴状態だった

それから、これはロシア科学アカデミー、民族学人類学研究所の学者から聞いたんですが、ソ連崩壊後、とくに一九九二年には学術書の出版点数が増えているんです。ソ連時代は『平和に向けたブレジネフ同志の諸発言と発達した社会主義の諸問題』みたいな論文ばかりで、ほとんど誰も読まないのに、五〇万部ぐらい印刷していたわけです。そういうことはなくなりました。その代わり、たとえば『中央アジアにおけるドイツ人問題のモノグラフ』なんて、いままで出せなかったようなものが出せるようになった。わずか一〇〇部とか一五〇部なんだけれど、ともかく自由に出せるようになった。ですから、総部数は減ったんですが、出版点数は六、七倍になっている。

それから、ソ連時代に禁止されていた書物が全部読めるようになりました。そういう本が、いろんな分野で雨後の筍のように出てきた。反共系のものもそうですが、たとえば点数としては少ないですけど、トロツキーやスターリンのものも、色々と出ました。スターリン全集は一三巻で終わっていたんですが、この頃に一四、一五、一六巻と続けて出されて完結している。ペレストロイカの中でも逆にタブー視されていてできなかった、スターリンの肯定的な見直し、ブレジネフの肯定的な見直し、あるいはミーチン（スターリン派哲学者）の再評価など、そういうものが全部出てきて、本当に百家争鳴状態になっていたんです。

実は、この時期、ほとんどのロシア人は働いて稼いでいたわけではなかったんです。それまでのソ連の資産と、外国からの援助で食い繋いでいたんです。それでいけたということです。裏返すと、そういう世界的な規模のタニマチ（後援者）が付いているときには文化が発展するんです。ですから、あの時期には、知的世界が非常に活性化したということです。

ところが、不思議なもので、この百家争鳴状態の知的生産は、一九九一年から一九九五、六年までの約五年間で全部出尽くした感じで、その後、インテリは急速に積極性を失ってしまって、「国内亡命」のような状態に引きこもってしまうんです。

このように、ソ連崩壊からエリツィン第二期政権までの五年間は、私にとって非常に面白い五年間でした。日本のニュースでは、ソ連という国が潰《つぶ》れてしまって、マフィアだけが暗躍する無政府状態になっている、という感じで報道されていましたが、実際には、そのような広範な相互扶助、知的世界の活性化など、むしろ、楽しく手応《てごた》えのある活発な社会になっていたんです。

スポーツ担当省とスポーツ組マフィア

当時のマフィアがやっていたことは、官営工場の払い下げを受けて、それを元に儲けていくことですから、創設期の三井や三菱と同じです。国家と適宜繋《つな》がりながらやっているけど、しかし、同時に民間暴力装置もセットしている。マフィア系の政党も「ロシアの選択」（九四年以降は「ロシアの民主的選択」）とかいくつかあるし、院外団もある。もっとも、マフィア系政党に限らず、共産党だって院外団を持っています。ロシア連邦共産党には院外団何々組みたいのがあるわけです。

政治というのは、ある意味では暴力ですから、こういう時期には、暴力がストレートに表に出てきて、わかりやすいんです。国家が公に持っている秘密警察のような暴力が弱くなったときには、民間セクターの暴力組織が出てきて、それによって均衡が維持されている。

民間暴力といっても、無統制のものではなく、そこにはおのずから暗黙のルールができていて、掟《おきて》破りをやって固有の世界に手を突っ込むようなことをしなければ、やられないんです。だから、やられる人にはみんな、やられる理由があるんです。そこはしっかりしています。

その頃、組として力を持ってきたのは、前にもお話しした、スポーツ組です。

小学生のときから、がたいのいいやんちゃなのを集めて特別のスポーツ専門校に入れて、毎日ケンカさせて、特別のメシを食わして、筋肉増強剤打って養成するわけです。それで、実際に選手になるのはその内の数人ですから、残りは、昔は各地区ごとのスポーツセンターのトレーナーなんかをやっていましたが、ソ連が崩壊してそれがなくなっちゃって、食べていけなくなった。そうしたら、その腕力を利用してどういう商売ができるかと言えば、非常にわかりやすいわけで、みんな、そういうお兄さんになった。そしてスポーツ組という横の助け合いのネットワークが簡単にできるわけです。

そこで、ロシア政府としてもそれを管理しないといけないということで、スポーツ担当省という役所を作った。これ、下は全部「組」なんです。前の時代、そこの大臣がタルピシチェフというテニスの先生でした。このタルピシチェフが実は大きな力を持っている。

エリツィンが不遇の時代、ラトヴィアに夏の休暇で遊びに行ったときに、エリツィンが歩くと、出エジプトのモーセが紅海《こうかい》を渡ろうとしたときに海が割れたように、みんな逃げちゃうんです。その中でエリツィンと普通に付き合ってテニスをしてくれたのがタルピシチェフなんです。タタール人でイスラーム系の人で、ソ連ナショナルチームのテニスコーチで、ウィンブルドンにも毎回行っています。日本にも何度も来たことがあって、凄《すご》く気持ちのいい人です。結局エリツィンの傍から逃げなかったのは、このタルピシチェフと、もうひとり、ボディーガードをやっていたコルジャコフの二人だけでした。彼ら以外は、みんな逃げちゃった。だから、逆にエリツィンが権力を取り戻した後、その二人は特別扱いだったんです。

コルジャコフは、最後、エリツィンと決別してしまって、暴露本を書きますけど、彼の場合、利権漁《あさ》りも相当激しかったんです。タルピシチェフは、ポストを二つ持っていました。スポーツ担当の大臣であるとともに、スポーツ担当の大統領顧問でした。クレムリンで、エリツィンの隣に執務室を持っていたんですよ。私は、このタルピシチェフのところに、よく遊びに行きました。エリツィンが彼を重用するのを見た人たちは、みんな馬鹿にするんです。「なんで、エリツィンの奴はテニスやったぐらいでそんなに取り立てるのか」「変な取り巻きを作っている」と言う。

だけど、違うんです。重要なのはスポーツ組なんです。そこに全国ネットの民間暴力装置があるんです。裏の情報もわかるし、表から「やれ」と言ったら、そこのルートを通じて、裏から全部やれるわけです。だから、スポーツ組を押さえることは政治的に重要なんです。

特別の利権が与えられたスポーツ組と教会

エリツィンは、スポーツ組が組織を経済的に維持できるように、「スポーツ振興のため」という名目で特別の大統領令を作ったんです。酒とタバコの免税、それに、石油、魚の輸出、そういう特権を与えた。そういう形で「しのぎ」をやりなさい、それをスポーツの振興に充てなさいというわけですが、しかし、そういうものを作れば、スポーツの振興に部分的には充てますけど、自分たちの個人的な生活の振興に充てるのが、人間の常というものです。

それからエリツィンがもうひとつ利権を与えたのが、ロシア正教会なんです。教会にも、酒とタバコの免税特権を与えました。

怖いのは、タルピシチェフのところの、というかスポーツ組のナンバー2であるフョードロフという、結構いい男がいたんですが、これまた女たらしで、モスクワのクレムリンの横でモスクワ大学の女子学生と一緒に中華レストランを出たところを、腹に二発撃ち込まれたんです。それは、利権を巡っての警告で、この時は助かったんですけど、結局、フョードロフは殺されてしまいました。

プーチン政権になっても、このスポーツ組は残っています。今は、シェスタコフという人がその利権を全部継承しています。ロシア社会民主党の党首で、サンクトペテルブルグの出身、プーチンと一緒に『柔道のやり方について』という本を書いている。日本にもときどき来てます。それで、このシェスタコフが日露賢人会議の黒幕なんです。ロシアは、賢い人ばかり集めて日露間の関係を良くしようというので、賢人会議っていうのを作ってるんですね。その有力メンバーのひとりなんです。

ちなみに日本側の賢人会議のボスは誰か、ご存じですか。森喜朗元総理。この人をヘッドにした形で、柔道の山下泰裕さんが入っています。この山下さんがばっちりシェスタコフさんとのルートなんですね。それで、このシェスタコフさんを中心にして、一つのルートができている。

その政治的な重要性を官邸は気付いていないようですが、これがプーチンに近付くいちばんいいルートなんです。

ゴルバチョフの啓蒙政策とエリツィンの愚民政策

エリツィンは一見ボーッとしているように見えて、バランスよく手を打っているんです。ゴルバチョフとエリツィンの違いは、どこにあるかというと、ある意味ではエリツィンの方が愚民政策をとったことです。

ゴルバチョフは世界革命を考えていたから、ロシア人のモラルを変えなければならないと思っていた。つまり、酒飲んでヘロヘロになっているのはよくないということで、アルコールの規制。タバコも体によくないから、できるだけタバコの値段を上げて、排除する政策を採った。前に申し上げたように、手を付けてはいけない酒、タバコ、ジャガイモ、黒パン、この四つのうちの酒とタバコに手を付けて抑制しようとしたわけです。

これに対してエリツィン時代は、酒とタバコをどんどん開放して、できるだけ安くおさえて、庶民にいいものが届くようにする。密造酒も事実上取り締らない。ジャガイモ、黒パンは逆ザヤにして、いくらでも安くていいものが手に入るようにする。しかも、ポルノも全面解禁です。簡単にいえば、欲望に関するものは全部OKだった。それから違法ソフトなども取り締らない。それは、エリツィン自身の民衆観に基づいているもので、民衆の欲望に関するところは権力の手で触らない、という基本方針を貫いているんです。

それから、エリツィンは、暴力装置を完全に統制できるとも思っていないんです。暴力装置は国家を維持するために必要である。ただし、要所要所で肝腎《かんじん》なときに動かせればいい。権力を維持するために必要最小限の暴力があればいい。その代わり、自分の権力に刃向かってくるんだったら徹底的にやる。そういうやり方です。

ゴルバチョフはそうじゃなかった。均一な法の支配でやろうとしていたんです。

プーチンも、法の支配で均一な市民社会を作ろうとするのは、大きな間違いと認識している。プーチンは、そんなやり方では国民が言うことを聞かないのはよくわかっているんです。同じ法律であっても、あるときはやられて、あるときはやられない。今の日本の国策捜査みたいなことをやってると、人びとは権力者を非常に恐れるようになるんですよ。プーチンは、そこをわかっている。

それから、この民間暴力装置とか教会とかに関係した利権構造にも、プーチンは絶対に手を付けようとしていないです。これも、エリツィンの政策を完全に継承しています。エリツィンもプーチンも、裏の世界を統制しようとしないで、裏の世界と表の世界の間にきちんとした棲《す》み分けを確立しているんです。

裏のヤツは表にちょろちょろ出てくるなよ。その代わり表も裏には手を突っ込まないからな。だけど、必要となったら、そのときには言うから、裏は表のことも手伝え。プーチンがやっているのは、そういうゲームです。

チェチェンにしても、ロシアの石油王で二〇〇三年に逮捕されたホドルコフスキーにしても、表に出過ぎちゃったんです。その結果、今のようなことになっている。

じゃあ、表と裏の境はどこで引くのか。エリツィンは「折り合いを付けよう」という姿勢です。ケース・バイ・ケースで、エリツィン主導で折り合いを付けてきた。それに対して、プーチンははっきりしているんです。プーチンは「線はオレの方で引く」という態度です。「昨日まで裏としてお前らが活躍しているところでも、今日オレがここで線を引いて、ここからは裏の奴らは下がれと決めたら、おまえらは、そこからは引っ込め。引っ込まない奴は許さない」そういうやり方なんです。だから、その境目に入ったところで、表と裏のトラブルがいくつか生じるんです。ただ、今のところ、そうした表と裏のトラブルでは、プーチンが全戦全勝です。

バッタ品をロシアに流して大儲けした日本人

さて、ロシアの経済状態に話を戻しますと、ソ連崩壊後の生活状態は、一般のロシア人にとっては確実に良くなっている。しかし、安定していないんです。不安定なんです。前より悪くなっているわけではないが、「もしかしたら半年後には食べ物がなくなるんじゃないか」とか、「半年後に国家は崩壊してんじゃないか」とか、あるいは「これだけ厳しい状況だから半年から一年後に独裁者が出て、またひどい状況になるんじゃないか」という不安をみんなが感じていたんです。

それで、どういうことが起こるかというと、避妊をするようになる。だから、コンドームが街のいたる所で買えるようになった。そしてその頃、日本では、コンドームは、使用期限まで三ヶ月とかを切ると、もう投げ売りになるんです。化粧品でも、今年の春の口紅とかシーズンを外れた化粧品は、バッタ屋で二割から三割で買えるようになる。さらには、インスタントラーメンなんかで賞味期限が二ヶ月を切ると、これはもう金払わないで持って来れる。日本の高級品という形で売るんですよ。日本のある国会議員が、ロシアの業者、外交官と繋《つな》がって、税関と話を付けて、そういう日本の商品を山ほどロシアに持って行って、日本製の高級品だと言ってスーパーマーケットを作って売りさばいたんです。儲《もう》かったと思いますよ。そのコツはバッタ品を扱うことです。「賞味期限」という発想がロシアにはないですからね。それが切れかかった物でもいいんです。

ロシアの男っていうのは、お金が貯まったら、まず何を買いたいか。ソ連時代にも、ソ連崩壊後も同じで、まず買いたいものはテレビなんです。これは家族のコンセンサスなんです。次は、冷凍庫。これは冬の備蓄もあるんでどうしても欲しい。その次は何か。まず、圧倒的に車なんです。車が買えるほどの金がなければ、ビデオ、それからミュージック・コンポなんです。

一方、女性は、何が買いたいか。三番目までは男と同じなんです、そこからが、どの家でも家族で激しい論争が始まるんです。女性は四番目に欲しいのは洗濯機なんです。それで、その次が掃除機です。そうすると何が起きるかというと、日本のリサイクル商品の流通ルートから粗大ゴミになっていたような掃除機や冷蔵庫、とくに日本の二槽式の洗濯機、これがモスクワに山ほど出たんです。関税をごまかして、輸送費だけで、〝ゴミ〟が〝ゼニ〟になるというわけです。

自転車も、一時期とっても流行《はや》りました。真冬に乗れないから交通手段としての自転車という発想がそれまでは全くなかったんですが、ガソリンが高くなってきた中で、夏場は自転車に乗るようになった。そこで、輸送機関としての自転車が非常に重視されたんですが、ロシアには自転車がないわけです。だからこれも日本製の中古自転車が相当出ました。

その中で、はしっこく儲ける日本人も出てきたというわけです。

ですから、ソ連＝ロシア史における一九九二年というのは、単なる混乱の年として見過ごされていますが、謎の年というか、非常に面白い年なんです。幸福な無政府状態の中で、全ての問題が出尽くした年と言ってもいいかもしれません。

市民主義か民族主義か――ロシア連邦の形成を巡って

そのように、経済の自由化、言論の自由化によって解放された世界で、相互扶助、知的世界の活性化に彩られた「幸福な無政府状態」が一九九二年の特徴だったわけです。だけど、言論の自由がいくらあっても、言論の自由だけでは腹はいっぱいにならない。ですから、アナーキーな状況を満喫して、言いたいことを言い尽くしてしまうと、ユーフォリア(陶酔感)が冷めてくるわけです。そこから、不満が内に向いて、激しい内ゲバが始まってくる。そういう経過をたどりました。

どういう対立が生まれたか。ロシア連邦の編成を巡って現れてきた対立を見てみましょう。

もともとソ連というのは非対称的な構造を成していたわけです。たとえばロシア社会主義共和国連邦には共産党がないし、科学アカデミーもない。ほかの各共和国にはそれがある。非対称的です。それから、ソヴィエト連邦の連邦構成条約にしても、それに加盟しているのは、ロシアとウクライナとベラルーシとザカフカス連邦――今で言う、アルメニアとアゼルバイジャンとグルジアの三国――だけで、それ以外の共和国は、ソ連邦のはずなのに連邦条約に入っていないんです。非常に変則的にできていたわけです。

それに対して今、八九もの連邦構成主体というものを持っているロシア連邦を、どのように再編成するのか。基本的には、それぞれの連邦構成主体を平等にするのか、それとも連邦構成主体の間でカテゴリーに差を付けていくのかということが問題になるわけです。ナショナリズムとリージョナリズムの折り合いですよね。ロシア民族主義派vs市民主義的改革派の対立です。

さらにここで、もうひとつの対立が生じてくるんです。

個人としての市民を重視する市民派からすると、国家を構成するのは一つの領土内の個々人になるわけで、それぞれの個人がどんな民族に属しているかは関係がない。それに対して、タタール人とか、チェチェン人とか、バシキール人とか、ブリャート人とか、そういった少数民族に属する人たちからすると「民族の共和国という単位が重要なんだ」ということになる。この二つの原理がぶつかる中で、どのように連邦を構成するのか。それが問題になったわけです。

そして、結論からいうと、この二つの原理が並存する形で解決が図られたわけです。連邦条約のカテゴリーが四つに分かれたんです。

まず、第一に共和国です。タタルスタン共和国とかブリャーチア共和国とか、そういった共和国が連邦構成要素になります。二番目が、地方と州です。それから三番目が、連邦的意義を有する都市。具体的にはモスクワとサンクトペテルブルグです。四番目が、自治管区。エヴェンキであるとか、ヤマロ・ネネツであるとか、北方に住んでいる少数民族の地域です。この四つのカテゴリーから成る構成要素が、別々の連邦条約を作り、この連邦条約をベースにして、新しいロシア連邦を作るということにしたんです。結論からすると、この連邦条約はできるんです。ところが、十月事件でエリツィンが大砲をぶち込んで、この連邦条約をぶっ飛ばしてしまったわけです。憲法の中に「連邦条約と憲法の間に齟齬《そご》がある場合は、憲法を優先する」という一文を入れましたから、連邦条約が意味のないものになってしまったんです。

民族ナショナリズムを超えられなかったソヴィエト連邦

もともとソ連のナショナリズムというものは、地域主義と民族主義の双方からできていたわけです。市民的な原理とエスニックな原理双方からできていた。ところが、その二つの原理のぶつかりあいが、ロシアでこの問題を詰めている間に凄《すご》く鮮明になってきてしまったんです。そして、同じ市民であるにもかかわらず、結局は共和国、少数民族の方が優遇されるということになるわけで、それを大多数の住民であるロシア人が我慢できないということになって、グジャグジャになってしまったんです。とくにその中で、エリツィンのお膝元《ひざもと》のエカテリンブルグというところが、エカテリンブルグ州からウラル連邦、ウラル共和国にしたいと言いだした。そして――ロシアでは各共和国は憲法を持つことができますから――共和国として、他のタタールなんかと同じような憲法を持ちたいと言い出した。本当に、わけがわからない状態になってきた。

そういう混乱が、一九九二年の後半から現れて、九三年に急速に悪化してくるんです。ソ連崩壊後も、最初のうち、独立国家共同体（ＣＩＳ）というのが、国なのか、それともバラバラになっている各共和国のただ名目的な集まりなのか、という点がファジーだったんです。それが、だんだんＣＩＳに実体的な意味合いがなくなってきて、一つひとつの独立国家こそが実体になってくる。この過程は、連邦制というものと、ナショナリズムとのせめぎ合いだったんです。連邦制度という形での、ナショナリズムを超えるような広域での共同体ができるか、ナショナリズムに即した共同体ができるか。

ソヴィエト連邦も、社会主義、共産主義という体制の、民族を超える共同体だったはずです。その残滓《ざんし》がＣＩＳの中にあったわけです。その場合のとらえ方は地政学的だったわけです。だからユーラシア主義と言ってもいいと思います。一九九二年というのは、そのユーラシア主義的・地政学的なものが、民族の力に敗れていくプロセスなんです。

ロシア版「議員ほどいい商売はない」

ということで、話を経済過程から政治過程に移していきたいのですが、政治体制については、この時期は、ジグザグが激しくなって日々右に行ったり左に行ったりするので、あまり細かくプロセスを追いかけて分析しても意味がないんです。

要するに、大きな流れで見ると、こういうことなんです。ロシア・ウオッチャーにしても日本のマスコミにしても、九一年には八月クーデターがあった。九三年一〇月にはモスクワ騒擾《そうじょう》事件があった。だから、それぞれ鮮明に記憶されているんですが、一九九二年というのは、「そういえばインフレが凄くて、食うや食わずで大変だった」というようにとらえられています。

しかし、実はそうではなかったわけです。食べ物がたくさん出てきて、生活は不安定だけれども良くなっていった。その中で、民族の力と地域的共同体の力とのせめぎ合いが起こってくる。インテリは知的に物凄く活性化した。それが結局は、国内亡命の形で衰えていくか、民族の力に吸収されていってしまった。他方においては、極端な金持ちが出てくる。ロシアにおける資本主義の復活です。そして、資本主義に伴うありとあらゆる問題が出てくる。

そして一九九三年になって、それらの問題が発展してくると、政局はそれをマネージできない。みんな個別利益で動くことになってしまった。そして最終的には、モスクワ騒擾事件という形で、あれだけの暴力的な衝突によって、死者を何百人か出すということによってしか解決がつかなかった。こういう流れになっていったんです。

もう少し細かく見ていきましょう。一九九二年六月に、市民同盟という組織が結成されます。実は、これが結構重要なんです。この市民同盟の後ろにいるのがルツコイ副大統領で、「市民同盟」という名前ですが、実体は「守旧派」です。

エリツィンのブレーンは、ブルブリスとシラーエフとルッコイのトロイカ体制、もう一つの柱としてハズブラートフがいた、と言いましたが、この時点で、ハズブラートフとエリツィンとの仲はもうダメなんです。ルッコイはまだエリツィンの側だったんですが、「ちょっと変な雰囲気になってきたな」という感じなんです。これは、実は、ブレーン集団の内でブルブリスが擡頭《たいとう》してきたことの反映なんです。誰もがブルブリスの聡明《そうめい》さには一目置いていたんですが、その強引な手法を嫌いました。そのときルッコイの基盤となるのがこの市民同盟なんです。

そういう中で、ブルブリスはこういう提案をしたんです。

「いま、非常に大事なときなのに、最高会議をやっても提案が全部否決されるという現状がある。こんな状況だったら権力が維持できない」

だから、最高会議を解体してしまおうと言うのです。

「人民代議員大会の場で緊急提案を出す。そして『我とともに進む者は別の部屋に集まれ』ということで、代議員の分解・純化を図る。そうやって、最高会議を解体し、人民代議員大会を解体し、新しい大統領選挙に突入する。そして、次に新憲法の制定だ」と。

これを一九九二年一二月の第七回ロシア人民代議員大会で電撃的にやろうとしたんです。これがブルブリスの戦術提案で、エリツィンはそれをOKした。人民代議員大会で、わざと議場を混乱させて、反対派との対峙《たいじ》を鮮明にして、そこで隣の部屋に集まれ、とやれば、三分の二は出てくるというのがブルブリスの読みだったわけです。エリツィンは、それに乗って演説をぶちました。そして、「隣の部屋に集まれ」と言った。そうしたら、五分の一も集まらなかった。どうしてかというと、人民代議員というのは、当時一七〇〇人ぐらいいたんですが、次の新憲法下の選挙になったら、国会議員が四〇〇人から五〇〇人になるのが目に見えていたんです。当時は議員特権が物凄《ものすご》くあったんです。ホテルにタダで泊まれて、国内の飛行機は全部無料、モスクワ郊外に住宅をもらえる。議員歳費として、月二〇〇ドルぐらいはもらえて、車は個人専用が二四時間ついている。秘書は四人面倒みてもらえるし、議員会館はある。こういう特権が、議員が一七〇〇人から五〇〇人になったら、もう自分は享受できないかもしれない。いや、できないに違いない。

そう考えてみると、議員はどいい商売はないわけです。人民代議員大会は、全ての権力がソヴィエトに集中している状況の中で、お手盛り法案をたくさん作っていたわけなんです。そういう議員がみんなエリツィンに賛成してきたのは、権力にすり寄るため、利権構造に食い込むためだったのであって、実際に、いざ議会が解散だ、ということになったら、自分が特権を失うような場所には、誰も行かないわけですよ。

それでエリツィンは腰を抜かしちゃったんです。彼はその日の午後、モスクヴッチの自動車工場に行ってそこで総決起集会をやるはずだったんですが、〝労働組合のあり方〟みたいないい加減な話をして帰ってきてしまう。そして、うつ状態になっちゃうんです。その後、怒りが心頭に発するんですよ。

「ブルブリスの奴がいい加減なアドヴァイスをしたから、えれぇ恥をかかされた。こんな奴、もうクビだ」

これが、一九九二年暮れのブルブリス解任の真相です。

影響力＝権力者との物理的距離

しかし、クビはクビなんですが、ブルブリスをクビにするんじゃなくて〝国務長官〟というポストを無くすという形をとったんです。そして、政府顧問団会議とかいうのを作って、ブルブリスをそこの主席顧問にしました。電話番号もスタッフも全部以前の国務長官のものと同じにしたんです。そんなことをやったんで、議会側がまたキレちゃったんです。それで、本当にブルブリスを切ったんです。その代わりに、民間の団体で〝人文・政治学センター「戦略」〟というものを作る。ブルブリスが所長です。そこは実質的にエリツィンと非常に近い関係を維持していました。

私がブルブリスと知り合ったのは、ロシア科学アカデミー哲学研究所主催の国際学会でした。ブルブリスは神学や宗教哲学に強い関心を持っていたので、いつしか私には「戦略」の職員証が発給され、ロシアの政府機関への出入りも自由になったわけなんです。

解任されたといっても、そういう形でほとんど実質は変わりませんから、ブルブリスは、翌九三年の秋から九四年初めぐらいまでは、依然としてエリツィン政権に強い影響を持っていました。

ただ、ロシアの場合、重要なのは、物理的な距離なんです。クレムリンの中にいないとダメなんです。大統領府というのは、二つあるんです。ひとつは、元のソ連共産党中央委員会のところ、スタ―ラヤ・プロ―シャジというところにあって、その電話番号は206で始まるんです。

もうひとつはクレムリンの中にある。クレムリンの中の方は224で始まるんです。この224のところにいるのは、どれぐらいの人数かわからないんですが、一〇〇〇人はいない。五〇〇人もいないと思います。そして、そこにいる人は、単なるスタッフであったとしても、スタ―ラヤ・プロ―シャジにいる課長や局長ぐらいの影響力があるんです。それはどうしてかと言うと、クレムリンにいれば、エリツィンにワンクッションで会うことができて、自分の考えを伝えることができるわけです。あるいは、昼メシなんかを一緒に食う中で、打ち合わせしちゃうことができるわけです。だから、ロシアの場合、実質的な影響力の度合いはエリツィンからの物理的な距離に依存しているんです。これは、プーチンになってからも同じです。物理的な距離が近い者に影響力があるんです。

ですから、ブルブリスの影響力を排除しようとする奴は、物理的な距離をどんどん遠ざけていったわけです。民間のシンクタンクの長となったら、クレムリンの中に事務所を置けないですから、だんだん影響力が弱くなっていったわけです。

それから、エリツィンは、ブルブリスの能力を充分に認めながらも、自分がブルブリスの操り人形のようになるのを嫌っていたことは確かです。エリツィンの側近の一人から聞いたんですが、エリツィンは、飲みながら、こんなジョークを言っていたそうです。「レーニンはシフリスで死んだ。エリツィンはブルブリスで死ぬ」。シフリスというのはロシア語で梅毒のことです。レーニンは、シフリスって病気で死んだが、オレはブルブリスのせいで死ぬ。ブルブリスは梅毒みたいな奴だ、というわけです。

政治的近親者の抗争の恐怖――モスクワ騒擾事件

けれども、結局、一九九三年九月には、ブルブリスが言ったように、人民代議員大会と最高会議の解体はするわけです。ということは、一〇ヶ月遅れで、ブルブリスのシナリオ通りにやることになったわけです。だから、ブルブリスに言わせると、「余計な血が流れた。あの時にやっておけば、議会内の紛争で済んだのに……」ということになるんですけどね。

余談になりますが、私はブルブリスの傍にいながら政局の見方を色々教えてもらって、学ぶところが多かったわけです。彼は見立ては間違えないんです。ただ、政治的なタイミングの判断をよく間違えます。だいたいにおいて早過ぎるんですね。もう少し成熟してからやらなければならないことを、彼には事の本質が見えてしまっているんで、すぐにやりたがるんです。私にも、ブルブリスのそういう感覚の影響が明らかにあるんです。最近の日中問題に関しても、みんな日中がいまぶつからない方がいいと考えて、何としても対決を先延ばしにしようとしているんですが、それによって事態がもっと悪くなることが私には見えるんです。だから、いまぶつかってしまった方がいい、と思う。悪いことになるけれども、それ以上延ばしたらもっと悪いことになるのが見えるんです。こういう感覚は、やっぱりこのときの経験が非常に強く影響しています。

あの時にぶつかっていれば、せいぜい議会の中でのもみ合い、ネクタイ引っ張ってというぐらいで終わりでした。ところが、一〇ヶ月も延ばしてしまったために、負のエネルギーが溜《た》まりすぎてお互いのエネルギーを放出するためには、戦車出して大砲打ち込まなければならないところまで追い込まれちゃったんです。それがモスクワ騒擾事件です。

そのとき、本当に怖いと思ったのは、内ゲバの心理です。距離が遠い人たちは、殺し合いをしないんです。だから、共産党と改革派の間というのは路線的には離れている、激しく対立するけど、そこまでなんです。ところが、ブルブリスとハズブラートフの関係、エリツィンとルツコイの関係、それぞれの周辺にいる連中の感覚には、かつて共に命を張って共産主義と闘ったという思いがあるわけです。そこのところが内ゲバで割れていく。そうなると、お互い相手を知り尽くしているので、行き着くところまで行き着くと、文字通り「ぶっ殺さないと」という感じになるんです。それは見ていて本当に怖かった。

お互いに相手の出方が読める。しかも、かつて一緒にやっていたときは、お互いが善意でやっているという前提だから、何事もうまくいくんです。ところが、お互いよく知っている者同士で、相手が悪意で動くという想定をしだすと、最悪のシナリオを双方が考えるんです。そうすると「相手を殺《や》らないと絶対こっちが殺られる」という結論に行き着くのは、あっという間なんです。ですから、一九九三年のモスクワ騒擾事件というのは、突発的に起こったものでしたが、背景には、そういう内ゲバのスパイラルがあったんです。

エリツィンの逆鱗に触れた〝アル中〟発言

エリツィンの手記に書かれていますが、あの事件自体は突発的なものでした。九月二一日に、なぜ「段階的憲法改革に関する大統領令一四〇〇号」というものを出したかというと、その数日前から大統領側とハズブラートフ側は結構緊張していた。そこで、ハズブラートフがテレビに出て、挑発的なことを言ったんです。

エリツィンは一緒にウオッカを飲みながら、よく政治家や官僚の人相見をしていました。傍から見るとエリツィンは完全なアルコール依存症のように見えるんですが、エリツィンにしてみれば、ウオッカは政治的武器なんです。

だけど、エリツィン自身、周りからアル中と見られることを非常に気にしていましたね。一九九三年一〇月には、エリツィン大統領と最高会議はどうしようもない対立状態に陥っていたわけですが、大統領と最も敵対していたのは、ハズブラートフ最高会議議長とルツコイ副大統領でした。一九九一年の八月クーデターの時には、この三人は盟友関係にあって、協力し合って守旧派のクーデター計画を粉砕したんですが、その後、ハズブラートフ、ルツコイそれぞれがエリツィンとの間に起こした些細《ささい》な内紛が拡大して、非和解的な敵対関係に陥ってしまっていたわけです。さっき言ったような、「内ゲバ」現象に近いものです。こういうときにありがちな「敵の敵は味方である」との論理でハズブラートフ、ルツコイはロシア共産党と手を握るようになっていくわけです。

そして、一九九三年九月、ハズブラートフがテレビの前で述べた「ひとこと」がエリツィンの逆鱗《げきりん》に触れたんです。これが「モスクワ騒擾事件」の引き金でした。ハズブラートフは「大統領をあてにすることはできない。どうしようもないロシアのどん百姓（ムジーク）だ」と言った後に、人差指で喉《のど》を叩《たた》きながら、「これさえあれば、あいつはどんな大統領令にも署名する」と言ったわけです。人差指で喉を叩くのは、酔っぱらいを示すジェスチャーです。

それを見たエリツィンはかんかんになって怒ったんです。人間がかんかんになるのは、事実無根のことを言われた場合か、都合のよくない事実を暴露された場合か、どちらかです。エリツィンが怒ったのはどちらかということは、言わずもがな、ということにしておきましょう。

こうして、一九九三年九月二一日、エリツィンは「大統領令第一四〇〇号」を公布して、超法規的に現行憲法を停止したうえで、最高会議を解散しました。これに対して、ハズブラートフ最高会議議長やルツコイ副大統領は、ホワイトハウスと呼ばれている最高会議の建物に籠城《ろうじょう》して対抗したわけです。ホワイトハウス周辺は大統領の指示によって武装警官が取り囲んで、ホワイトハウスから出ることは認めるけれど、入ることは認めないという態勢をとりました。やがて電源も切られて、本格的な兵糧攻めが始まったわけです。

このとき、私はあるコネクションを使って、ホワイトハウスに何回か入ったんですが、電源が切られると、汚い話ですが、トイレの水が流れなくなるので、建物内部に悪臭が立ちこめるんです。ハズブラートフもルツコイも戦闘服を着て、自動小銃を抱えていました。ハズブラートフはチェチェン人のムスリムなので、酒は飲まないんですが、ときどき麻薬を吸うんですね。それで、麻薬を吸って錯乱しちゃったハズブラートフが、「特殊部隊が突入する」と夜中に大騒ぎしたことがあって、一時ホワイトハウス内がパニックになったこともありました。

私は、大統領側にも最高会議側にも友人がいましたから、どちら側からも情報が採れましたし、連絡を取り合うことができたんですが、双方とも、このままでは内乱に発展する危険性があるという認識は持っていたんですが、それぞれ面子《メンツ》があって妥協することができない。そこでロシア正教会最高指導者のアレクシー二世総主教が調停工作を始めたわけです。それで一〇月に入って、ようやく妥協へ向けての光が仄《ほの》かに見えてきた感じがしたんですが、それは幻想だったんですね。

軍が突入して数百人が死んだ――モスクワ騒擾事件

　一〇月三日の夕刻のことでしたが、私は扁桃腺《へんとうせん》が腫《は》れて三八度の熱が出て、自宅で寝ていたんです。そこにロシア人の協力者から電話が掛かってきました。

「佐藤さん、大変です。共産党系の武装集団がバスとトラックに乗って、最高会議の建物に突入しました。ホワイトハウスの横のモスクワ市役所別館（これはソ連時代のコメコン本部でした）に火が付きました」

「だけど、ホワイトハウス周辺には武装警官がいるんだろう。どうして阻止しないんだ？」

「武装警官は、自動小銃や拳銃《けんじゅう》を持っていますが、実はあれには弾が入っていないんです。大統領側が偶発的な武装衝突に発展することを恐れて弾を支給しなかったんです」

　この電話での会話の後、しばらくすると、ホワイトハウスの中に籠城していた共産党の国会議員から電話が掛かってきました。

「最高会議の建物が解放された。ルツコイ副大統領がこれからオスタンキノ・テレビセンター（モスクワ市北部にあるテレビ局です）を解放すると宣言した」

　これは、大変なことになった。内乱に発展する。私は、すぐに、このとき「戦略」所長をしていたブルブリス先生、ブルブリスに電話しました。

「ブルブリス先生、状況はどうなっているんですか？」

「いったい何だ、このパニックは。ただちに鎮圧する」

「内務省国内軍を使ってやるんですか。それとも正規軍ですか？」

「両方だ。叩き潰《つぶ》してやる。これからクレムリンで指揮を執る。マサル、イワノフ補佐官との連絡を絶やすな」

このやりとりの後、不思議なことに熱は下がって、体調が戻ったんですね。それで、すぐ大使館に出かけて、大使館で三〇分に一回はイワノフ補佐官と電話で連絡を取って、その内容を暗号電報で東京の外務省に報告しました。

日付が変わって四日になって、しばらくしたところで、イワノフ補佐官から、ある電話番号を教えられたんです。２２４で始まる番号でした。２２４で始まるということはクレムリン高官の直通電話の番号なんです。ダイヤルを回すとブルブリスが出ました。必要な情報はイワノフ補佐官経由で取れているんですが、ブルブリスとしては直接話をすることで私に点を稼がせようとしたんですね。折角のチャンスなので、私は最も気になっていることを訊《き》いてみたわけです。

「正規軍と秘密警察の動きはどうですか。いつ鎮圧作戦に着手するんですか？」

「基本的には大丈夫だ。但し、正規軍に関しては、もう少しだけ熱心に説得する必要がある。マサル、オレの言っていることがわかるか」

ブルブリスは、軍隊の説得がうまくいっていないことをそれとなく伝えようとしている、ということがわかりました。

「もう少しだけ必要なんですね」

「そう、もう少しだけだ」

ブルブリスの立場としては、「軍隊の説得に手間取っている」とは、口が裂けても言えないわけです。もしも問題がないならば「問題なし」と答えるはずです。「もう少しだけ」という表現をとることで事態の深刻さを伝えているのだと私は受けとめたわけです。後に明らかになったところでは、このときグラチョフ国防相のみならずバルスコフ連邦警護総局長も鎮圧に対して躊躇《ちゅうちょ》していたわけです。それをブルブリスが押し切ったんです。一〇月四日、戦車隊がホワイトハウスへの砲撃を始めて、この様子は全世界に同時中継されました。これも後に明らかになったことですが、あの砲弾には火薬が入っていなかったんです。演習に使う模擬弾だったんです。それから、大統領府と最高会議の間には裏チャンネルがあって、最高会議側は武装分子と議員や事務職員をそれぞれ離れた階に配置して、大統領側にその位置を通報していたんです。

大使館でCNNの画面を見ていますと、砲撃の映像が映されてから二秒ぐらい経ってズドンという鈍い音がして大使館の建物が揺れるんです。ホワイトハウスと大使館の距離が七〇〇メートルぐらいなので、そういうタイムラグがあるわけです。撃ったのは模擬弾だったんですが、摩擦熱でホワイトハウスに火が付いたんですね。火は二日近く燻《くすぶ》り続けていました。人間の肉の焼ける何ともいえない嫌な臭いがしました。

死者は公式発表では五〇人程度でしたが、実際にはその数倍だった、と籠城していた人たちは言っていました。籠城していた人たちの中に私ととても親しい共産党の幹部がいたんですが、その人物は、五日の夕方にアルファー部隊に捕まったんです。アルファー部隊というのは秘密警察傘下のロシア最強の部隊です。そのアルファー部隊に捕まって、二日間リンチを受けた後に解放されたそうです。背中に青痣《あおあざ》がいっぱいできていました。その共産党幹部が言うには、「私の目の前で最高会議側の武装分子が二人、アルファー隊員に射殺された。大統領側は、アルファー部隊のガス抜きのために期限を区切ってリンチを許したのだと思う」ということでした。おそらく、その見立ての通りだったでしょう。ロシア人が戦闘行為でよくとる対応ですから。

戦車で大砲を打ち込まれる直前のホワイトハウスの中の様子を彼から聞きました。それによると、詩の朗読をしたり、遺書を書いたりしていたということで、「ああいう状況になると、誰かに何かを伝えたくなるんだよ」と言っていました。私は、さっき言ったようなリトアニアの共和国議会建物で見た行為について水を向けてみましたが、その共産党幹部は、何も答えませんでした。ということは、「あった」ということだと私は受けとめました。

「神は僕を許してくれるだろうか」とブルブリスは訊いた

話を砲撃があった一〇月四日の夜に戻しますと、私は何人かの協力者とモスクワ市内で会ってから大使館に戻って、暗号電報を起案していたんです。徹夜になることを覚悟してやっていたんですが、日付が変わって五日午前三時頃だったと思いますが、大使館の当直が「佐藤さんにロシア人から電話です」と言って、電話を取り次いできたんです。

「クレムリンの受付ですが、マサル・サトウ様ですか」

「はい」

「ゲンナジー・エドウアルドビッチがあなたと話をしたいと言っています」

ゲンナジー・エドウアルドビッチというのはブルブリスのことです「繋《つな》いでください」

というとブルブリスが出ました。

「マサル、まだ仕事をしているのか」

「反革命は眠りません。当然仕事をしています」

この「反革命は眠らない」というのはレーニンの言葉です。

「マサル、君はたしか神学を勉強したよね。牧師の資格は持っているのか？」

と、ブルブリスは訊きました。

「神学修士ですが、牧師の資格は持っていません」

と答えると、ブルブリスが言いました。

「多くの血が流れた。これは神の視点から見て許されるだろうか。マサル、率直に言ってくれ」

しばらく沈黙した後で私は答えました。

「他に方法があったでしょうか」

「多くの血が流れた。この血に対しては僕も、ボリス・ニコラエヴィッチ（これはエリツィン大統領のことです）も責任を負わなくてはならない。神学的に許されることだったのだろうか」

　私には返す言葉がありませんでした。

「マサル、神は僕を許してくれるのだろうか」

「ゲンナ、それ以外の方法はなかったよ。誰も君を責めないよ」

　ロシア語には丁寧な表現と友人の間で使う荒っぽい表現がありますが、そのとき私は荒っぽい表現で答えました。

「遅い時間に電話をして済まなかった」

　そういってブルブリスは電話を切りました。このときのことは、非常に印象深く覚えています。

ロシア権力者の宿命＝独裁者

　大局的に見ると、ブルブリスが前年の終わりに出した方向が、おそらく唯一の解決のシナリオだったんです。要するに、ソヴィエト法の上に接木を重ねた形で、体制を資本主義的に転換することはできないということです。根っこが違うわけだから、接木を繰り返していては、いつかダメになる。エリツィン自身も接木はできないとわかっていたんだが、やはり、エリツィンの決断力の弱さが出た。怖かったんでしょう。

エリツィン自身は本当に底辺から出てきて、グーッと上まで上がっていった人で、しかもエカテリンブルグという地方出身の人ですから、「特権に安住しているような自分たちのあり方は、国民から好かれていない、むしろ憎まれている」と直感的にわかっていたと思うんです。そして、エリツィンは、「愛されたいシンドローム」の人だった。だから、「政党を作って、多数派の代表にならなければダメだ」とブルブリスは言ったんです。「それが政治なんだから、そうしなければダメだ」と言った。

それに対して、エリツィンは「政局を超えた存在になりたい。国民の父になりたい」と考えていたわけです。共産党や自民党や与党「ロシアの選択」などを含めて、全ての勢力の上に立ちたいんだ、国権の総覧者になるんだという発想です。「国父」——民族の父という言い方をしたんですが——結局、それを選択したんです。

それは、「愛されたかった」というエリツィンのパーソナリティによるものであると同時に、ロシアの権力者というのは、みんなそうなってしまうところがある。パーソナリティだけでは説明できません。あの国では、トップになると、権力を属人的にギュッと集中させる方向に必ず向かって行ってしまう。結局、ゴルバチョフもそうだったわけです。プーチンにしてもそのモデルに従っています。それは、自由だとか民主主義だとか言って、常に闘ってきたアメリカ型の権力と逆のモデルだと思うんです。

ですから、問題は結局、ロシア社会の体質ということに帰着するのだと思います。たとえば東ドイツでは社会主義統一党のほかに、キリスト教民主党であるとか、あるいは旧ナチスの延長線上にあるような——悔い改めた旧ナチの連中は、そこに入って活動しなさいという——国民民主党という政党まできたわけです。ポーランドでもハンガリーでも一応は複数政党制です。ところが、ロシアではそれが単一政党になってしまって、なおかつ国家と党というのが、本当に一体化してしまう。こういう状態になるというのは、やはりあの国の文化だと思う。

どうしても家父長的な体制になっていく。

逆に言えば、ロシアにおいては、家父長的な方向にいかない権力は、すべて過渡期の権力、「過渡的政権」なんです。

ロシアでは、家父長的な体制で属人的に権力が個人と融合しない場合には〝カオス〟をもっとひどくした〝スムータ〟というロシア語の言い方があるんですが、そういう状態、大混乱でわけがわからない状況になってしまうんです。そのどっちかしかない。

だから、エリツィンに関しては、実は、彼が本格的に国父的な属人的権力を獲得しようとするのは、一九九三年一〇月以降なんです。それまでは、そういう気持ちはあっても、そこに思いきり舵《かじ》を切ることはできなかった。だから、一九九一年から九三年というのは、ロシア史からいえば〝スムータ〟の年、大混乱の時期なのかもしれません。

スターリンは生きている——プーチン指名の意味するもの

エリツィンというのは、結局、どういう存在だったのか。「国父」にはなりたい。その気持ちが強いから、それが著しいロシア正教会への傾斜として表れたと思うんです。ところが、教会の方がずっとスターリニズム的ですから、そこでギャップが出てくる。エリツィンというのは、私のイメージでは、最後まで揺れていた人です。権力維持というところで、一方で民主改革派——もっと乱暴に言うとコスモポリタニズム的なもの——それから、もう一方でユーラシア主義的、大国主義的なもの、その両方に足をかけて、結局双方のアクセルとブレーキを踏んでいるうちに、わけがわからなくなってきて、自分のいる場所がなくなったことを自覚して、自ら政治の舞台から去っていった——そういう人だったと思います。

去っていくときにプーチンを指名することによって、自分では認めたくないでしょうが、スターリン的なるものへの回帰を認めた、と言えると思います。だから、プーチンが登場してきたということは、結局のところ西欧主義的な流れが、スターリン的なるものによって凌駕《りょうが》されていくプロセスであったと、私は見ているんです。ここでいうスターリンというのは、スターリンの亡霊ではないんです。生きているスターリンなんです。

我々はそれを冷徹に認識して、スターリンの遺産の正統の継承者であるプーチン治下のロシアとどうやって付き合っていくか、というふうに考えた方がいいと思うんです。

実はソ連の崩壊というのは二段階になっているんです。

まず一段階目は一九九一年八月のクーデター未遂事件、そして一二月のソ連邦消滅宣言です。これは、政治面での崩壊で、この一段階目の政治的カテゴリーの中での激動というのは、基本的には九三年一〇月のモスクワ騒擾《そうじょう》、いわゆる十月事件まで続くわけです。日本で見すごされているのは、二段階目のソ連の崩壊なんです。

それは、一九九六年八月に起こっているんです。ロシアは一九九六年八月に事実上のデフォルト（債務不履行）に陥ってしまうわけです。それによってロシアは「外国からお金を借りて、グルグルと回しているのじゃもうダメだ、自分で働かないといけないな」と考えるわけです。

ですから、ソ連崩壊のプロセスというのは、実は五年間に亘《わた》るものだったんです。

VIII
昨日のソ連と今日のロシア

概略と問題意識

宮崎　学

西欧化かスラヴ化か――ポスト・ソヴィエトの国家理念

一九九六年八月にロシアが事実上のデフォルト（債務不履行）に陥ることによって、五年間に亘って諸段階を踏んで経過したソ連崩壊過程が完成し、ここに、明確にポスト・ソヴィエトと呼べる国家と社会が、ロシアに成立した。

そして、このとき以降、ソヴィエト時代の理念に代わる、なんらかの国家理念、社会統合理念の確立があらためて問われることになる。これは、かつての西欧派とスラヴ派との対立の再現のような様相を呈していた。つまり、西欧の国家と社会の理念をロシアも我がものにしていき、ヨーロッパ世界の一翼としてのロシアというアイデンティティを確立していこうとする現代西欧派というべき志向と、むしろロシアの伝統に戻っていき、非ヨーロッパ的なスラヴ民族の原点からアイデンティティを復古的に再構築していこうとする現代スラヴ派というべき志向とが現れてきたということである。

新生ロシアの中心になっていたのはエリツィン派だが、そのエリツィン派自体が、西欧派的急進改革派とスラヴ派的民族主義派との二つの潮流の合体から成っていた。いま、これら二つの潮流の共通目標だったソヴィエト共産主義体制の打倒が実現したところで、両者の違いが形を露《あらわ》にしたのだ。しかも、これに加えて、かつての共産主義の代わりにユーラシア主義を掲げて、ロシアの統合を図ろうとするロシア共産党の路線が絡んでくる。

経済的関係においては、資本主義移行で大儲《もう》けした者も、それをなんらかの形で共同社会に還元しようとするし、そうしない単なる成金はおおいに軽蔑《けいべつ》されるというロシアにおける伝統的な社会関係が、変わらずに成り立っていた。また、政治的関係においても、民主主義を志向することは全体の合意点になっており、個人を尊重することがなによりも重視されるようになっていたが、それは、西欧近代的個人主義へは必ずしも向かわずに、全体と調和した個、共同社会と調和した個人を求める方向――それは同時に、個と調和した全体、個人と調和した共同社会を求める方向でもあったが――へと向かって行っているように思われる。

こうしたロシア独自の道のありかたを明らかにするには、スターリン時代にさかのぼり、あるいはもっと元々のところにさかのぼって、ロシア社会というものの特質を明らかにしていく必要があるのではないか。

ロシアの選択と日本の選択

我々が「ソ連崩壊」を主題として考察しようとするのは、後ろ向きのものではなく、今後のロシアの前途を我々なりに理解して、それへの対応を考えるためである。それはまた、日本の今後の選択ということとも結びついていると思う。

そのような観点に立って考えてみると、ソ連崩壊によって何が変わり、何が変わらなかったのか、むしろ何が復活したのか、ということを明らかにすることが必要だろう。とくに、ロシアにおいて復活し勃興《ぼっこう》するユーラシア主義の思潮は、日本の外交、とくにアジア外交にとって非常に大きなインパクトを持ちつつあると思われる。

その点で、対ロシア外交の第一線で活躍されてきた佐藤さんから、お話をうかがっていきたい。

新たなアイデンティティを模索するロシア

佐藤　優

プーチンは大統領候補のダークホースだった

最初に、エリツィン時代の政治の雰囲気、エリツィンの政治手法についてざっと述べておきます。ここのところを摑《つか》んでおくと、ソ連崩壊後のロシアの政治がどういうものであるのか、理解しやすくなると思うからです。

エリツィンの政治手法の優れているところは、政権末期になってからむしろよく現れてきたともいえます。たとえば、それは一九九六年一月のときのことに現れています。大統領二期目の選挙を半年後に控えたときに世論調査を実施したら、公の調査ではエリツィンの支持率はたった八％だったんです。僕はクレムリンの要人に訊《き》きましたよ。

「八％で大丈夫か？　日本だったら政権崩壊なんだけど」

すると大統領府はもっと詳しく知っていて、

「ほんとうはどうだったと思う？　二％だぜ」

と答えてくるわけです。

「二％なんて、民主国家では持ち堪《こた》えられるはずないぞ」

と私が言うと、

「これで大丈夫だ」

と言うんです。その理由を訊きますと、

「これで、エリツィン政権が崩壊する危機が迫ってるということがはっきりした。崩壊したらどうなる？　共産党政権になるぞ。そうなった場合、我々周辺の人間は、みんな共産党を相当いじめちまってるから、共産党が政権に返り咲いたら、縛り首になるのを心配してる奴がたくさんいる。だから、手弁当で駆けつけてきて一所懸命に働くよ」と。

事実そうなって再選されたわけです。

そして今度は二〇〇〇年のことです。一九九九年には誰もエリツィンが辞めるとは思っていなかったわけです。翌年の六月が選挙ですから、あと半年も任期を残しているわけですから。ところが、辞任のための手を打っていた。後継者をどうするか。エリツィンは、自分がいかに嫌われているかわかっているわけです。それで何人かの後継候補を、どんどん増長させるんですよ。そうすると、彼らがどこかでちょこっとエリツィン批判をするわけです。すると、その瞬間に切っちゃうんです。そういうふうにやってきて、最終的にプーチンを選んでくる。プーチンなんて、まったくのダークホースでした。

プーチンの親分はサプチャーク・サンクトペテルブルグ市長だったんです。プーチンは、サンクトペテルブルグの国際問題と対外経済関係を担当する副市長を務めていましたが、そのとき石油ライセンスと人道援助の話でちょっとした「いたずら」をして、億単位の金が全部消えちゃったんです。これは大変な疑惑で、お縄になりそうになったんです。それを助けたのはサプチャークだったんです。もともと、プーチンを副市長に登用して、彼の政界進出のきっかけを作ったのもサプチャークで、プーチンにとっては、自分を引き上げてくれた恩人だったわけです。

エリツィンがプーチンに何を仕掛けたかというと、サプチャークの悪口を何度も言わせようとするんです。エリツィンはサプチャークと仲が悪かったですからね。

「お前、俺かサプチャークか、どちらを取るんだ？」

と、エリツィンは迫るわけです。しかしプーチンは、何度詰められてもツッパリ通した。

「サプチャークさんには世話になったから、あの人の悪口だけは言えません」

「それじゃお前、もう先に行けないぞ。そのポストにいてもらっては困る」

と、エリツィンから言われても、プーチンは言い続けた。

「それでも結構です、私はあの人に拾ってもらって今日があるんですから」

それでギリギリのところへきて、エリツィンも腹を決めて、

「こいつは本気だ。俺とぶつかったサプチャークに対してこれだけの忠誠心を示している。だから、大丈夫だ。何かあっても俺を裏切ることはない」

と、判断したわけです。それで後継者に選んだ。

しかも、エリツィン自身は、大統領を退く最後の演説で、「みんなに幸せをちゃんともたらすことができないで申し訳ございませんでした」という、謝罪演説をしているんです。

それで、モスクワではみんなシャンペンを開けたんです。「エリツィンがいなくなって世の中明るくなる、ああよかった」と。ところがそのときに、プーチンがいきなり大統領代行令を出すわけです。前大統領に対して、いっさい手を付けられないようにする命令を出す。エリツィンは一切の訴追から免除されるというような大統領代行令を出したわけです。

このように、エリツィンは権力のメカニズムがわかっている。人の見立てにおいても間違えていない。辞めるタイミングも間違えていない。それから国民に対するアピールというのも、いざというときは真剣に勝負をかけて、しっかりとやる。

だから、国民の多くは、エリツィンに対しては、ロクでもねえ奴だと思ってはいるんだが、ぶっ殺して縛り首にしろとまで思っているロシア人はいない。

この辺は、エリツィンは上手《うま》いんです。要するに、ロシアでは権力の座に長いこといたら縛り首になるのが普通だという「正しい」認識を持っているんです。そのうえで、いかにそれを逃れるか、ちゃんと考えている。やっぱり、桁《けた》違いに頭のいい男でした。

伝統に回帰するロシア

次に、エリツィン時代以降のロシア社会をどう見るか、という問題に移りますが、ソ連崩壊後のロシア社会を見るうえでは、まず、ロシアが、ソ連崩壊の過程で、かつてなく深く傷ついた、ということを見ておく必要があります。みんな個人的にも、さまざまな惨めな体験をしましたし、国としても大国としての誇りを甚《いた》く傷つけられました。ロシアは、かつてなく深く傷ついたのです。

そして、ソ連崩壊後、市場経済と政治的民主主義を受け容《い》れて、西側世界に仲間入りしようとしたのに、欧米エリートクラブは、おいそれとは仲間に入れてくれなかった。そのことによって、疎外感を味わいました。しかも、一九九六年夏の経済危機を通じて、西側の政治経済モデルでやっていけば、生活は良くなっていくという見込みも幻想に過ぎないということがわかりました。

社会主義モデルでもだめだったけれど、代わりに資本主義モデルを、ただもってきてもだめだということで、あらためて、ロシアとは何なのか、自分たちのアイデンティティ探しが始まったわけです。

そして、同じ時代にいいモデルがないのなら、過去に戻って、過去を探って、そこにモデルを見出《みいだ》そうという試みが生まれていったわけです。伝統回帰、ロシア回帰です。

そのとき、ソヴィエトというモデルが良くなかったという意識は広く共有されていますから、それよりもっと前に帰る、ということになります。それよりもっと旧いロシアというと帝政以前のロシアということになりますが、その時代のロシアをそのまま再現するということはもちろんできないわけです。

そこで、伝統に帰りつつそれを革新するというような「伝統と革新」を通じた新しい理念構築が試みられることになっていったわけです。

こうして、一九九六年、エリツィンが大統領に再選された後に、第一線の政治学者、歴史学者、哲学者らを集めて国家理念研究プロジェクトというものが組織されました。ここで、色んな議論が交わされたのですが、結局、このプロジェクトは、答申はおろか中間報告も出せずに解散することになってしまったわけです。なぜ、そんなことになったのか。

全ロシア世論調査研究所という機関が一九九八年に行った世論調査があります。ここで、「いまロシアに必要なことは何か」という問いに対して、「安定性」二一%、「合法性と秩序」一四%、「まともな生活」一二%という順になっていて、ここには、確かに人々が追い求める保障のようなものは出ていますが、人々を団結させる積極的な理念とか思想というようなものは出ていません。

どんな国家も、それが意識されるか、されないかにかかわらず、神話なくしては生きることはできません。国家を成り立たせるためには神話が必要だというのは、迷妄でも旧《ふる》い観念でもなくて、国家の本質に根ざしたことなんです。その神話が欲しい、けれど、欧米モデルはそれを与えてくれない。それでは仕方無いということで、ロシアの過去に戻った。そこには国家の神話があったわけです。

帝政時代の文部大臣にウヴァーロフという人がいましたが、この人が、ロシアとは何か、ということについて、ロシアの特徴として、三つのことを挙げているんです。

それは「専制」「正教」「民族性」の三つです。これは、なかなか優れた概括です。これに沿って見ていきますと、ソヴィエト時代には、この三つの特徴が、きちんとカヴァーされていたことがわかります。「専制」は「共産党支配」に当たりますし、「正教」は「マルクス・レーニン主義」です。そして、「民族性」が「ソヴィエト国民」ということになるわけです。

ソ連崩壊後、この三つはいずれも崩壊しました。そこで、それに代わるものが必要となり、一所懸命、探されました。国家理念研究プロジェクトというのも、その努力の一つでした。しかし、結局、今の状況においてロシアのアイデンティティをまとめるものを見つけ出すことができなかったんです。

否定を通して確立されるロシアのアイデンティティ

ロシア・アイデンティティとは何か。それは、党派的思想であってはならない。宗教的なものであってはならない。民族的なものであってはならない。政治的イデオロギーであってはならない。そういうふうに、これでもない、あれでもない、ということは言えても、これだ、という積極的な規定を見つけ出したり、打ち出したりすることができなかったわけです。

しかし、このように、ロシアをまとめているものを、これだという積極的あるいは肯定的な形でとらえるのではなくて、これでもない、あれでもない、という消極的あるいは否定的な形でとらえるというのは、実はロシアの伝統的思想に合致するものなんです。キリスト教の神学には肯定神学と否定神学があります。肯定神学というのは、神は愛である、というように肯定的な規定で神をとらえるものですが、それに対して、神はこれこれのものではないし、これこれのものでもない、と否定の規定を重ねていくことによってしか神をとらえることはできない、とするのが否定神学です。つまり、ロシア・アイデンティティのこのようなとらえ方は、否定神学のとらえ方と同じだということになります。

ロシア人は、今、こうした否定神学のようなとらえ方で自分たちのアイデンティティを考えています。それは、近代国民国家の国家理念のような肯定神学のようなとらえ方ではありません。なぜ、そうしたとらえ方をしないかというと、近代国民国家のような国家理念で進めていくと、セルビア・クロアチアのように激しい対立に行き当たるということを、彼らは、自らの体験から直感的に知っているからです。

ルースキーとロシヤーニン――ロシア人意識の二重性

あらためて基本に立ち戻って考えてみますと、ロシアという国は、ロシア人だけのものではありません。諸民族がモザイク状に重なり合ってできている国家なのです。また、ロシアはロシア正教だけの国ではありません。ムスリムの人たちもたくさんいれば、シベリアには相当数の仏教徒もいます。

このような多様性を踏まえて、二つのロシア人意識が成り立っているのです。

一つは、固有のロシア文化と結びついた白人のロシア人の意識、これを「ルースキー」と言います。もう一つは、帝政ロシア以来のロシア国家への帰属感で結びついているロシア人意識で、これを「ロシヤーニン」と言います。ルースキーとロシヤーニン、どちらもロシア人という意味ですが、ルースキーは、いわば「民族としてのロシア人」、ロシヤーニンは「国民としてのロシア人」ということになるかと思います。このように、ロシアにおいては、民族意識と国民意識がずれていて、しかも、あるところでは二重になっているわけです。

ロシヤーニンは、ソ連の下においては、ソヴィエト国民のことだったわけです。要するに、ソヴィエトを「王朝」と考えればいいんです。そして、共産党を「教会」と考える。この王朝と教会に対する忠誠を誓っている人間ならば、たとえ日本人であっても、（たとえばコミンテルン執行委員だった片山潜《かたやません》さんにしても）、ソヴィエト国民なんです。そこでは、ロシヤーニン概念は、ソヴィエト国民、あるいはロシア型のコミュニストという概念に変換されてしまっているわけです。

それは、帝政ロシアでも同じだったんです。たとえば、『おろしや国酔夢譚《こくすいむたん》』で有名な大黒屋光太夫《だいこくやこうだゆう》は、ペテルブルグで女帝エカテリーナ二世と謁見しましたが、もし彼が、エカテリーナの前で「私はあなたに忠誠を誓います。ロシア正教徒になります」と言えば、ロシア国民になり、ロシヤーニンになったわけなんです。ロシア民族ではなくても、ロシア語が上手じゃなくても、ロシヤーニンとしてのロシア人になってしまうんです。

ロシア国家においては、このロシヤーニンという意識のほうが重要なんです。このロシヤーニンという概念は、良くいえば多様性を持った概念ですし、悪く言えば曖昧《あいまい》な概念です。でも、むしろ、その多様性、曖昧さ故に、ロシア・アイデンティティの中心にあり続けてきたものなんです。

国家から個人へ、「我々」から「私」へ

ロシア人は、ソ連時代、あまりに人工的な国家理念、現実に合致しない神話によって苦しめられてきました。そして、ソ連崩壊後の今、そういうものに国民をあてはめていくことは止めた、ということなんです。ということは、どういうことかというと、一つには、いまロシアは、国家から個人へ、神話から事実へ、という移行を確実なものにしていこうとしているということです。

そして、もう一つには、曖昧にしておかなければならないことは曖昧なままにしておくという選択がなされた、ということなんです。

スベトラーナ・アレクシエービッチという、ウクライナ生まれで国立ベラルーシ大学卒の女性ジャーナリストがいますが、彼女はロシアの「普通の人たち」「小さき人々」に焦点を当てた取材を続けていて、そこから新しいロシア像を探ろうとしています。

彼女の考え方の中心は、この「小さき人々」こそがロシアである、というところにあり

ます。この「小さき人々」の上に思想が住んでいたのだ。その思想なるものはロシアのインテリゲンティアが創り出したものだった。そして、このようにインテリが彼らの上に造り建てた思想の家こそがソ連国家だったのだ。それがスベトラーナの考えです。そして、ソ連崩壊後に、この「小さき人々」こそが、「私」を持ち始めてきた。いつも「我々は……」で括《くく》られてきた人たちが、「我々」から「私」へと移っていく新しい経験をして、新しい感情を持ち始めている。そこをスベトラーナは探っているわけです。

防衛戦争に強く、侵略戦争に弱いロシア人

　そして、国家から個人へ、神話から事実へ、という移行を決定的にしているのは、ソ連崩壊という出来事よりも、むしろそれ以前に形成されたアフガン世代によるインパクトではないか、と私は考えています。アフガンの経験が、ソ連社会、ロシア社会の中に浸透してきたことによって、ソ連人、ロシア人の国家意識・個人意識が大きく変わってきたのではないか、という気がします。アフガン戦争というのは、それだけ大きな意味を持っていた、ということです。

　というのは、前にも言ったように、ロシアは伝統的に防衛戦争には強く、侵略戦争には弱いんです。ナポレオンやヒットラーの侵略から祖国を守る戦争においては、非常な強さを発揮しました。しかし、外に権益を広げようとする戦争では、意外な弱さを見せてきた

のです。それは、ロシア人が国家というものに正義を求めるからです。国家が正義を保っているときには、それに結集して強く闘う。ところが、正義がないときには、弱いんです。アフガン戦争というのは、ソ連の側に正義のない戦争でした。そのことによって、偽の国家理念に殉ずる惨めさをアフガン世代は嚙《か》みしめたわけです。それが、国家から個人へ、神話から事実へと移っていくうえで最も大きなモメントになったのではないかと私は考えています。

資本主義に目覚めて個人主義になり現実主義になった、というのではない、という気がします。ですから、指摘があったように、ソ連が崩壊して、資本主義一直線、個人主義一直線できたというのではないわけです。社会主義から脱却して、資本主義と民主主義でやるようになってからも、ソ連時代に生きていた伝統的なロシア人の考え方は、依然として強く残っているのです。

個と全体との関係にしてもそうです。個は全体の一部を体現している、という考え方が根本にあります。だから、個は全体を離れては存立できないし、同時に、だからこそ、全体は個を尊重しなければならない、というのが、現在のロシア人の個と全体に関する考え方なのです。ちょうど、オーケストラの一員のように、私は第二ヴァイオリン、私はシンバルと、それぞれが限定された役割だけれど、全体にとっては欠かせない役割を担っている。それによって全体としてよい音楽ができる、という考え方です。これは、伝統的なロシア人の考え方で、たとえば、一九世紀のスラヴ派の哲学者ホミャーコフなどは、そうしたロシア的な総合的・有機的な全体概念を西欧的な分析的で要素集合的な概念に対置して、「ソボールノスチ」という観念（集団性とか全体性とか訳されていますが）を立てて、そこにおいてこそ自由が成り立つといっています。

そんな考え方が今日のロシアの底流にはあるわけです。

ロシアの底流——ユーラシア主義の復活

エリツィン時代に、ソ連崩壊後の国家理念を巡って対立し合っている従兄弟《いとこ》同士のインテリゲンティアがいました。セルゲイ・カラムルザとアレクセイ・カラムルザの二人です。セルゲイのほうはロシア共産党左派で、エリツィンたちは一九一七年の革命以上に根底からロシアの国民性を揺るがしてしまった、それを元に戻して、強固な国家理念を確立しなければならない、と主張していました。

それに対して、アレクセイのほうは、改革推進派で、共産主義は国を崩壊させてしまう、民主主義と自由主義はセットでなければならない、過去に戻れば流血と崩壊が待っているだけだ、エリツィンを支持して自由化と民主化をさらに進めなければならない、と主張していました。

アレクセイの方はブルブリスの顧問を務めていたので、僕は彼とは、踏み込んだ話をよくしました。二人は対立しあいながらも、実は同じ基盤の上に乗っているんです。

確かに二人の主張は、一八四〇年代のロシアで対立したスラヴ派と西欧派の主張に似ています。セルゲイの主張というのは、共産主義の復活ではなくて、ソ連の中からマルクス・レーニン主義という要素を取り去って、そこに残るスラヴ派的伝統を基盤にしてロシアを復興しようという考え方なんです。それに対して、アレクセイは、西側世界から自由主義と民主主義という価値を持ってくるわけですが、それはロシア的なものの代わりに西欧的なものを入れようというよりは、取り去られた共産主義という要素の後の空洞を埋めようとするものであって、実は基盤は同じなんです。

セルゲイもアレクセイも、ロシアはヨーロッパともアジアとも違うロシア自身の独自の道を歩んで行くべきだという点では同じです。セルゲイが、歴史という縦の軸を重視して、そこからスラヴ的伝統を引っ張ってくるのに対して、アレクセイは、同時代という横の軸を重視して、自由主義・民主主義の価値を引っ張ってくるという、縦と横の違いがあるだけだとも言えるわけです。二人とも、同じ土俵に乗っているのではないか、その土俵とは何か――それは、ひと言でいえば「ユーラシア主義」というものです。

ユーラシア主義というのは、前にもふれましたが、ロシアはヨーロッパからアジアにまたがる国家として、地政学的に独自の発展を遂げるべきだ、という考え方です。

ユーラシア主義の特徴は、それが基本的にアンチの思想であるというところにあります。さっきロシア・アイデンティティについて言ったのと同じで、これでもなければ、あれでもない、という強い否定から生まれているんですが、それじゃ、これでもない、あれでもない何なのか、となると、はっきりしない。確かに反西欧ではあるし、アジアでもない。どちらの要素も持っている。それじゃ、そこから何を内在的にポジティヴなものとして主張していくのか、となると明らかではないわけなんです。

それから、もう一つは、ヨーロッパからアジアにまたがっているといっても、ロシアは、実はまだ一度もアジアと本格的に付き合ったことがないわけなんです。そして、今ようやくロシアは、アジアに顔を向け始めています。ロシアの中に、アジアに対する暖かな雰囲気が生まれています。しかし、まだ完全にアジアと本格的な付き合いを始めているわけではない。孤立して閉じこもってしまうのか、それとも胸襟を開いて付き合ってくるのか、その分かれ道にいます。そこでは、日本が架け橋になって、ロシアと国際社会を繋《つな》ぐことができるかどうかが問われているということになっているわけです。

ロシアのインテリにとってナロード（人民）は常に謎であり真理だった

現代ロシアを代表する哲学者であるイゴーリ・チュバイスという人がいますが、このチュバイスが、新しいロシアの思想とは何か、ということについて、こんなことを言っています。

「新しいロシアの思想は、次のような四つのものを含んでいなければならない、それは歴史主義、国内の体制固め、民主主義、精神性の四つである」と、いうわけなんです。

第一の「歴史主義」とは、ロシアが歴史的に持つべき意義ある役割を復活するということです。第二の「国内体制固め」というのは、ソ連時代の世界革命志向のような拡張主義の反対で、ロシア固有の土台を築くことです。第三の「民主主義」は、そうした固有の土台の建設を、民主主義を通じて行うということです。そして、第四の「精神性」は、文字通り、精神的価値を重視するということで、ロシアでは、歴史上、お金が一番大事だとされた時代は一度もないわけです。精神がいつも大事だった。チュバイスは、これらの四つをロシアの国民的統合と再生へのキーワードとして挙げたわけです。

この四つのキーワードは、ロシアの伝統的な考え方によく即していると思います。「専制」は、ソ連時代には「共産党支配」でしたが、チュバイスは、これを「国内体制固め」と「民主主義」に代えようとしています。「正教」は、ソ連時代には「マルクス・レーニン主義」でしたが、これを「精神性」によって代替しようとしています。そして、「民族性」は、ソ連時代には「ソヴィエト国民」でしたが、これに「歴史主義」という名の下にロシアの歴史的意義を充てているわけです。つまり、歴史を共有する人たち、ロシヤーニンが主体になるということです。

これは、インテリだけではなくて、国民レヴェルでも、民族、宗教については、曖昧にしておこうという合意ができているといっていいでしょう。曖昧にしないで詰めていくと、大変な対立と混乱を招くということを思い知ったからです。ジリノフスキーが登場してきて、右翼民族主義が擡頭《たいとう》してきているように言われたこともありましたが、実際にはそんなことはありません。ジリノフスキー自身、体系的な民族主義者でも何でもなくて、人気取りのためにそういう恰好《かっこう》をしているだけでしたし、国民自体、民族の誇りは失わないし、重視しているけれど、民族主義に走ることはなく、民族問題については、むしろ曖昧さを求めていると見るべきです。

インテリの態度は、そうした国民の思潮の反映です。ロシアのインテリにとって、ナロード（人民）は常に謎であり、かつ真理なのです。

ソ連が崩壊した後、混乱を経ながらも、ロシア国民の生活水準は、確実に上がっているんです。モスクワなどの大都市だけではなく、地方でもそうです。確かに経済は不安定だけれども、生活水準は確実に上がっている。その中で、自分のことを大切にするという私生活重視の考え方、それを守るのが国家の役割だという考え方が支配的になってきました。

ロシアは、帝政時代からソ連時代へと、イデオロギーは違うけれど、政治的専制という点では一貫して連続していたわけです。そこには市民社会も国民国家も生まれていなかったのです。そして、そのために、前近代的な臣民観念がいまだに残っています。

しかし、ソ連崩壊後にロシアで進んできたのは、そうした状態から脱却する本格的近代化のプロセスなんです。近代化された社会へ、西欧とは違った形をとりながら、どうやってソフト・ランディングしていくか、それが問われているわけです。

「ソ連・マイナス・共産主義」とは何か

そういう過程の中で、チェチェン紛争が激化して、一九九四年一二月にロシア軍が本格的に介入したことは、大きな問題になりました。

チェチェン問題というのは、ロシア連邦内部の問題だったのですが、それに収まらない問題に発展していってしまったわけです。チェチェン人はロシヤーニンだったし、彼ら自身そう意識していたのですが、この紛争の激化を通じて、ロシヤーニンと自己規定しなくなりましたし、ロシア人もチェチェン人をロシヤーニンとして見なくなりました。これはとても重要な変化です。これが他民族に広がれば、ロシア連邦は解体してしまいます。ですから、先ほど言ったように、そこのところを詰めないで、曖昧《あいまい》さを保ちながらソフト・ランディングしていくことができるかどうか、それが問われているわけです。

その意味では、ロシアとは何か、ロシア人とは何か、ということがあらためて問われ、曖昧な形でいいから、なんらかの合意が作られていくことが必要になっていると思います。そこで重要なのが、文化的・民族的なルースキー意識よりも、国家的・臣民的なロシヤーニン意識になってくるわけです。

たとえば、バルトのロシア人、コーカサスのロシア人、あるいはモルドヴァのロシア人をとってみても、かつてのソ連と繋がっているという意識は強くあるんです。彼らは、ソヴィエト人だったという意識は持っているんですが、共産主義者であるとは思っていない。

そこで問題になるのは、「ソ連・マイナス・共産主義」というものをどう実体化するか、ということなんです。彼らがそこに帰属することによって民族を超えて結びついていたソヴィエトという実体、それがなくなってしまったところで、その空白を何によって埋めるのか、ということが問題になっているわけです。

アレクセイ・カラムルザは、それを自由主義と民主主義という西側の価値観で埋めようと考えたわけです。確かにそれは統合のための一定のベースになってきました。しかし、ソ連崩壊後の経験の中で、ロシア人たちは、西側の価値観は、どうも我々には当てはまらないぞ、と思うようになってきたんです。しかし、共産主義に戻ろうとは思っていない。ロシア人は今、西側の価値観でも、共産主義の価値観でもないものを、新しいアイデンティティの根っことして求めているのだと思います。

プーシキンブームの意味するもの

一九九九年は、プーシキン生誕二〇〇年の年ということで、ロシアではプーシキンが大ブームになりました。これも、新しいアイデンティティの根っこを求める動きの一つの表れだったたと思います。

このとき、現代ロシアの代表的哲学者であるウラジミール・カントルという人が、プーシキンこそがロシア文化の核となるべき人物だとして、自由と責任を一人ひとりが意識して自律した生き方をしていく民主主義社会を作らなければならない、そのモデルがプーシキンだ、というようなことを言ったわけです。プーシキンを通じて、自律した個人による民主主義という価値観によってソ連崩壊後の空白を埋めようということです。

ヨーロッパ世界というのは、三つの柱から成り立っていると言えると思います。corpus christianaum（キリスト教世界）――すなわちユダヤ・キリスト教の一神教の伝統、ギリシア古典哲学、そしてローマ法の三つから構成される文化統合体です。この三つから成る一つの文化体系がヨーロッパなのです。

それに対して、ロシア世界というのは、ビザンツ帝国の延長線上にありますから、ユダヤ・キリスト教の一神教の伝統と、ギリシア古典哲学は受け容《い》れているのですが、ローマ法の伝統が希薄なんです。そこがヨーロッパ世界と最も違う点です。そのとき、カントルたちは、ローマ法をロシアが受け容れて、完全に西欧化しようという傾向を代表しているわけです。

その意味では、カントルは、アレクセイ・カラムルザと同じように、西欧派です。これは、ロシア人の一つの志向を代表しているもので、ロシア人はプーシキンであるというより、プーシキンのようになりたいと思っている面があるんです。プーシキンは、純粋のルースキーではなくて、エチオピアの血が入っています。ヨーロッパでもなければロシアでもないところを持っています。その意味では、プーシキンに起点を求めるのは健全だと思います。それは、ヨーロッパだけではなくて国際社会との間に共通のルールを確立したいという動きの表れだとも言えます。

ところが、ローマ法的なものを導入して完全西欧化で行こうという、こういったカントルのような傾向をロシアのインテリの圧倒的多数は受け容れないわけです。また、民衆もそれを受け付けないんです。ローマ法に基づいて社会が運営されますと、合意が拘束するということが基本になるわけです。いったん合意したら、それは何があっても守らなくてはならない。それがローマ法に基づく法治国家の原則です。けれど、止むを得ず合意を破ってしまうことだってあるじゃないか、とロシア人は考えるわけです。そういうことは、人間世界の中には多々あるじゃないか。そこを重視しよう、とロシア人は考えるんです。確かに、基本は法でいいかもしれない。だけど、法が全てではない。もっと違う要素、たとえば慣習だとか、人間関係の掟《おきて》みたいなものだとか、そういう成文化されていないものを生かした統治がされていい。そういう考え方が強いんです。

だから、アレクセイ・カラムルザやウラジミール・カントルのような考え方は、拒否されるわけではないですが、それだけではだめだ、という形で完全には受け容れられないわけです。そして、むしろ、もっと旧《ふる》い、ヨーロッパとの接触以前のロシアに戻ろうという動きも生まれてきているわけです。

顕教としてのマルクス主義、密教としてのユーラシア主義

ロシアの復古主義的な傾向は、民族主義的な右傾化とかファナティックな国粋主義のようなものとは区別されなければなりません。ロシアの民衆は、基本的に健全なんです。ロシア人は、自分たちの殻に閉じこもってしまったわけではないし、また個人を大事にするといっても、一人ひとりがコスモポリタンになってしまったわけではありません。

みんな、友達や親戚《しんせき》をとても大事にしますし、僕たちのような外国人とも分け隔てなく広く付き合ってくれます。そして、そうでありながら、自分たちの国には誇りを持っていますし、自分たちのアイデンティティを大事にしようとしています。根無し草ではありません。だから、自分たちの中では、国の指導者、たとえばエリツィンなんかに対して、ずいぶん文句も言うし、国の現状を大いに嘆いたりしますが、かといって、そこで、僕たちのような外部の人間が、「そうですか。ロシアというのはひどい国ですね」などと言おうものなら、「お前たちに言われたくない。我々の国は偉大な国で、世界の苦難を先取りしてきたんだ。ほっといてくれ」と言われるのが落ちです。彼らにとって、ロシアというのは大きな家なんです。

そういうなかで、ソ連崩壊後のロシアにおいて、最も注目すべきなのは、先ほども触れたユーラシア主義なんです。ユーラシア主義というのは、要するに、ロシアはヨーロッパからアジアにまたがる国家として、地政学的に独自の発展を遂げるべきだ、という考え方

ですが、これが、現在のロシヤーニンのアイデンティティと重なって、ソ連という存在の空洞を埋めるものとしてクローズアップされてきているわけです。

もともと、スターリン体制というもの自体が、ユーラシア主義の要素を持っていたと言えると思います。

ニコライ・ベルジャーエフ（＊哲学者。一九二二年ソ連から国外追放となる）は、「人間というのは宗教的な動物だ」と言って、国家・社会の世俗的な体制も、なんらかの宗教的なものによって支えられていると考えました。そうしたベルジャーエフの見方からするなら、レーニンのロシア革命自体が世界革命の宗教によって支えられていた、ということになります。

それでは、ロシアにおける世界革命の宗教とは何だったのか。それは、マルクス主義、あるいはマルクス・レーニン主義ということになるわけでしょうが、実はそれだけではなかったわけです。つまり、マルクス主義というのはあくまで顕教であって、その裏には密教としてのユーラシア主義が隠されていたというのが私の見方です。顕教としてのマルクス・レーニン主義においては、独占資本主義、帝国主義にまで発展してきた資本主義を倒して、世界中に社会主義、共産主義の社会を実現するという世界革命の宗教が唱えられたわけですが、同時に、この顕教を民族的に裏打ちするものとして、ヨーロッパとアジアのアマルガム（合金）であるロシアがメシア的な使命を帯びて、ヨーロッパにもアジアにもなしえない世界の解放の先駆けになる、というユーラシア主義の世界革命宗教があった、と考えられます。

これはスターリン時代には、とくにはっきりと構造化されていたと思います。マルクス主義の世界革命からだけ見たのでは、スターリン体制は把握できません。むしろユーラシア主義の宗教性から見るとよくわかると思うんです。

別の言葉を使って整理するならば、「ナショナル・ボルシェヴィズム」というふうに規定できると思うんです。ソ連時代の反体制派の人たちはそういう言い方をしていました。彼らは「マルクス・レーニン主義」という言葉を使わないで、「ナショナル・ボルシェヴィズム」という言葉を使うんです。「マルクス主義とかレーニン主義とか言うからわからなくなるんであって、あれはナショナリズムでありボルシェヴィズムだ」というわけです。こういうような感じで、ボルシェヴィズムというものの独自の内容をもっと重視しろというのが彼らの見方でした。

これは、ベルジャーエフに対するとらえ方にも繋《つな》がってきます。一九九〇年頃、まだソ連崩壊以前に、ベルジャーエフの著作がたくさん出されて、読まれました。これは、要するに、反体制派のいう「ナショナル・ボルシェヴィズム」と同じだというとらえ方からのベルジャーエフ再評価だったわけです。だから、別の、なんというか「宗教的」なインテリたちからすると、ベルジャーエフ・アレルギーというのは凄《すご》くあったんです。ベルジャーエフ的なものというのは、本当はボルシェヴィズムなんだ、だから、これは危険なんだといったとらえ方です。

ロシア人はトロツキズムに行かない

ソ連が崩壊して、スターリン体制が否定され、思想の自由が保障されて、さまざまな見解が一斉に出てきた、秘密警察も解体された、という状況の下で、反スターリン主義的マルクス主義の潮流はなぜ大きくならなかったのか、という問題が提起されていましたが、反スターリン主義的マルクス主義といえば、ロシアでは、なんといってもトロツキズムですよね。ところが、トロツキー復活という現象は、ソ連崩壊後のロシアでは顕著な形では見られなかったわけです。それはなぜなのか。これはかなり重要な問題です。

ブレジネフ時代には、トロツキーを再評価したといって処分された人間はいないんです。むしろ、トロツキー再評価によって、マルクス主義を活性化させる試みをやろうとした連中がソ連共産党中央委員会の一部にいる。そして、実は、ブレジネフ時代にもトロツキストがいたんです。具体的には異論派のロイ・メドヴェージェフです。

異論派の中では、メドヴェージェフの考え方がトロツキーに一番近いんです。ところが、このメドヴェージェフがその中で主流にならなかったんです。

メドヴェージェフには僕も直接会っています。二回ぐらい話をしました。そのとき、彼は完全なトロツキストだと思いました。ソ連共産党中央委員会のイデオロギー部だって、それをわかっていたんです。わかっているんだけれども、トロツキズムはマルクス主義から出てきたんだ、だから、それだってうまく使えばマルクス主義を活性化させていくことができるかもしれない、と大きく構えるぐらいの鷹揚《おうよう》なところは、少なくとも当時のスターリニスト官僚にはあったわけです。全く反共産主義の復古民族主義者であるソルジェニーツィンなんかとは区別するわけです。だから、メドヴェージェフのことを、本気になっていじめなかったんです。

メドヴェージェフの場合、やっぱりアメリカからカネをもらってますからね。それで引っかけることもできたわけです。ブレジネフ時代から印税っていう形でのカネの受け渡しも含めて、ソ連当局はメドヴェージェフのある程度の活動を黙認していました。ところが、そういう反体制活動から派生してくる思想の問題になったときには、とにかくロシア人はトロツキズムには行かないんです。彼らの問題意識とは異質なんです。だから、エリツィン時代に、思想が自由になっても、トロツキストは、ほとんど出てきていません。

ロシア人はやっぱりスターリンが好き

そこで感じるのは、少し飛躍するようですが、やっぱりスターリンというものを、もっと等身大に、カリカチュア化しないでちゃんととらえる必要があるということです。イデオロギー的な批判を超えた現実的な意味でのスターリニズムの問題というのは、ソ連崩壊を考えるときの、すごく大きな隠されたテーマだと思うんです。

スターリニズムというものは、いまだに乗り越えられていないんです。それは、ロシア人にとっては、もしかしたら乗り越える必要のないものなのかもしれません。スターリニズムの問題にどうして気が付かないかというと、空気のように自然になっちゃってるからです。スターリンの物質概念であるとか経済観念であるとか言語概念というのが、ソ連においては空気のように浸透していた。スターリンの言説というのは、実はレベルが相当高いんです。そのレベルの高さというのは、理論的にどうのこうのというレベルじゃなくて、人間の深層心理まで捕え、本当にそのために命を捨てる人間を作るイデオロギー体系（世界観）を構築することができたところにある。だから多くのソ連人、ロシア人が、祖国のために、スターリンのためにと、そういったかたちで死んでいくことができたわけです。

おそらくは、レーニン自身にトロツキー的な要素とスターリン的な要素の両方があったと思うんです。ところが、レーニンは、独特のプラグマティズムで、そこのところを曖昧《あいまい》にしていたわけです。彼の著作を読んでいると、何か有能な弁護士と話しているみたいです。どこに本当の考えがあるのか、なかなかわからない。

ところが、スターリンに関しては、もうひとつ重要なのが、スターリンはいわゆる大ロシア主義者であると思われているけれど、実はロシア人の血は一滴も入っていないということなんです。彼はグルジア人で、おそらくはグルジア人とオセチア人のハーフです。ロシア語は非常にへたです。

そして、スターリン体制は一枚岩のように言われていますが、それは党だけを見るからで、実際には、いろんな面で多元的なところがあります。文化的に完全に異質なものを、一つの国家の中に軋轢《あつれき》を起こさずに包括しなければいけなかったわけです。だから、スターリニズムの中には多文化的な要素があったわけです。ソ連というものの中にもあった。ところが、市民社会的なものを作ると、そういうものが壊れるんです。もともと、アファーマティヴアクションなんかは、ソ連のほうがアメリカなんかよりずっと早いんです。中央アジアの連中は枠があるから、モスクワ大学にも少々成績が悪くても入れたわけです。だから党の幹部になれるんです。実は女性もそうなんです。このように、ユダヤ人を除いて少数民族を優遇する民族枠、それから性別の枠があった。けれど、そういうものが、ソ連崩壊後には、むしろ民主主義の名の下に否定される方向にいっています。

それから、スターリンが書いた文章はゴシックを多用していて、ゴシックだけ追っていけば一応全体のストーリーが読めるって形になっています。スターリンは常に教科書を意識して書いていますね。そして、これこれについては、何々であると言われているという形で、まず謬説《びゅうせつ》を挙げて、「だが、そうではない」と反駁《はんばく》する。そういった形で論述を進めています。トマス・アクィナスの『神学大全』や『反異端大全』のスタイルと似ています。あれはロシア人の思考に物凄《ものすご》くよく入るんです。案外ロシア人にとっては普遍的なスタイルといっていいかもしれない。だからスターリンの言説というのは、単なる理論ではなくて、深いところにある深層心理の中に入っていってしまって、ロシア人の基調底音になっているんじゃないかと思うんです。

それで事実、スターリンの下に結束して大戦争に勝ったわけです。だから、スターリンのせいで三千万死んだとか、ラーゲリでは一千万ぐらい死んでるとか、いくら言われ、いくら実証データを突き付けられても、ロシア人の心の深いところで、やっぱりスターリンが好きなんです。スターリン的なものを全否定はできないんです。それは、キリスト教がいくらナンセンスだと言われ、イエスの復活なんていったって物証がない、死人が復活するはずなんかない、といくらデータを突き付けられても、キリスト教が二千年残ってしまっているのと同じことなんです。

スターリン・ブレジネフ・プーチンの強さの秘密

意外なことに、スターリンという人は、『資本論』をきちんと読んでいて、彼自身は経済法則の問題を真剣に考えているんです。ところが、レーニン、スターリン以外のソ連の歴代指導者には、経済学に対する、あるいは理論的な側面に対する異常な無関心があります。たとえば唯物史観の問題にしても、本気で取り組んだ指導者はいないんです。レーニンは、取り組み方が便宜的でした。スターリンは異質だから逆に、そこの深い部分には入らないで、ふわっとしたかたちで曖昧にしている。だから、スターリニズムは残っちゃうんです。

それから、重要なのは国家論の問題で、マルクスの国家論によれば、プロレタリアートが権力を取ることによって国家を解体していくんだということであったわけです。解体するための過渡期国家としてプロレタリア国家がある。解体が目標で、とりあえず清算事業団みたいな形でソ連国家があるんだということになるわけです。しかし、そういう認識がソ連では全く曖昧にされたわけです。

スターリンは、そういう危ない問題については、整理しないんです。ところが、ゴルバチョフは、そういうヤバい問題を異常なまでに整理したがった。ヤバさをしっかり認識しながらやるのならまだいいんだけど、そういう認識なしに、甘い考えで取り組んで整理したがったわけです。そんなふうに整理したら、おそらくは負ける方向で組み立てをするしかないんです。社会主義を否定する方向に行くしかない。スターリンの強さ、ブレジネフの強さ、プーチンの強さは、整理しないところにあると思う。この先は危ないなと思うと、その先は整理しない。その強さがゴルバチョフにはわからなかったんでしょうね。

ソ連において、思想改造とか、あるいは俗物性の打破とかいうところで、何かやろうとすると、そのとき依拠するものは、キリスト教の、ロシア正教の流れに意識的に行かないならば、結局左翼スターリン主義みたいなものになってしまうんです。

マルクス経済学の追究とか、唯物論哲学の追究とか、そういうものは形の上ではやっていますが、党と国家の指導と統治においては、スターリンが設定したものを継承していけばいいし、それ以外にはありえないというところまできてしまっていたから、そういうものは、指導者・統治者にとってはもういらなくなってしまっていたんじゃないかと思うんです。だから、ソ連が崩壊して、実際に広い意味でのスターリン・レジームを解体しなければならなくなったときに、それに代わるものを見出《みいだ》せなかった。

　そして、おそらく官僚たちは、代わるものを作るコストが大変だ、ということに気付いたと思うんです。思想から人間から、システム全体にいたるまで、もう、全部改造しなければならないだろう。だけど、それはもうできない。そういう、強い諦《あきら》め感があった。要するに、いま我々が資本主義に対して、これを抜本から廃棄してしまって、労働力の商品化というものをアウフヘーベン（止揚）しようと思っても、もうそんなことはできないと、思うのと同じです。それと同じような諦め感があったのではないかという気がします。

スターリン時代とプーチン時代は「密教」で連続

　だから、マルクス・レーニン主義という顕教の面ではスターリン体制と切れているけれど、密教の面では連続しているわけです。つまり、実は、エリツィン時代、プーチン時代というのは、ユーラシア主義という密教においてスターリン時代と繋《つな》がっているんです。

　前にも言いましたが、西側のやり方は、ビザンツ神学でいうところの肯定神学なんです。「これは何々である」と、「ユーラシアとはこうこうである」と規定する。それに対して、ユーラシア主義というのは、本居宣長《もとおりのりなが》が言ったように、「唐心ならざるものをもってして大和心とする」というやり方です。つまり否定神学の方法ですね。

ですから、ユーラシア主義というのはアンチの思想なんです。「何々でない」ということによって、消極的に自分たちを規定する。ということは、逆にいえば、相当のものを包摂することができてしまうんです。ユーラシアというものを積極的に規定しようとすると、中央アジアはユーラシアだってことならまず誰も文句はないんだけど、たとえば、それではインドはユーラシアかという問題が出てくる。一部の人たちは、インドはユーラシアだと決めつける。一部の連中は中国もユーラシアだという。そこまで広がっていってしまう。それから今度は逆に、チェコやポーランドはユーラシアかっていう話になるわけです。ユーラシア主義者は違うってことになるんですが、それじゃウクライナは？　となると、この線引きは、実は微妙なことになるんですね。

そこで、西欧的ならざるものであり、同時にアジア的ならざるもの、そういうものがユーラシアなんだという非常に大雑把な規定にもっていくしかない。ただ、そんな大雑把な規定は全くナンセンスかというと、かならずしもナンセンスではなくて、何らかの意味があるんです。

これは戦前日本のアジア主義、大アジア主義と同じです。アジア主義だって論者によって中身は千差万別だし、だいたいインドまで含めたアジア主義などというのはいったい何だ、中国文明圏とインド文明圏を一緒にしたアジアって、いったいどんな実体を持つのか、ということになるのですが、ところが政治的には非常に意味があったりしたわけです。要するに、反植民地主義という枠で括《くく》ると、大川周明《おおかわしゅうめい》が言ったように、これらが全部、反植民地主義で一緒になれるんだ、ということになるわけです。彼は、『近代植民地研究』で否定神学的な方法で、上手にそれを著したわけです。アンチの思想で提示したんです。

ところがそれが、自国民至上主義的民族主義と反植民地主義的民族主義が相互転換するように、やっぱり相互転換してしまうわけです。一般的に相互転換すると同時に、とくに日本のような植民地ではないところにいる人間がそれを唱えると、必ず民族的自己欺瞞《ぎまん》の論理になっていくわけです。大川周明の論理を実質的なところでインカーネイト（具体化）したらどうなるかというと、日中戦争の論理になっちゃうんです。それは適用が悪かったってことじゃなくて、私は、その思想自体に根本的な欠陥があるんだと思う。必ず、実践において何か問題が出てくるというのは、その根源になった思想にどこか欠陥があると思うんですよ。

ユーラシア主義にも、同じような問題が生まれてくる可能性はあります。

日本のとるべき道

このように、今日のロシアは、色々な問題を孕《はら》んでいますが、基本的には、国家から個人へ、神話から事実へと向かい、現在の生活を大事にしようとする方向に向かっていることは確かです。

そして、それは対外的関係においても健全なロジックを生み出す基盤になっていると思います。

そのような中で、ロシアは孤立主義に陥らず対外協調を重視する方向に進んでいますが、この傾向が順調に発展するためには、外部世界がロシアという国の内在的ロジックをきちんと理解することが必要です。それが前提となってこそ、協調関係が前進するのだと思います。

ロシアは民主主義の第一次試験には合格しました。自由選挙を行って代表を選ぶことに成功しました。そして、第二次試験にも合格しました。エリツィンからプーチンへ合法的に権力の委譲が行われました。これはロシア史上初めてのことです。

そしてずっと西側を向いていたロシアが、今、初めて東側、アジアの方に顔を向けてきています。これに対して日本は、ロシアの内在的ロジックを理解しながら、尊厳と名誉をもって正面から受け止めていく必要があります。そして、日本にとって多少はわかりにくい言葉を使う相手ではありますけれど、対話を強化していかなければならないと思います。

国家が崩壊するとき――まとめに代えて

宮　崎　　学

本書は、私が主宰する研究会が、佐藤優さんをゲストに呼んで、八回に亘《わた》って「ソ連崩壊」について語ってもらった内容をまとめたものである。主題はソ連崩壊に見る国家の崩壊ということにあった。もう一五年前のことになってしまったが、ソ連崩壊という世界史的事件の現場にいて、しかもその情報を外交官として把握し評価しようとしていた佐藤さんのお話だけに、そこからは、実に豊富な、示唆に満ちた情報を得ることができた。ソ連認識、ロシア認識、社会主義認識という点はもちろんであるが、それだけではなくて、現在の日本国家を考えるうえでも、重要な視点を得ることができた。ソ連論、社会主義論については、研究会として別途まとめる予定なので、ここでは現代日本国家のあり方との関連で、私が考えさせられたことを述べて、まとめに代えることにする。

リーダーがアホだと国家が壊れる

結論的にいって、ソ連を崩壊させた主犯は、ずばりゴルバチョフであった。ゴルバチョフという男は、私が考えていた以上にアホだったということが、佐藤さんの話でよくわかった。

ゴルバチョフは、今でもときどき日本に来て講演をしたりしていて、人権を抑圧する「悪い」体制を自分が倒したのだと、手柄のように語っているが、その「悪い」体制を、本質的にはそのままに、構造的に改革しようとして失敗し、意図に反して潰《つぶ》す結果になってしまったのが、改革共産主義者としてのゴルバチョフの姿だったのである。

ゴルバチョフは、もちろん、最初は、沈滞し活力を失ったソ連社会を活性化させて上昇させ、強いソ連を取り戻すために、ペレストロイカという名前の構造改革に取り組んだのだった。ソ連国家を崩壊させて、別の体制で置き換えようなどと思っていたわけでは、全くない。にもかかわらず、その構造改革が国家崩壊に繋がってしまった。なぜか。

佐藤さんの話でわかったのだが、ゴルバチョフは、ソ連の建国イデオロギーであるボルシェヴィズムを、もともとそれと根本的に対立していたイデオロギーである社会民主主義によって中和しようという考えを、どうも最初から持っていたようなのである。というとむしろ買いかぶり過ぎで、そういう理念を持っていたというより、そういうものに繋がるやり方を、充分に意識せずに系統的にとってきた、と言ったほうがいい。

これは、根本的な考え違いである。ボルシェヴィズムというものは発展させるか打倒するか、どちらかしかないものなのだ。エリツィンは、そのことをよく知っていたのに、ゴルバチョフはまるでわかっていなかった。もちろん、ゴルバチョフは、初めのうちは、自分がやっていることは、ボルシェヴィズムを「現代的」に発展させることだと思っていたのだ。だから、党の活性化、再生をやろうとした。

ところが、党の活性化、再生が難しいとわかると、国家と党を分離してしまって、党から切り離された国家主導で社会を建て直していく、自分が大統領としてそれを指揮する——ゴルバチョフはこんな手法を採ろうとした。この国家と党を分離して国家に基盤を移したことがペレストロイカ失敗の始まりだったのだ。

今、振り返って考えてみると、構造改革を進めるためには党を解体してもいいと、党の解体を簡単に選択肢に入れてしまうような人間を党書記長に選んだ段階で、ソ連は崩れるべくして崩れる道に踏み込んでしまっていたのだ、ともいえる。

亡国のリーダー？——ゴルバチョフと小泉純一郎

ところで、共産党の解体を視野に入れていた共産党書記長というと、「自民党をぶっ壊す！」といった自民党総裁を思い出す。実際に、この時期以降のゴルバチョフは、小泉首相と不思議に似ているのだ。

まず、ふたりとも、国家と癒着した万年政権党——ソ連共産党も自民党もその点では同じだ——のリーダーとして、活力を失った社会の建て直しを課題にして登場した。それをゴルバチョフは「ペレストロイカ」、小泉は「聖域なき構造改革」とスローガン化したわけだが、ふたりとも、スローガンは繰り返すものの、なんのためのペレストロイカか、なんのための構造改革か、国民にきちんと説明しようとしない点もよく似ている。

そして、「ウスカレニエ（加速化）」「ノーヴォエ・ムィシュレーニエ（新思考）」「グラスノースチ（情報公開）」など次々にキャッチフレーズを打ち出しては耳目をそれにだけ集中させて局面を乗り切るワンフレーズ・ポリティクスの点でも、ゴルバチョフは小泉の大先輩である。ゴルバチョフは、ワンフレーズで事態の全てを説明しようとした。ぺらぺらよくしゃべるのだけれど、キーはいつもワンフレーズ。それによって短い局面での風を摑《つか》み、その連続で状況対応的に動いていく。この政治スタイルは小泉とも実によく似ている。


それは裏返せば、もともとリーダーとしての政治理念、哲学、政策体系を持っていなかったということなのだ。この点でもふたりは共通している。ただ、後づけとして理念を打ち出したりしたが、それも抽象的で曖昧《あいまい》なものだった。そして、その後づけの理念として、「自由化して競争を導入すればみんなうまくゆく」というような市場原理・民営化万能論を持ち出す点においても、ゴルバチョフと小泉は共通していたといえる。

また、この時期以降のゴルバチョフは、党書記長でありながら、党の問題、党内での対立を党内に訴えることによって解決していくのではなく、内の問題を外に出して国民に訴えることによって党内の力関係を変えていく手法を採っていった。これは、党内の意見の相違を党内で議論して解決するのではなくて、国民に訴えて反対勢力を「抵抗勢力」として排除していく小泉のやり方と酷似している。

夫婦喧嘩《げんか》を町内会に持ち込んで加勢を得て勝とうとしたり、職場で起こっている問題を会社内で言いふらして自分に有利にしようとしたりするのと同じルール違反の独善的なやり方である。

そもそも、他人の意見を聴くのが嫌なのだ。独裁者というよりは独善者なのだ。独裁者というのは、独裁の責任を一身に負う者のことだが、ふたりともそんなことはしようとはしない。そして、ふたりとも党や政府のリーダーでありながら、「大統領的書記長」「大統領的首相」をめざし、それに近いふるまいをしてきた点でも共通している。

とくに、一九八九年三月に複数候補制による人民代議員選挙を実施して、守旧派の共産党役員を大量に落選させ、党内の力関係を変え、国会に当たる人民代議員大会に確固たる権力基盤を築いたゴルバチョフの手法は、二〇〇五年八月に郵政民営化法案が参議院で否決されたとき、衆議院を解散して「郵政民営化の是非を問う国民投票」だと称し、反対派を落選させて、党内の力関係、国会での権力基盤を劇的に変えた小泉の手法とよく似ているし、発想がほとんど同じだ。

たとえば外交手腕の違い、教養の差など、ふたりの間には色々な違いはある。ゴルバチョフは、さすがに他国首脳との付き合い方、交渉の仕方を身に付けていたけれど、小泉はまるでだめだ。ブッシュの肩を叩《たた》いて「サン・ライジング、ジャパン」と叫ぶだけだ。ゴルバチョフは、旧約聖書を正確に引用でき、プーシキンを語ることができたが、小泉はせいぜい信長を描いた時代小説に読み耽《ふけ》るだけだ。

だが、このように政治スタイル、手法においてここまで共通しているということは、なにやら不気味な結末を暗示しているように思われてくる。ともあれ、ソ連では、ゴルバチョフのこうしたスタイルと手法が、急速に破滅を招き寄せていったのだ。日本でも、同じことになるのは充分に考えられるのではないか。憂慮を深めざるを得ない。

エリツィンを見くびってはいけない

ソ連崩壊という危機におけるリーダーのあり方という点で、ゴルバチョフと対照をなしているのはエリツィンだ。状況の組み合わせでたまたま伸し上がってきた酔っぱらいのオッサンというイメージを裏切って、この政治家は、ポイントを外さない、実に賢い奴なのだということが佐藤さんの話からわかってくる。イメージはいいが中身はアホなゴルバチョフと反対である。

エリツィンは、急進改革派を率いながら、いわばペレストロイカ徹底派として行動してきたわけだが、ある時点で、ペレストロイカという方式自体が間違っているのだ、ということを悟ったわけである。この体制の構造というものは、改革できないものだったのだ。しかし、ここまでいじってしまったら破壊するしかない。そう悟ったのだ。この悟り方がまず賢い。

そして、エリツィンは、一九九〇年七月のソ連共産党大会で離党を表明して退場したが、もうこの時点で、ペレストロイカの遂行がもはや不可能であるという認識をはっきりと持っていたのである。実際、後から振り返って考えてみると、この時点ですでにペレストロイカ自体が終わっていたのである。エリツィンは、それがわかっていた。

ゴルバチョフは、当時、とくに西側諸国の評価が高いことに気をよくして、いまだ得意の絶頂であった。まだ、国内でも期待が残っていたので、混乱はしているが、ここを乗り切ればうまくいくぐらいに思っていたのだろう。

ゴルバチョフとエリツィンの現実認識の違いは、すでにここらへんで如実に表れているが、それはさらに一九九一年の八月クーデターを通して、決定的になった。それは、クーデター失敗後の状況をどうとらえるかという点での違いとして鮮明に現れている。『ゴルバチョフ回想録』と『エリツィンの手記』を読み比べてみると、それがはっきりとわかる。たとえば、佐藤さんも触れていたが、八月クーデターの結果に対する二人の評価が全く違う。

ゴルバチョフは、これによって経済改革や政治改革を進めていくうえでの障害がなくなってやりやすくなった、だけど、その一方で遠心力が強まってしまったのが問題だ、という評価である。クーデター派が敗れて改革を進めていく条件がより整ったのだから、分散的にならないように引き締めていけばうまくいく、というわけだが、全く寝ぼけた認識だ。

これに対して、エリツィンは、すでに前年のソ連共産党大会で離党を表明して退場した時点で、スターリン＝ブレジネフ体制の構造改革という意味でのペレストロイカは、不可能であることが明らかになって終焉《しゅうえん》したという認識を持っていたわけだが、そうした正しい現実認識の上に立って、クーデター失敗の時点で、今ただちにソ連の党、連邦、国家、そして社会主義経済システム、これらを全て解体しなければならないという認識に到達している。

クーデター失敗後、全てのイニシアティヴを取ったのがゴルバチョフではなくてエリツィンであったのは、これらの認識の落差からするならば、当然のことだったといえる。

結局のところ、ゴルバチョフは、ロシア社会の底にあるものを理解できず、普遍的なものを啓蒙《けいもう》していけば社会は変わると考えたわけである。エリツィンの周りにいた急進改革派の多くもそうだったと思われる。しかし、エリツィンは、ロシア社会の底にあるものがわかっていたのだ。そして、同じようにそこのところがわかっているプーチンに権力を委譲したわけである。

佐藤さんは、エリツィンとプーチンの統治方法の共通点として、「民衆の欲望に関するところは権力の手で触らない」「民間暴力装置とか教会とかに関係した利権構造に手を付けない」「裏の世界と表の世界の間にきちんとした棲《す》み分けを確立している」といった点を挙げているが、こういった統治をダーティだと感じ、ただたんに自己満足的なエエカッコをしていたに過ぎない法と理性一辺倒のゴルバチョフ型のクリーンな統治を賞賛するのが、日本のインテリやマスコミの、何もわかっていないところなのである。

だから、彼らはゴルバチョフに幻惑されてエリツィンを見くびることになるし、バブル崩壊後の日本の首相で最高だったのが小渕であり、まったくもって最低なのが小泉だということがわからないのである。

次はアメリカ一極支配の番かもしれない

ソ連崩壊の主犯はゴルバチョフだったが、その背景にはソ連国家の正統性がなくなりかけていた状況があった。

ソ連は、帝国主義に対抗する社会主義世界体制の盟主であるというところに国際的にも国内的にも権力の正統性を求めていたわけだが、実は、この帝国主義対社会主義という対立構図は、ブレジネフ時代には実質的にすでに崩れていた。そして、この崩れつつある支配の正統性を建て直そうとして出てきた改革が、逆に崩壊に繋《つな》がっていったわけである。

だが、ソ連国家が正統性の根拠としていた帝国主義対社会主義の対立という構図は、同時に、国際共産主義の脅威に対する自由世界の防衛という形で、アメリカが資本主義世界の盟主として他の資本主義諸国を従属させる正統性の根拠ともなっていたのである。

ソ連崩壊によって、それが崩れたということは、アメリカに一極支配の根拠を与えたのではなく、多極化が始まったということなのだった。資本主義諸国にとっては、かつて社会主義陣営の攻勢と対抗するためにアメリカの力が必要だから、ある程度の従属は止むを得ない、という状況はなくなったのである。

にもかかわらず、アメリカにとっては、そうした従属がまだ必要だった。そこで、国際共産主義の脅威、社会主義陣営の攻勢に代わるものとして、テロリズムの脅威、イスラーム原理主義の攻勢といったものが作りだされたのである。けれど、それらの脅威や攻勢は、ある程度の現実性は持っているものの、アメリカの一極支配を正統化するほどのものではない。だから、アメリカの一極支配の正統性は、根本的に危機に立たされているのである。

歴史人口学の立場から検討してソヴィエト連邦の枠組を維持することが不可能になることを論じて、ある意味でソ連崩壊を予言したエマヌエル・トッドが、『帝国以後』の中で言っているように、「世界はアメリカを必要としていないのに、アメリカは世界を必要としている」という冷戦終結後の基本状況が、このような危機を生んでいるのである。

それは、「連邦は共産党を必要としていないのに、共産党は連邦を必要としていた」ソ連末期の状況と同じなのである。

この根本的な危機を打開するために、アメリカ一極支配を放棄し、多極化・ブロック化を容認しようという潮流が、アメリカの中にも生まれてきている。それが、全世界的な米軍駐留体制再編の裏にある。だから、日本においても、アメリカ軍が基本的に撤退し、東アジア秩序の再編に日本が独りで対応していかなければならない事態がやってきかねないのである。すぐそうなるとはいわない。別の展開も充分に考えられる。

しかし、ソ連崩壊というような事態は、当時は、誰も予測していなかったということを忘れてはならない。国家や国家と国家との関係などというものは、いつ崩れるかわからないものなのだ。

社会というものは、自然発生的なものであり、根強い現実対応力を持っている。社会がなくなるということはないし、変わるときにも連続性を保って変わっていくものだ。

しかし、国家というものは、人工的なものであり、いざとなったら、もろくも崩れていくものである。そうした国家崩壊が、革命や戦争でなくても起こることをソ連崩壊は示したのである。同じ正統性の危機に立たされているアメリカ一極支配は、多極化へ転換してみずから崩壊するか、一極支配に固執しながら矛盾を深めて外から崩壊させられるか、そのことが充分に考えられるところにきているのである。

だから、あえて言うなら、アメリカ一極支配の崩壊に対処できる国が、今後生き残れる、とも言えるのである。

さて、日本はどうか。

そして、国家崩壊の危機においては、指導者の資質こそが決定的に重要になる。いかに危機が深くても、優れた政治指導者は、その危機を再生に転化することができる。

さて、日本はどうか。

そんなことを考えながら、佐藤さんの語るソ連崩壊劇をもう一度読み直してほしいと思うのである。

文庫版あとがき――ロシアは再び帝国として甦った

ドイツの哲学者ヘーゲルは、国家を有機体（生物）とのアナロジー（類比）で理解した。どの生物にも誕生と死がある。それと同じように、国家にも始まりがあり、終わりがある。歴史書を読むと、確かに古代のバビロニア帝国、ローマ帝国にも始まりがあり、終わりがあった。日本の歴史を見ても、琉球《りゅうきゅう》王国という国家にも始まりがあり、終わりがあった。現実に存在する国家は、われわれが生きている日本国家を含め、常に終わる可能性がある。私は、国家について、平均的日本人と比較して、特別の感覚を持っている。国家が暴力装置であるということを、皮膚感覚で強く理解している。それと同時に、国家は暴力装置であるからこそ、大切で、国家を強くしなくてはいけないと心の底から信じている。強い国家と乱暴な国家は異なる。強い国家は、国民を信頼するとともに、国民からも信頼されるので、剝《む》き出《だ》しの暴力を行使する危険が少ないのである。

二〇〇二年五月一四日、当時吹き荒れていた鈴木宗男疑惑の渦に巻き込まれ、私は「鬼の特捜」（東京地方検察庁特別捜査部）に逮捕された。そのとき私が認識したのは、「鈴木宗男さんのみならず、中堅の外務官僚にすぎない私に対しても、このような剝き出しの暴力を行使しなくてはならないほど日本国家は弱っている」という現実だった。あのときのメディアバッシング、五一二泊五一三日間の独房生活も、たいして気にならなかった。それは既視感があったからだ。ソ連崩壊過程で、私に降りかかったのとよく似た出来事はいくつもあった。国家には生き残り本能がある。国家は死にかけているときに、もだえ苦しむ。そのとき国家に触れた人間には、さまざまな禍《わざわい》が降りかかる。新約聖書に「ヨハネの黙示録」という不思議なテキストがある。地中海のパトモス島で預言者ヨハネが見た幻を記した書だ。神が幻を通じ、ヨハネに預言を与えたのである。そこにバビロニア帝国が滅亡するときの様子についてこう記してある。

〈その後、わたしは、大きな権威を持っている別の天使が、天から降って来るのを見た。地上はその栄光によって輝いた。天使は力強い声で叫んだ。

「倒れた。大バビロンが倒れた。
そして、そこは悪霊どもの住みか、
あらゆる汚れた霊の巣窟、
あらゆる汚れた鳥の巣窟、
あらゆる汚れた忌まわしい獣の巣窟となった。
すべての国の民は、
怒りを招く彼女のみだらな行いのぶどう酒を飲み、

地上の王たちは、彼女とみだらなことをし、
地上の商人たちは、
彼女の豪勢なぜいたくによって
富を築いたからである。」
わたしはまた、天から別の声がこう言うのを聞いた。
「わたしの民よ、彼女から離れ去れ。
その罪に加わったり、
その災いに巻き込まれたりしないようにせよ。
彼女の罪は積み重なって天にまで届き、
神はその不義を覚えておられるからである。
彼女がしたとおりに、
彼女に仕返しせよ、
彼女の仕業に応じ、倍にして返せ。
彼女が注いだ杯に、
その倍も注いでやれ。
彼女がおごり高ぶって、
ぜいたくに暮らしていたのと、
同じだけの苦しみと悲しみを、

彼女に与えよ。
彼女は心の中でこう言っているからである。
『わたしは、女王の座に着いており、
やもめなどではない。
決して悲しい目に遭いはしない。』
それゆえ、一日のうちに、さまざまの災いが、
死と悲しみと飢えとが彼女を襲う。
また、彼女は火で焼かれる。彼女を裁く神は、
力ある主だからである。」
彼女とみだらなことをし、ぜいたくに暮らした地上の王たちは、彼女が焼かれる煙を見て、そのために泣き悲しみ、彼女の苦しみを見て恐れ、遠くに立ってこう言う。
「不幸だ、不幸だ、大いなる都、
強大な都バビロン、
お前は、ひとときの間に裁かれた。」
地上の商人たちは、彼女のために泣き悲しむ。もはやだれも彼らの商品を買う者がないからである。その商品とは、金、銀、宝石、真珠、麻の布、紫の布、絹地、赤い布、あらゆる香ばしい木と象牙細工、そして、高価な木材や、青銅、鉄、大理石などでできたあらゆる器、肉桂、香料、香、香油、乳香、ぶどう酒、オリーブ油、麦粉、小麦、家畜、羊、

馬、馬車、奴隷、人間である。
お前の望んでやまない果物は、
お前から遠のいて行き、
華美な物、きらびやかな物はみな、
お前のところから消えうせて、
もはや決して見られない。
このような商品を扱って、彼女から富を得ていた商人たちは、彼女の苦しみを見て恐れ、遠くに立って、泣き悲しんで、こう言う。
「不幸だ、不幸だ、大いなる都、
麻の布、また、紫の布や赤い布をまとい、
金と宝石と真珠の飾りを着けた都。
あれほどの富が、ひとときの間に、
みな荒れ果ててしまうとは。」
また、すべての船長、沿岸を航海するすべての者、船乗りたち、海で働いているすべての者たちは、遠くに立ち、彼女が焼かれる煙を見て、「これほど大きい都がほかにあっただろうか」と叫んだ。彼らは頭に塵をかぶり、泣き悲しんで、こう叫んだ。
「不幸だ、不幸だ、大いなる都、
海に船を持つ者が皆、

この都で、高価な物を取り引きし、
豊かになったのに、
ひとときの間に荒れ果ててしまうとは。」
天よ、この都のゆえに喜べ。
聖なる者たち、使徒たち、預言者たちよ、喜べ。
神は、あなたがたのために
この都を裁かれたからである。
すると、ある力強い天使が、大きいひき臼のような石を取り上げ、それを海に投げ込んで、こう言った。
「大いなる都、バビロンは、
このように荒々しく投げ出され、
もはや決して見られない。
竪琴を弾く者の奏でる音、歌をうたう者の声、
笛を吹く者やラッパを鳴らす者の楽の音は、
もはや決してお前のうちには聞かれない。
あらゆる技術を身に着けた者たちもだれ一人、
もはや決してお前のうちには見られない。
ひき臼の音もまた、

もはや決してお前のうちには聞かれない。
ともし火の明かりも、
もはや決してお前のうちには輝かない。花婿や花嫁の声も、
もはや決してお前のうちには聞かれない。
なぜなら、お前の商人たちが
地上の権力者となったからであり、
また、お前の魔術によって
すべての国の民が惑わされ、
預言者たちと聖なる者たちの血、
地上で殺されたすべての者の血が、
この都で流されたからである。」〉（「ヨハネの黙示録」18章1〜24節）

神学生時代に何度も繰り返して読んだテキストから浮かび上がるこの情景を、私は外交官になってから、モスクワでこの目で見た。

ソ連は、二〇世紀のバビロニア帝国だった。ロシアが宗主国で、ウクライナ、リトアニア、グルジア、ウズベキスタンなどの連邦構成共和国を植民地と見なすと、ソ連帝国の本質を見失う。ソ連帝国に宗主国はなかった。従って、植民地もなかった。ただし、この帝国には、ソ連共産党中央委員会という権力の中心があった。この中心は、軍と秘密警察、

さらにイデオロギーによって支えられた絶大な権力を持っているが、権力を行使したことに対する責任から一切免れているという非対称の構造をしていた。官僚制を徹底的に純化すると、ソ連のような非対称な国家権力が生まれる。

私は、この権力の中枢が自壊する瞬間をこの目で見た。それは、一九九一年八月、ソ連共産党守旧派によるクーデターに遭遇したときのことだった。ゴルバチョフ大統領（肩書きは当時。以下同）をクリミア半島フォロスの別荘に幽閉し、ソ連全土に非常事態令を布告した共産党幹部たちと私は個人的に面識を持っていた。この点については拙著『自壊する帝国』（新潮文庫）に詳しく書いたので、ここでは繰り返さない。

非常事態国家委員会（ゲー・カー・チェー・ペー）を組織したヤナーエフ副大統領、パブロフ首相、クリュチコフＫＧＢ（国家保安委員会＝秘密警察）議長らは、ソ連国家に対して全面的に忠誠を誓っていた。ゴルバチョフは、ソ連を徐々に非社会主義化することによって国家の生き残りを図った。九一年八月二〇日には、モスクワで新連邦条約が締結されることになっていた。この連邦条約で、ソ連の国名が、ソビエト社会主義共和国連邦（Союз Советских Социадистических Республик）からソビエト主権共和国連邦（Союз Советских Суверенных Республик）と改称されることになった。略称はＣＣＣＰ（エス・エス・エス・エル）で変わらないが、社会主義的という替わりに主権的という言葉が入った。ゴルバチョフは、ソ連を非社会主義化することを通じ、帝国の再編を考えていたのである。これに対して、非常事態国家委員会に集《つど》った共産党と政府の幹部は、マルクス・レーニン主義の理念を放棄し、非社会主義化を図るとソ連国家の成立根拠を失わせることになると考えた。そして、ゴルバチョフを排除することによってソ連国家を生き残らせることを非常事態国家委員会の人々は考えた。「われわれがペレストロイカ（立て直し）を行うのは、社会主義国家であるソ連を強化するためだ。ゴルバチョフはソ連を社会主義から離脱させようとしている。それならば、ゴルバチョフを排除してペレストロイカを継続しなくてはならない」というのが、非常事態国家委員会の人々のコンセンサスだった。

しかし、このクーデターは成功しなかった。なぜだろうか。それは既にソ連が国家としての生命力を失っていたからだ。このことを私に教えてくれたのが、エリツィン政権初期の戦略家で国務長官をつとめたブルブリスだった。

九三年夏のことである。私はブルブリスとソ連崩壊の原因について、踏み込んだ議論をした。ブルブリスは、九一年八月の非常事態国家委員会のクーデターを「政治的チェルノブイリ」と表現した。ソ連国家のまさに中枢がメルトダウンし、国家が崩壊した。ロシアが抱えている困難は、放射性物質によって汚染された瓦礫《がれき》を処理しながら、新しい安全な発電所を建設することと類比して考えるべきだとブルブリスはいつも述べていた。そして、ロシアに存在する三カテゴリーのエリートの相互関係について、こんな説明をした。

ブルブリス「いいか、マサル、よく聞け。第一が共産全体主義体制のエリートだ。この連中は、確かにソ連体制の中で、政治や経済のシステムの動かし方を知っている」

佐藤「非常事態国家委員会に所属した人々は、第一カテゴリーに含まれるのでしょうか」

ブルブリス「そうだ。しかし、こういった守旧派の連中だけではない。現下ロシアの中央政府の官僚や工場の幹部たちのほとんども、第一カテゴリーに含まれる。この連中は、新しい時代に適合する意思も能力も持たない。時間の経過とともに死に絶えていくエリートだ。しかし、このエリートの力に頼らずにロシアが生きていくことはできない。だからわれわれも第一カテゴリーのエリートと妥協をしなくてはならない。旧勢力との妥協がロシアの改革を失速させる原因になっている。しかし、こういう旧体制のエリートよりも、ロシアの再建にとって支障となっているのが、第二カテゴリーのエリートだ」

佐藤「どういうエリートでしょうか」

ブルブリス「エリツィンとの個人的関係、あるいはソ連崩壊期に民主化運動に参加したために、急速に階級的上昇を遂げた連中だ」

佐藤「階級的上昇？」

ブルブリス「そうだ。階級的上昇だ。地方の共産党組織の中堅幹部やインテリで、ソ連体制の中ではモスクワで活躍する可能性がなかった連中だ。偶然のエリートと呼んでもいい。この偶然のエリートは、ソ連体制の中で政治や経済のシステムを動かしたことがない。国家を運営するエリートとしての基礎体力に欠ける。そうかといって、新しい時代に適応する能力もない」

佐藤「偶然のエリートがこれから知識を身につけて、能力を向上させることはできないのでしょうか」
ブルブリス「非現実的だ。四〇歳を超えた偶然のエリートが、新しい時代に適応する能力をつけることはできない。そこで重要なのは第三カテゴリーになる未来のエリートだ」
佐藤「未来のエリート？　どういう人たちなのでしょうか」
ブルブリス「マサル、君はいくつだ」
佐藤「三三歳です」
ブルブリス「キリストが死んだのと同じ年齢《とし》か」
佐藤「そうです」
ブルブリス「新しいエリートというのは、まさに君の世代だ。現在二〇代から三〇代で、政治、経済、学術などについて、現在進行形で新しい知識と経験を吸収している若者だ。この連中が一〇〜二〇年後にロシアの中枢で活躍するようになる。そのときにロシアは生まれ変わる。この過程を確保するのが、俺たちの仕事だ。狼から仔羊《こひつじ》を守らなければならない」
佐藤「狼？　仔羊？　どういう意味でしょうか」
ブルブリス「第一カテゴリーのエリート、第二カテゴリーのエリートは狼だ。お腹を一杯にしておかないと、今は無力で成長過程にある第三カテゴリーのエリートを食べてしまう」
佐藤「そうすると、ゲンナ（ブルブリスの名ゲンナジーの愛称）は、第三カテゴリーのエリートの代表として、奮闘しているということですね」
ブルブリス「こら、お世辞を言うな。俺は第二カテゴリーのエリートだ。エリツィンと同郷で、民主改革運動で活動しなければ、俺がロシア国家の中枢で活動することもなかった。その意味で、俺は偶然のエリートの一人だ。この偶然のエリートというのが実に質《たち》が悪い。これまで低いレベルの生活をしていて、突然、権力を握ったので、その権力への執着心が、ソ連時代のエリートたちよりも強い。根強い腐敗体質がある。そして、自らが手にした権力を手放そうとしない。この連中が権力を手放さない限り、ロシア国家は近代化しない」
佐藤「近代化ですか」
ブルブリス「そうだ。近代化だ。まず、ロシア経済を成長させなくてはならない。そのためには、まず経済改革が必要だ。だから俺は、ガイダル（第一副首相）チームを政権中枢に招いた。ロシアのような国はショック療法でしか、近代化ができない。歴史を見てみろ。いつもそうだ。この転換を行うのが俺たち偶然のエリートに与えられた歴史的使命だ。大多数の偶然のエリートは、己が過渡期の人間であることを理解していない」
佐藤「過渡期の人間？」
ブルブリス「そうだ。俺たちは過渡期の人間だ。第三カテゴリーのエリートを育成し、この連中に権力を渡すことが俺たちの歴史的使命だ」
佐藤「しかし、エリツィンはいつまでも権力を手放そうとしないのではないでしょうか」
ブルブリス「それは違う。エリツィンの側近や家族は、『あなたがいないとロシア国家が崩壊します』と言って、いつまでも権力の座に居座ろうとするだろう。エリツィンはこの連中の企《たくら》みをよくわかって、騙《だま》された振りをしている。エリツィンはロシアを託すことができる若い世代の政治家を本気で探している。そういう人材が見つかれば、エリツィンは自発的に権力を放棄する」

佐藤「ほんとうでしょうか」

ブルブリス「ほんとうだ。俺はエリツィンという共産党のノメンクラトゥーラ（特権階層）の一人を、自由、民主主義、市場経済という価値観を持つ政治家に作りかえた。エリツィンの性格については、俺が誰よりもよく知っている。エリツィンにはさまざまな欠点がある。しかし、あの男が、普通のロシア国民の幸せを心の底から望んでいることは間違いない。またロシア国家とロシア国民のためにあいつは命を捨てる気構えがある。だから俺はエリツィンに賭《か》けた」

佐藤「しかし、エリツィンはゲンナの献身を利用するだけです。政争に巻き込まれたときに本気であなたを守らなかった」

ブルブリス「それはちょっと違う。守りたくても守れなかった。政治の世界には、人間の力では、どうすることもできない渦が生じることがある。この渦に巻き込まれたら、誰も逃れることができない。大統領の権力をもってしてもこの渦に抗することはできない。俺はその渦に巻き込まれた」

東京拘置所のかび臭い独房の中で、私はブルブリスの「政治の世界には、人間の力では、どうすることもできない渦が生じることがある。この渦に巻き込まれたら、誰も逃れることができない」という言葉を何度も反芻《はんすう》した。ブルブリスは、ソ連崩壊をチェルノブイリ原発事故との類比で理解すべきだといつも強調していた。ソ連国家を原子炉と見立てると、まさに炉心であるソ連共産党中央委員会が制御不能になり、爆発したのである。ブルブリスは「エリツィンや俺たちの課題は、ソ連崩壊という原発事故で飛び散った放射性物質で汚染された瓦礫を処理しながら、同時に安全で環境を破壊しない発電所を建設することだ。だから二重の苦労がある」といつも私に強調していた。

九一年一二月のソ連崩壊からちょうど二〇年になる。ソ連崩壊の混乱から立ち直り、ロシアは再び帝国として甦《よみがえ》った。二〇一二年三月の大統領選挙では、プーチン（現首相）が返り咲くことが確実視されている。ブルブリスが期待した、欧米と共通の価値観を持つ新たな指導者は、第三カテゴリーのエリートからは生まれなかった。

KGBの中堅官僚として、ベルリンの壁崩壊を東ドイツで体験したプーチンは、乾いた国家観を持っている。それは、ヨーロッパとアジアにまたがるロシアは、ユーラシア帝国で、独自の歴史と内在的論理を持っているという思想だ。二〇～三〇年代にソ連から亡命したロシア知識人が唱えたユーラシア主義と親和的なイデオロギーだ。

ロシアは、TPP（環太平洋経済連携協定）をアジア太平洋地域における米国の広域帝国主義戦略と見ている。野田佳彦政権は、この広域帝国主義の一翼を担おうとしているとロシアは認識している。二〇一一年一〇月四日付、露高級紙「イズベスチヤ」への寄稿でプーチンはユーラシア同盟を提唱した。プーチンは旧ソ連地域に経済ブロックを構築し、広域帝国主義政策を推進しようとしている。プーチンの地政学的発想は、ソ連の政治エリートに近い。本書『国家の崩壊』で、私は宮崎学氏との討論を通じ、ソ連政治エリートの内在的論理を日本人に理解できる言葉で説明することを試みた。本書をこのタイミングで文庫化するのは、今後、ロシア及びロシア人と付き合う上で、ここに記された内容が役に立つと私が確信しているからだ。

文庫化にあたっては、角川書店の岸山征寛さんにお世話になりました。深く感謝申し上げます。

二〇一一年一一月一八日、曙橋《あけぼのばし》の自宅にて

佐藤　優

おもな登場人物

ボリス・エリツィン（一九三一年～二〇〇七年）

ウラルのスヴェルドロフスク（現エカテリンブルグ）生れ。急進改革派。技術者からソ連共産党政治局員候補に昇るも守旧派の反発によって一九八七年に解任される。一九八九年、ソ連人民代議員選挙でカムバック。ゴルバチョフ時代の後期にはソ連邦維持を巡って対立。一九九一年、ロシア共和国大統領に就任。ソ連崩壊後の一九九三年、ロシア連邦初の大統領に就任。一九九九年、辞任。

ゲンナジー・ブルブリス（一九四五年～）

スヴェルドロフスク州出身。エリツィンの最側近であり参謀。「灰色の枢機卿」の異名を持ち、ソ連崩壊を決定付けた人物。一九九一年八月クーデターへの反撃、および、ソ連崩壊後の一九九三年、エリツィン政権下でのモスクワ騒擾における処理はブルブリスがイニシャチブを取った。一九九一年、ロシア共和国の国務長官、一九九二年、大統領首席顧問に就任するも解任される。現在、ロシア連邦院（上院）議員。

レオニード・ブレジネフ（一九〇六年〜一九八二年）

ウクライナ生れ。フルシチョフ失脚後、一九六四年、ソ連共産党第一書記（＝書記長）に就任。死去するまでソ連の最高指導者を務めた。一九六八年、チェコスロヴァキアの「プラハの春」を弾圧。一九七九年、アフガニスタンへ侵攻。

ニキータ・フルシチョフ（一八九四年〜一九七一年）

クルスク生れ。一九五三年、ソ連共産党第一書記に就任。一九五六年のソ連共産党第二〇回大会の秘密報告でスターリン批判を行い、世界中に衝撃を与えた。一九五八年より首相を兼任するも、一九六四年失脚。

ユーリ・アンドロポフ（一九一四年〜一九八四年）

スタヴロポリ地方出身。ＫＧＢ（国家保安委員会）議長を一九六七年から一五年間勤める。体制内改革派の中心人物と言われ、一九八二年にソ連共産党書記長に就任、綱紀粛正と規律強化にのりだすも一五ヶ月後に死去。同郷のゴルバチョフを重用。

コンスタンティン・チェルネンコ（一九一一年〜一九八五年）

シベリア・クラスノヤルスクの貧農出身。一九八四年、アンドロポフ死去に伴い、七二歳でソ連共産党書記長に就任するも翌年死去。

ミハイル・ゴルバチョフ（一九三一年〜）

スタヴロポリ地方の農民の子として生れる。一九七〇年、スタヴロポリ地方党第一書記。翌年、党中央委員。一九八〇年、最年少の政治局員になる。一九八五年、ソ連共産党書記長に就任。ペレストロイカ、グラスノースチを推し進め、結果としてソ連邦を崩壊させた。一九九〇年、ソ連邦大統領に就任、ノーベル平和賞受賞。一九九一年八月クーデター後、共産党書記長を辞任。一二月二五日にソ連邦大統領を辞任、翌二六日ソ連邦消滅。

ウラジーミル・レーニン（一八七〇年～一九二四年）

一九一七年のロシア革命の指導者。本名はウラジーミル・イリイチ・ウリヤノフ。レーニンは「レナ川の人」の意、母親はドイツ＝スウェーデン系ユダヤ人。一九一七年、ソヴィエト議会で初代人民委員会議議長に就任。

レフ・トロツキー（一八七九年～一九四〇年）

ウクライナ南部ヤノフカ生れ。ユダヤ系。一九一八年、陸海軍人民委員・革命軍事会議議長に就任。赤軍の創設者。一九四〇年、スターリンにより亡命先のメキシコで暗殺される。

アンドレイ・サハロフ（一九二一年～一九八九年）

モスクワ生れ。「ソ連水爆の父」と呼ばれた原子物理学者。一九七五年、ノーベル平和賞を受賞。一九八〇年、アフガニスタン侵攻に抗議したため、ゴーリキー（現ニジニーノヴゴロド）市に流刑。一九八六年、ゴルバチョフにより流刑を解除される。「ペレストロイカの父」とも呼ばれた。

アンドレイ・グロムイコ（一九〇九年〜一九八九年）

白ロシア（現ベラルーシ）出身。一九五七年、ソ連邦外務大臣就任後、二八年間ソ連の外務大臣を務め「ミスター・ニェット（ノーの意）」の異名で知られた。

エドゥアルド・シェワルナッゼ（一九二八年〜）

グルジア出身。グルジア共産党第一書記時代、汚職の摘発、腐敗した党幹部の大量解任に辣腕を振るう。一九八五年、ゴルバチョフによってソ連共産党政治局員兼ソ連邦外務大臣に抜擢される。一九九五年、グルジア大統領に就任（〜二〇〇三年）。

ミハイル・スースロフ（一九〇二年～一九八二年）

サラトフ出身。一九六六年、党政治局員。フルシチョフからブレジネフ時代のソ連共産党イデオロギー担当書記。「クレムリンの赤い枢機卿」と呼ばれ、ブレジネフ・ドクトリン（制限主権論）を編み出し、「プラハの春」弾圧や、アフガニスタン侵攻を主導。

アレクサンドル・ヤコヴレフ（一九二三年～二〇〇五年）

ヤロスラヴリ州出身。ユダヤ系。ソ連共産党中央委員会に勤務していたが、左遷されてカナダ駐在大使を務めていた。一九八三年、ソ連科学アカデミー・世界経済国際関係研究所所長。ゴルバチョフが書記長に就任した後、一九八七年、共産党政治局員となる。以来、「ペレストロイカの設計者」と呼ばれた。一九九一年、ゴルバチョフ大統領の首席顧問。

ヨシフ・スターリン（一八七九年～一九五三年）

グルジア出身。本名はヨシフ・ヴィサリオノヴィチ・ジュガシヴィリ。スターリンはペンネームで「鋼鉄の人」の意。一九二二年、ソ連共産党書記長に就任。一九二四年、レーニン死後、圧倒的な権力を掌握する。以来、死去まで、スターリン時代の粛清と弾圧に人々は恐怖した。

ジョハル・ドゥダーエフ（一九四四年〜一九九六年）

チェチェン・イングーシ自治共和国生れ。ソ連空軍少将。一九九一年、チェチェン・イチケリア共和国の初代大統領に就任、チェチェン独立を宣言。一九九四年、チェチェン戦争勃発によりロシア大統領エリツィンはロシア軍をチェチェンに投入。一九九六年、ロシア軍のロケット弾攻撃により死亡。

アレクサンドル・ルツコイ（一九四七年〜）

クルツク出身。アフガニスタン戦争の英雄、空軍少将、後に陸軍大将となる。エリツィン側近の一人。一九九一年、ロシア共和国副大統領に就任。ソ連崩壊後は、次第に反エリツィンに傾斜。一九九三年一〇月、モスクワ騒擾事件の首謀者として逮捕。

ルスラン・ハズブラートフ（一九四二年～）

チェチェン共和国出身の経済学者。エリツィン側近の一人。一九九一年、ロシア最高会議議長に就任。一九九三年、ルツコイと同じく、モスクワ騒擾事件の首謀者として逮捕。

イワン・シラーエフ（一九三〇年～）

ニジニーノヴゴロド生れ。エリツィン側近の一人。一九九〇年、ロシア共和国の首相に就任。一九九一年八月クーデター後、ソ連国民経済管理委員長として実質的にソ連最後の経済首相を務めた。

ウラジーミル・ジリノフスキー（一九四六年～）

カザフ共和国出身。一九九〇年の政治改革による複数政党制によってソ連自由民主党党首となる。過激な言動で知られる。一九九九年、ロシア国家院（下院）副議長に就任。二〇〇八年、ロシア大統領選挙に出馬するも落選。

エゴール・リガチョフ（一九二〇年〜）

シベリアのノヴォシビルスク出身。一九八五年、党政治局員。ゴルバチョフ時代のソ連共産党守旧派の領袖、反アルコール・キャンペーンの主導者。

ビクトル・アルクスニス（一九五〇年〜）

ラトヴィア共和国出身。ソ連空軍大佐。別名「黒い大佐」と呼ばれ、軍の革新将校として、ソ連人民代議員や軍人を組織。一九九〇年、ソ連維持派を結集した共産党と一線を画する人民代議員グループ「ソユーズ」の議長となる。元ロシア国家院（下院）議員。

ゲンナジー・ヤナーエフ（一九三七年〜二〇一〇年）

ゴーリキー州出身。全ソ労働組合中央評議会議長を務めた労働組合の幹部。一九九〇年、ソ連副大統領に就任。連邦維持の強硬派。国家非常事態委員会メンバーとして一九九一年八月クーデターに参加。クーデターのさい、大統領代行に就任。後、逮捕。

ドミトリー・ヤゾフ（一九二三年〜）

ソ連軍入隊後、軍司令官を歴任。一九八七年、ソ連国防相就任。一九九〇年、ソ連元帥。国家非常事態委員会メンバーとして一九九一年八月クーデターに参加、逮捕。

ボリス・プーゴ（一九三七年〜一九九一年）

ロシア生れのラトヴィア人。一九九〇年、ソ連内務大臣就任。国家非常事態委員会メンバーとして八月クーデターに参加、拳銃自殺。

ウラジーミル・クリュチコフ（一九二四年〜二〇〇七年）

スターリングラード（現ヴォルゴグラード）生れ。祖母はドイツ系ロシア人。一九八八年、ＫＧＢ（国家保安委員会）議長に就任。国家非常事態委員会メンバーとして八月クーデターに参加、逮捕。

アナトリー・ルキヤノフ（一九三〇年〜）

スモレンスク出身。ゴルバチョフとはモスクワ大学時代の学友、共産主義青年同盟活動でも先輩にあたり、きわめて近い関係にあった。一九九〇年、ソ連最高会議議長に就任するも次第に守旧派に接近。国家非常事態委員会に名を連ねていなかったものの一九九一年八月クーデターのシナリオを描いたとされ、逮捕。現在ロシア国家院（下院）議員。

ウラジーミル・プーチン（一九五二年〜）

サンクトペテルブルグ（旧レニングラード）生れ。KGB出身。エリツィンは彼を後任に選んだ理由として「自分にすり寄ろうとしなかった」と記している。二〇〇〇年、ロシア大統領に就任、二〇〇四年に再選。二〇〇八年、首相に就任。

アレクサンドル・プーシキン（一七九九年〜一八三七年）

ロシアを代表する詩人・作家・劇作家。ロシア近代文学の嚆矢。地主貴族のロシア人。母親の祖父はピョートル大帝に寵愛されたエチオピア人奴隷。政治色を帯びた詩『ボリス・ゴドゥノフ』発表によって、文学発表の場を奪われていく。決闘で受けた傷がもとで三八歳で死去。『コーカサスの虜』『大尉の娘』ほか。

エゴール・ガイダル（一九五六年〜二〇〇九年）

モスクワ生れの経済学者。エリツィン時代に急進的経済改革を実施した。一九九二年、ロシア共和国第一副首相兼大蔵大臣に就任。一九九三年、ロシア共和国第一副首相兼経済相に。

アレクサンドル・ソルジェニーツィン（一九一八年〜二〇〇八年）

北カフカス生れ。スターリン時代の粛清・言論弾圧下に生きるロシア人の苦悩を描いた作家。一九六二年『イワン・デニーソヴィチの一日』を発表し世界的ベストセラーになる。一九七〇年ノーベル文学賞を受賞。一九七四年、国家反逆罪で国外追放処分を受ける。一九九〇年、ゴルバチョフによって市民権を回復されるが、反逆罪の告発がとりさげられていないという理由で断る。ロシア再生の提言を行う。一九九四年、亡命先のアメリカから帰国。市民権も回復した。『収容所群島』『甦れ、わがロシアよ』など。

参考年表　ペレストロイカからソ連邦崩壊まで

一八一二年	六月	ナポレオン軍、ロシア領内へ侵攻。
一八三七年	二月	プーシキン決闘により死す。
一八三九年		レールモントフ、『現代の英雄』を著す。
一八七五年	五月	日本との間で樺太・千島交換条約に調印。
一九〇四年	一月	日露戦争始まる。
一九一四年	七月	第一次世界大戦勃発。
一九一六年	一二月	ラスプーチン暗殺。
一九二四年	一月	レーニン死去。
一九三五年	七月	コミンテルン第七回大会で人民戦線戦術を採択。
一九三七年	三月	ブハーリン、ルイコフが共産党を除名される。
	六月	トハチェフスキー元帥ら秘密裁判で処刑。
一九三九年	九月	第二次世界大戦勃発。

一九四〇年　八月　トロツキー、亡命先のメキシコで暗殺される。
一九四一年　六月　大祖国戦争始まる。
　　　　　　一二月　太平洋戦争始まる。
一九四三年　四月　カティンの森事件。
一九四四年　二月　チェチェン・イングーシ人の強制的追放。
　　　　　　五月　クリミア・タタール人の強制的追放。
一九四五年　八月　日本降伏。ソ連軍、サハリン占領。
一九五三年　三月　スターリン死去。
　　　　　　九月　フルシチョフが共産党第一書記に就任。
一九五六年　二月　第二〇回ソ連共産党大会でスターリン批判のフルシチョフ秘密報告。
一九六二年　一一月　ソルジェニーツィン『イワン・デニーソヴィチの一日』を著す。
一九六四年　一〇月　フルシチョフ失脚。共産党第一書記にブレジネフが就任、首相はコスイギン。
一九六八年　八月　ソ連・東欧の五ヵ国の軍隊がチェコスロヴァキアに侵攻。
　　　　　　一一月　ブレジネフ、ポーランド統一労働者党大会で「制限主

		権論」（通称「ブレジネフ・ドクトリン」）を発表。
一九七九年	一二月	ソ連軍、アフガニスタンに軍事侵攻。
一九八〇年	一月	サハロフ博士、ゴーリキーに流刑処分。
一九八二年	一一月	ブレジネフ死去、後任の書記長にはアンドロポフ。
一九八四年	二月	アンドロポフ死去、後任の書記長にチェルネンコ。
一九八五年	三月一〇日	チェルネンコ書記長死去。
	三月一一日	党中央委員会総会、書記長にゴルバチョフを選出。
	五月	反アルコール・キャンペーン始まる。
	七月一日	ロマノフ政治局員解任。シェワルナッゼ、政治局員に昇格。エリツィン、中央委員会書記に選出。
	七月二日	グロムイコ外相、最高会議幹部会議長に就任。外相後任にシェワルナッゼ就任。
	九月二七日	チーホノフ首相辞任、後任にルイシコフ就任。
	一二月二四日	エリツィン、モスクワ市党第一書記に就任。
一九八六年	二月二五日	第二七回共産党大会。新共産党綱領・新規約を採択。
	四月二六日	チェルノブイリ原発事故発生。
	六月一六日	党中央委員会総会で「全社会の深刻なペレストロイカ」打ち出される。

七月二八日　ゴルバチョフ書記長、ウラジヴォストーク演説。
七月三一日　ゴルバチョフ、ハバロフスク演説で「ペレストロイカは革命と言ってもよい」と述べる。
一九八七年　一一月一九日　個人営業法（個人経済活動法）で個人営業を許可。
二月　消費財部門、レストランに協同組合経営を認める。
五月　サービス業に個人営業認める。
六月二五～二六日　ヤコヴレフ（ペレストロイカの設計者）政治局員に。
一一月一一日　エリツィン、モスクワ市党第一書記を解任される。

一九八八年　一月五日　党政治局特別委員会、ブハーリン、ルイコフらの名誉回復決定。
二月二八日　（この年初頭からナゴルノ＝カラバフ紛争、緊張高まる）アゼルバイジャン共和国スムガイト市で民族衝突。
三月一四日　ゴルバチョフ、ユーゴスラヴィア訪問。新ベオグラード宣言で東欧各国の体制選択の自由を確認。
四月一四日　ゴルバチョフ、ジュネーヴ会議でアフガン撤退の開始を約束。
四月二九日　ゴルバチョフ書記長、ロシア正教会首脳と会談。過去の宗教弾圧を謝罪。

五月一五日　アフガン駐留ソ連軍の全面撤退開始。
六月二八日　第一九回共産党協議会。政治改革方針を決定。
七月八日　ワルシャワ条約機構首脳会議、ブレジネフ・ドクトリンの無効を宣言。
七月一一～一四日　ゴルバチョフ、ポーランド訪問。カティンの森事件の真相究明を約束。
一〇月　バルト三国で人民戦線結成。
一一月一六日　エストニア、主権宣言を採択。
一二月一日　ソ連邦憲法改正。ソヴィエト機構を改革し、複数候補制選挙による人民代議員大会（ソヴィエト型議会）を設置。最高会議を常設会議化。

一九八九年　二月一五日　アフガニスタンからのソ連軍撤兵完了。
三月二六日　複数候補制によるソ連邦人民代議員選挙実施（「全権力をソヴィエトへ！」ロシア革命以来初の自由選挙）。大都市で党役員大量に落選など共産党敗北。バルト三国で人民戦線進出。
六月三～四日　北京で天安門事件。
七月　ポーランドに非共産党系マゾヴェッキ政権誕生。

七月一〇～二五日　炭鉱労働者の大規模ストライキ。
八月二三日　独ソ不可侵条約締結五〇年に際しバルト三国で「人間の鎖」。独ソ不可侵条約締結無効を宣言。
一一月九日　東独、「ベルリンの壁」撤去。
一一月一七日　チェコスロヴァキアで「ビロード革命」。
一二月一日　ゴルバチョフ書記長、ローマ法王ヨハネ・パウロ二世と会談。カトリック教会と歴史的和解。
一二月　ソ連共産党ロシア・ビューロー創設（後のロシア共産党の母体。改革派が主流となったソ連共産党から守旧派が分離する動き）。
一二月二五日　ルーマニアのチャウシェスク大統領処刑。

一九九〇年

一月一五日　連邦最高会議幹部会、アゼルバイジャンのナゴルノ＝カラバフに非常事態宣言。
二月五～七日　共産党中央委員会総会において、ゴルバチョフ、一党制支配の根拠たる憲法六条の廃止を宣言。
三月一一日　リトアニア共和国、独立宣言採択。
三月一二～一五日　連邦人民代議員大会。共産党の指導性にかんする憲法第六条を削除、大統領制・複数政党制を導入する憲法

改正案を採択。［統治の重点が党から国家に移動する］

三月一五日　人民代議員大会、ゴルバチョフを大統領に選出。

五月四日　ラトヴィア共和国、独立移行宣言を採択。

五月二九日　ロシア共和国人民代議員大会、最高会議議長にエリツィンを選出、第一副議長はチェチェン人のハズブラートフ。

六月一二日　ロシア共和国人民代議員大会、主権宣言を採択。

六月一九～二三日　ロシア共産党創立大会。［守旧派の組織的拠点］

七月二～一三日　第二八回ソ連共産党大会。綱領的宣言と新党規約を採択。エリツィン、離党を表明し大会場から公然と退場。大会後、急進改革派など二七〇万人以上が離党。共産党の影響力、大都市で急速に弱まる。

八月　急進的市場改革案シャターリン＝ヤヴリンスキー計画作成。

一〇月九日　社会団体法により結社の自由が認められ、ミニ政党が乱立。

一二月二〇日　シェワルナッゼ外相、人民代議員大会で辞任表明。

一九九一年　一月　米軍を中心とする多国籍軍、イラク空爆（湾岸戦争）開始。

一月一三日　リトアニアで軍・治安部隊と市民が衝突（「血の日曜日」事件）。ラトヴィアにも波及。

三月一七日　連邦制の維持を問う国民投票。バルト三国はボイコットしたが、七六・四％の支持。

四月二四日　「九プラス一の合意」共同声明。

六月一二日　ロシア共和国で直接選挙による大統領選挙実施。エリツィンが圧勝して当選。

七月二〇日　国家機関から政治活動を排除するロシア大統領令公布。

七月二四日　政府内での共産党の機関活動禁止。

八月一八〜二〇日　保守派『ソヴィエツカヤ・ロシア』紙上で非常事態宣布を呼びかける。

「国家非常事態委員会」（副大統領ヤナーエフ、国防相ヤゾフ、首相パヴロフ、内相プーゴ、KGB議長クリュチコフら）によるクーデター発生。ゴルバチョフ、別荘に監禁。

八月二〇日　エリツィン・ロシア大統領と市民が抵抗。

エストニア共和国、独立移行宣言を採択。

八月二一日　クーデター失敗。

	八月二三日	エリツィン大統領、共産党の活動停止を命令。
	八月二四日	ウクライナ共和国最高会議、独立を宣言。
	八月二六日	ゴルバチョフ、ソ連共産党書記長辞任を表明。
	九月六日	連邦国家評議会、バルト三国の独立を承認。
	一二月八日	ロシア・ウクライナ・ベラルーシ三国首脳、ミンスクで独立国家共同体（CIS）設立協定に調印。
	一二月二一日	ソ連の一一共和国首脳、アルマアタでCISについての共同宣言採択（ゴルバチョフの主権国家連合）。
	一二月二五日	ゴルバチョフ大統領辞任。
	一二月二六日	連邦最高会議、ソ連邦の消滅を宣言。
一九九二年	三月三一日	ロシア連邦で連邦内共和国代表と連邦条約調印（二共和国は調印拒否）。
	秋	急進右派の「民族救済戦線」結成。結社禁止。
	一〇月一日	ロシア、国営企業資産を分割する私有化小切手の配布を開始。
	一二月一～一四日	第七回ロシア人民代議員大会。チェルノムイルジンを首相に選出。
一九九三年	一月二二日	CIS首脳会議。ロシア・カザフスタンなど七カ国が

三月二〇日　独立国家共同体憲章に調印。
四月二五日　エリツィン、議会権限を停止し、大統領特別統治の導入を宣言。
九月二一日　国民投票で、投票参加者の五八・七%がエリツィン大統領を信任。
一〇月三日　エリツィン大統領、人民代議員大会と最高会議の解散を宣言。
一〇月四日　反大統領派、市庁舎やテレビ局占拠。エリツィン大統領、非常事態を宣言（モスクワ騒擾事件始まる）。
一二月一二日　国防省軍、最高会議ビルを砲撃し制圧。
一九九四年　七月八日　憲法改正国民投票、新憲法採択。
エリツィン大統領、ナポリ・サミット政治討論に正式メンバーとして初参加。
一二月一一日　チェチェン紛争で非常事態宣言、ロシア軍本格介入。
一九九五年　一月一日　ロシア、チェチェン共和国の首都制圧発表。
六月九日　ロシアとウクライナ、黒海艦隊の分割に合意。
一二月一七日　ロシア下院選挙、共産党が一五七議席を獲得し第一党に。

一九九六年	一月五日	コズイレフ外相解任。後任にプリマコフ就任。
	一月	チェチェン武装集団、ダゲスタンのキズリャル襲撃。紛争激化。
	四月二三日	チェチェン・ドゥダーエフ大統領の死亡確認。
	七月三日	ロシア大統領選決選投票。エリツィン大統領を再選。
一九九七年	一月	ロシア軍、チェチェンからの撤退を完了。
一九九八年	九月一一日	プリマコフ、ロシア首相に就任。
一九九九年	九月	第二次チェチェン戦争開始
	一二月三一日	エリツィン、ロシア大統領を辞任。プーチンが大統領臨時代行に就任。
二〇〇〇年	三月	プーチン、ロシア大統領選挙で当選。
二〇〇一年	九月一一日	アメリカで同時多発テロ。
	一〇月	米・英軍アフガニスタンを空爆。
二〇〇二年	一〇月二三～二六日	モスクワで劇場占拠事件が発生、一七〇名以上が死亡。
二〇〇三年	三月	米・英軍イラク侵攻。
二〇〇四年	三月一四日	プーチン、ロシア大統領選で再選。
	九月一～三日	北オセチア共和国ベスランで学校占拠事件が発生、三〇〇名以上が死亡。

解説

中島岳志

本書は、宮崎学氏が主催する研究会で、佐藤優氏が「ソ連崩壊」について行った連続講演の記録である。ここでは、ペレストロイカからソ連崩壊に至るプロセスが、1987年以降、ソ連外交の最前線で活躍した佐藤氏の視点から論じられている。ゴルバチョフ、エリツィン、プーチンの政治家としての資質や中央アジアの民族問題、今後のロシアのゆくえに至るまで、西側諸国を代表するインテリジェンスのプロが語るソ連・ロシアの現代史は、この地域に関心を持つ者に対してだけでなく、広く「政治とは何か？」「政治家のあるべき姿勢・資質とはどういうものか？」といった普遍的な問題を考察する者に対しても、極めて有益な情報と視座を提供してくれる。読み物としても、抜群に面白い。

佐藤氏は冒頭で、ソ連崩壊による国民一人ひとりの悲惨な物語を目の当たりにして、「国家は悪であるが必要だとの確信を抱くようになった」と言う。また、旧ソ連、ロシアの民族紛争、中東諸国の宗教紛争の経験から「性悪説」に傾かざるを得ないと述べている。

このような政治観や人間観は、基本的には左派のものではない。

左派とは、主知主義を基礎に設計主義的合理主義によって社会を理想的なものに改造することができると考える立場である。そのため、彼らは未来に向かって人間社会が進歩していくことを前提に、理性に基づく改良主義を信頼する。

これに対して右派は、主意主義に基づき、理性に基づく設計主義を根本的に疑う立場である。彼らは懐疑主義的人間観を共有し、人間の悪や能力の限界を直視する。そのため、人間の理性を超えた信仰や伝統、自生的秩序を重んじ、非合理的な人間の行動様式に着目する。

ただし右派は、理想の過去（多くの場合は古代社会）を措定し、その過去へと遡行《そこう》することで理想社会に近づくことができると考える「右翼」「原理主義」の立場と、歴史感覚に基づき、漸進的な改革を進めることで秩序を維持しようとする「保守」の立場とに区分される。

この枠組みに基づくと、佐藤氏は「保守」の立場から政治を捉《とら》えている側面が強いことに気づかされる。

保守思想に基づけば、人間は時間的・空間的環境に限定され、それぞれの人生を送っている。保守思想においては、近代リベラリズムが想定する抽象的個人など存在せず、特定の人間が「いつ、どこで生まれ、どのように育ち、どのような人間関係と集団の中で生きてきたか」という限定性に自覚的になることこそが重要視される。自己の意思を超えて存在する家族やコミュニティ、地域性、母語、歴史性、現代という時代こそが自己を規定し、個別的な存在を構成していると考える。

そのため、「保守」の人間は、特定の国家の政治を分析する際には、その空間が歴史的に築いてきた風土や慣習に着目し、その社会の「底にあるもの」、その社会の「内在的ロジック」の把握に努める。また、特定の政治家がどのような家庭・地域で育ち、どのようなライフヒストリーを歩んできたかを重視し、その人物のパーソナリティーを深く分析しようと試みる。

そして、このような作業を、総合的な知識と豊富な経験、人脈によって的確に進めることができる人間こそ、インテリジェンスのプロである。本書で佐藤氏が語る旧ソ連・ロシアの分析は、まさに保守思想に基づくリアリズムと、インテリジェンスのあり方が交差する地点を示していて非常に興味深い。

本書では、旧ソ連・ロシアの政治風土を横軸に、ゴルバチョフ、エリツィンという二人の政治家のパーソナリティーを縦軸に、議論が展開されている。

まずゴルバチョフであるが、彼に対する評価は全般的に厳しい。

ゴルバチョフはソ連史上初めての大卒の書記長である。また、彼は共産党中央の出世コースであるモスクワ大学哲学部出身ではなく、同大学の法学部卒業である。しかし、妻のライーサが哲学部出身であったため、その経歴と人脈がゴルバチョフの出世にとって、重要な役割を果したと佐藤氏は指摘する。

佐藤氏の見るところ、ゴルバチョフは「特定の哲学を持っているわけではなく、状況に対応しながらどんどん発想を変えていく人」であり、「論理連関性を理詰めで考えることのできない人」である。そのため、彼の政治行動は個別的局面への状況対応ばかりに終始し、それがソ連を崩壊に導く一端となったという。

このような場当たり的なゴルバチョフの構想は、次第にヨーロッパ社会民主主義革命へと接近した。彼はヨーロッパの社会民主党対策を強化し、西ヨーロッパ諸国への「平和攻勢」による「世界革命」を志向した。そして、そのための国内体制の強化と改革に着手し、それが皮肉にも、ソ連の解体をもたらすことにつながった。

ゴルバチョフという政治家の問題は「話せばわかる、理性に訴えればわかる」という確信をもっていたことだと、佐藤氏は指摘する。ゴルバチョフは、人間の欲望や悪に対する認識が甘く、反アルコールキャンペーンをはじめとする規律強化を民衆に強いる政策をとった。さらに、経済の悪化が大衆の不安心理を増幅させ、彼の政治基盤を揺るがすことになった。佐藤氏はこのプロセスを通じて「政治の言葉より生活の言葉のほうが強いことを実感した」という。

このような大衆のあり方に敏感で、的確な認識を持っていたのがエリツィンであった。エリツィンは人間の悪と欲望を直視し、酒やタバコ、ポルノといった大衆の欲望に関わるものには権力はタッチしないという基本方針を貫いた。彼は「人間はきっと悪いことをするに違いない」という現実的な認識に立ち、本来衝突するはずの勢力を「一種のボナパルティズム手法」を使って、次々と味方に付けていった。彼は、ポピュリズムとボナパルティズムを巧みに操ることによって権力を掌握し、ロシアの政治運営と自らの地位の維持を進めていった。

このようなエリツィンの政治手法は、彼の経歴によるところが大きいと佐藤氏は見る。エリツィンは子供のときから手に障害があったため、軍隊にも行けず、技術学校を卒業しても技師になることができなかった。そのため、彼は建設現場における手配師的な仕事に従事し、そのときの人集めと段取りの巧みさが評価されて、徐々にのし上がっていった。このプロセスで身につけた人心掌握術と現実認識こそが、エリツィンという政治家を支え、ロシアという国家の船出を推進した。

エリツィンは最終的に、権力維持のためのコスモポリタン的な民主改革の方向性と、大国主義的なユーラシア主義の間で揺れ続け、自分の立ち位置がわからなくなったことで居場所を失ったと佐藤氏は分析する。そして、彼がプーチンを後継者として指名したことで、西欧主義的な流れが退却し、ユーラシア主義をはじめとするスターリン的なるものが復活を遂げていると論じる。

佐藤氏は、ロシア革命の根底を支え続けた理念をマルクス主義とユーラシア主義と捉え、次のように述べている。

マルクス主義というのはあくまでも顕教であって、その裏には密教としてのユーラシア主義が隠されていたというのが私の見方です。顕教としてのマルクス・レーニン主義においては、独占資本主義、帝国主義にまで発展してきた資本主義を倒して、世界中に社会主義、共産主義の社会を実現するという世界革命の宗教が唱えられたわけですが、同時に、この顕教を民族的に裏打ちするものとして、ヨーロッパとアジアのアマルガム（合金）であるロシアがメシア的な使命を帯びて、ヨーロッパにもアジアにもなしえない世界の解放の先駆けになる、というユーラシア主義の世界革命宗教があった、と考えられます。（三二九～三三〇頁）

この指摘は、極めて重要である。ロシアのユーラシア主義を的確に捉えることこそが、プーチン以降のロシア政治を見るときの重要課題であり、日本の対ロシア外交のポイントであろう。

最後に、本書の聞き手である宮崎学氏は、ゴルバチョフと小泉純一郎の類似点を挙げ、政治理念や哲学をもたないリーダーに率いられる国家の悲劇を論じている。また、冒頭では、小泉政治の最大の問題点を「政治というもののリアリティが著しく低下」したことだと論じ、佐藤氏の語るソ連・ロシアの現代史を通じて、その「リアリティ感覚を取り戻すきっかけを摑《つか》んでほしい」と、極めて的確なコメントを記している。

本書は、我々が「政治」や「政治家」というものの本質を理解し、社会の力を強化する重要なきっかけを与えてくれている。重要なボールが、佐藤氏から日本国民に投げられていることに、我々は早く気づかなければならない。

本書は、二〇〇六年三月に、にんげん出版から刊行されたものを加筆、修正のうえ文庫化したものです。

国家《こっか》の崩壊《ほうかい》

佐藤《さとう》 優《まさる》・宮崎《みやざき》 学《まなぶ》

平成23年 12月25日　初版発行
令和6年 12月15日　6版発行

発行者●山下直久

発行●株式会社KADOKAWA
〒102-8177　東京都千代田区富士見2-13-3
電話　0570-002-301(ナビダイヤル)

角川文庫 17172

印刷所●株式会社KADOKAWA
製本所●株式会社KADOKAWA

表紙画●和田三造

ISBN978-4-04-388201-4　C0195

◆◆◆

角川文庫発刊に際して

角川源義

第二次世界大戦の敗北は、軍事力の敗北であった以上に、私たちの若い文化力の敗退であった。私たちの文化が戦争に対して如何に無力であり、単なるあだ花に過ぎなかったかを、私たちは身を以て体験し痛感した。西洋近代文化の摂取にとって、明治以後八十年の歳月は決して短かすぎたとは言えない。にもかかわらず、近代文化の伝統を確立し、自由な批判と柔軟な良識に富む文化層として自らを形成することに私たちは失敗して来た。そしてこれは、各層への文化の普及滲透を任務とする出版人の責任でもあった。

一九四五年以来、私たちは再び振出しに戻り、第一歩から踏み出すことを余儀なくされた。これは大きな不幸ではあるが、反面、これまでの混沌・未熟・歪曲の中にあった我が国の文化に秩序と確たる基礎を齎らすためには絶好の機会でもある。角川書店は、このような祖国の文化的危機にあたり、微力をも顧みず再建の礎石たるべき抱負と決意とをもって出発したが、ここに創立以来の念願を果すべく角川文庫を発刊する。これまで刊行されたあらゆる全集叢書文庫類の長所と短所とを検討し、古今東西の不朽の典籍を、良心的編集のもとに、廉価に、そして書架にふさわしい美本として、多くのひとびとに提供しようとする。しかし私たちは徒らに百科全書的な知識のジレッタントを作ることを目的とせず、あくまで祖国の文化に秩序と再建への道を示し、この文庫を角川書店の栄ある事業として、今後永久に継続発展せしめ、学芸と教養との殿堂として大成せんことを期したい。多くの読書子の愛情ある忠言と支持とによって、この希望と抱負とを完遂せしめられんことを願う。

一九四九年五月三日